T0163926

ESTHÉTIQUE DE L'ENVIRONNEMENT

COMITÉ ÉDITORIAL

Emmanuel CATTIN
Sandra LAUGIER
Michel MALHERBE

assisté de
Gaël KERVOAS

TEXTES CLÉS

ESTHÉTIQUE DE L'ENVIRONNEMENT
Appréciation, connaissance et devoir

Textes réunis et traduits par
Hicham-Stéphane AFEISSA et Yann LAFOLIE

Présentation par
Hicham-Stéphane AFEISSA

PARIS
LIBRAIRIE PHILOSOPHIQUE J. VRIN
6 place de la Sorbonne, V^e
2015

R. Hepburn, « Contemporary Aesthetics and the Neglect of Natural Beauty »,
dans B. Williams, A. Montefiore (eds.), *British Analytical Philosophy*, p. 285-310
© Mrs Agnes Hepburn. Translated with kind permission.

A. Carlson, « Aesthetic Appreciation of the Natural Environment »,
dans R. G. Botzler, S. J. Armstrong (eds.), *Environmental Ethics : Divergence
and Convergence*, p. 122-131 © Allen Carlson, 1998

A. Berleant, « The Aesthetics of Art and Nature », dans S. Kemal,
I. Gaskell (eds.), *Natural Beauty and the Arts*, p. 228-243
© Cambridge University Press, 1993. Translated with permission.

N. Carroll, « On Being Moved by Nature : Between Religion and Natural
History », dans S. Kemal, I. Gaskell (eds.), *Landscape, Natural Beauty and the Arts*,
p. 244-266 © Cambridge University Press, 1993. Translated with permission.

S. Godlovitch, « Icebreakers : Environmentalism and Natural Aesthetics »,
Journal of Applied Philosophy, 1994, n°11, p. 15-30 © Stan Godlovitch, 1994.
Reproduced with permission of Blackwell Publishing Ltd

E. Brady, « Imagination and the Aesthetic Appreciation of Nature », *Journal
of Aesthetics and Art Criticism*, 1998, n°56, p. 137-148 © Emily Brady, 1998.
Reproduced with permission of Blackwell Publishing Ltd.

Y. Saito, « The Aesthetics of Unscenic Nature », *Journal of Aesthetics
and Art Criticism*, 1998, n°56, p. 101-111© Yuriko Saito, 1998.
Reproduced with permission of Blackwell Publishing Ltd.

H. Rolston, « From Beauty to Duty : Aesthetics of Nature and Environmental
Ethics », dans A. Berleant (ed.), *Environment and the Arts : Perspectives
on Environmental Aesthetics*, p. 127-141 © Holmes Rolston, 2002

N. Hettinger, « Objectivity in Environmental Aesthetics and Protection
of the Environment », dans A. Carlson, S. Lintott (eds.), *Nature, Aesthetics,
and Environment : From Beauty to Duty*, p. 413-437 © Ned Hettinger.
Translated by permission of the author and Columbia University Press.

L'éditeur s'est employé à identifier tous les détenteurs de droits. Il s'efforcera de
rectifier, dès que possible, toute omission qu'il aurait involontairement commise.

En application du Code de la Propriété Intellectuelle et notamment de ses
articles L. 122-4, L. 122-5 et L. 335-2, toute représentation ou reproduction intégrale
ou partielle faite sans le consentement de l'auteur ou de ses ayants droit ou ayants
cause est illicite. Une telle représentation ou reproduction constituerait un délit de
contrefaçon, puni de deux ans d'emprisonnement et de 150 000 euros d'amende.

Ne sont autorisées que les copies ou reproductions strictement réservées à
l'usage privé du copiste et non destinées à une utilisation collective, ainsi que les
analyses et courtes citations, sous réserve que soient indiqués clairement le nom de
l'auteur et la source.

© *Librairie Philosophique J. VRIN*, 2015
Imprimé en France
ISSN 1968-1178
ISBN 978-2-7116-2633-5
www.vrin.fr

PRÉFACE

L'esthétique de l'environnement constitue un champ de recherche de formation relativement récente qui a émergé dans les pays anglo-saxons dans le courant des années 1970 au croisement de l'esthétique analytique et de la philosophie de l'environnement. En dépit de la subtilité des problématiques qui ont été élaborées dans ce domaine, de la grande richesse et variété des thèses qui ont été défendues par des théoriciens de plus en plus nombreux, de la multiplication des colloques, thèses de doctorat, publications en tous genres et numéros thématiques de revue qui lui ont été dédiés, le courant d'esthétique environnementale, à la différence de quelques-autres au sein de l'esthétique analytique, n'est pas parvenu à trouver en France une audience à la mesure de l'importance des enjeux qu'il soulève [1]. Le présent volume vise à combler cette lacune en proposant une sélection d'une dizaine de textes fondamentaux, tous inédits en français, représentatifs de la diversité des options au sein de cette école de pensée.

1. Il existe déjà en français plusieurs volumes recueillant des articles issus de l'esthétique analytique, mais aucun n'inclut de textes relevant spécifiquement de l'esthétique de l'environnement. Voir *Philosophie analytique et esthétique*, textes traduits et présentés par D. Lories, Paris, Klincksieck, 1988, *Esthétique et poétique*, textes réunis et présentés par G. Genette, Paris, Seuil, 1992, *Esthétique contemporaine. Art, représentation et fiction*, textes traduits et présentés par J.-P. Cometti *et al*, Paris, Vrin, 2005, et *Art et éthique. Perspectives anglo-saxonnes*, textes traduits et présentés par C. Talon-Hugon *et al*, Paris, P.U.F., 2011.

L'esthétique environnementale demande en premier lieu, pour être comprise dans sa formation et dans l'originalité de son questionnement, à être située au sein du contexte de la tradition esthétique anglo-saxonne, et tout particulièrement de la philosophie analytique telle qu'elle s'est développée aux alentours des années 1950 [1]. A quelques exceptions près, dont il sera question plus bas, les théoriciens de l'esthétique se trouvaient alors massivement engagés dans divers débats concernant les définitions philosophiques de l'art, et l'esthétique était présentée comme ayant pour tâche première de clarifier et de confirmer les assertions critiques portant sur les œuvres d'art. La phrase introductive du premier grand livre d'esthétique analytique publié par Monroe Beardsley en 1958 déclarait ainsi nettement qu'« il n'y aurait pas de problème d'esthétique, au sens où je me propose de délimiter ce champ d'étude, si jamais personne ne parlait des œuvres d'art » [2]. La domination presque sans partage du modèle de l'esthétique des œuvres d'art pouvait aller jusqu'à contester la possibilité d'une quelconque expérience esthétique de la nature, lorsqu'elle ne se contentait pas de considérer que, par comparaison avec l'art, l'appréciation de la nature était une affaire strictement subjective, non soumise à des règles – comme telle dénuée d'intérêt aux yeux du philosophe [3]. L'originalité de l'esthétique

1. Le premier recueil d'articles d'esthétique analytique est paru en 1954 : voir W. Elton (dir.), *Aesthetics and Language*, New York, Blackwell. Pour une présentation d'ensemble, voir K. Lüdeking, *La philosophie analytique de l'art*, trad. fr. J.-F. Groulier, Paris, Vrin, 2013.

2. M. C. Beardsley, *Aesthetics : Problems in the Philosophy of Criticism*, Harcourt, Brace & World, 1958, p. 1, trad. fr. D. Lories dans *Philosophie analytique et esthétique*, *op. cit.*, p. 71.

3. Voir en ce sens l'article de K. Walton, « Catégories de l'art » (1970), trad. fr. C. Harry-Schaeffer dans G. Genette (dir.), *Esthétique et poétique*, *op. cit.*, p. 83-129, et G. Dickie, *Art and the Aesthetics : An Institutional Analysis*, Ithaca, Cornell University Press, 1974 (p. 164-199).

environnementale a d'abord consisté à mettre au centre de l'attention les environnements naturels, en entendant par là non seulement les entités individuelles qui peuvent s'y trouver, mais aussi des ensembles plus vastes tels que des paysages ou des écosystèmes, en s'efforçant de déterminer à chaque fois l'objet propre et les modalités de l'appréciation esthétique.

Formulée de cette manière, il était manifeste que la portée du questionnement élaboré en esthétique environnementale avait vocation à s'élargir progressivement pour inclure les environnements anthropiques, c'est-à-dire à la fois les environnements naturels qui portent la trace visible de la présence humaine et les environnements bâtis ou les zones urbaines. D'élargissement en élargissement, la discipline en est venue à considérer également ce qui tombe à l'intérieur de ces environnements, donnant naissance à ce qu'il est convenu d'appeler l'« esthétique de la vie ordinaire », laquelle traite des objets et des environnements les plus communs, sans oublier une large gamme d'activités ordinaires, sous l'angle de leur valeur esthétique. L'esthétique environnementale, en un peu moins d'un demi-siècle, s'est ainsi développée en une entreprise visant, comme le disent deux des auteurs majeurs du courant, à élucider les conditions de « l'appréciation esthétique du monde au sens large »[1], sans rien omettre de tout ce peut y apparaître, en y incluant même les œuvres d'art, conformément au programme fort que défendent certains théoriciens, selon lesquels l'esthétique environnementale doit être comprise, non pas comme une esthétique sectorielle (celle de l'appréciation de l'environnement naturel, mais aussi des œuvres d'art représentant la nature, ou qui sont situées dans

---

1. Voir A. Carlson, A. Berleant, « Introduction : The Aesthetics of Nature », *in* A. Carlson, A. Berleant (dir.), *The Aesthetics of Natural Environments*, Peterborough, Broadview Press, 2004, p. 11.

la nature, qui utilisent la nature comme matériau, qui la configurent et la mettent en scène, etc.), mais comme une esthétique universellement valable (y compris pour les œuvres d'art qui ne présentent ni ne représentent la nature).

Bien que la portée du questionnement élaboré en esthétique environnementale soit en droit à peu près illimitée, l'attention des principaux acteurs de ce courant s'est portée à ce jour avec plus d'insistance sur l'appréciation esthétique de la nature, du fait sans doute de l'influence que le courant d'éthique environnementale, de formation concomitante, a exercé sur eux, mais aussi, plus largement, du fait de l'émergence d'une préoccupation publique mondiale de plus en plus affirmée concernant la préservation des espaces naturels. Eugene Hargrove, dans un ouvrage qui a fait date aussi bien dans le domaine de l'esthétique que dans celui de l'éthique environne-mentales, a ainsi pu faire valoir que l'environnementalisme, tant dans ses variantes militantes que philosophiques, était né dans une large mesure des sentiments esthétiques qu'inspire la nature, et notamment de la formation au XIXe siècle d'une catégorie épistémologico-esthétique inédite, prenant place aux côtés des catégories traditionnelles du beau, du sublime et du pittoresque, à savoir la catégorie de l'« intéressant », dans laquelle se sont croisés des intérêts à la fois artistiques et scientifiques pour la nature[1].

La mise en perspective historique esquissée par Hargrove – qui vise principalement à éclairer la genèse de l'éthique environnementale – peut également servir à mesurer l'ampleur de la dette contractée par l'esthétique environnementale contemporaine non seulement à l'endroit de l'esthétique de

---

1. E. Hargrove, *Foundations of Environmental Ethics*, Englewood Cliffs, Prentice Hall, 1989 (notamment p. 88-92).

la nature du XVIIIᵉ et XIXᵉ siècles, mais, au-delà, à l'endroit de la tradition esthétique occidentale remontant à Platon.

Car, contrairement à ce que donnent trop souvent à entendre certains théoriciens de ce courant, il n'est pas sûr que les premiers éléments d'une esthétique de la nature n'aient été élaborés qu'au XVIIIᵉ siècle et que l'idée du beau naturel ait été purement et simplement ignorée des Anciens [1]. Comme l'a démontré de manière convaincante Wladyslaw Tatarkiewicz, il est possible de considérer qu'une théorie unique de la beauté a dominé l'esthétique occidentale « du Vᵉ siècle avant J.-C. au XVIIᵉ siècle », selon laquelle « la beauté consiste dans les proportions des parties [d'un objet], plus précisément dans les proportions et les arrangements des parties, ou, plus précisément encore, dans la taille, l'égalité et le nombre des parties et de leur interrelations » [2]. Cette théorie, que l'auteur appelle « la grande théorie de la beauté de l'esthétique européenne », trouve son origine dans la doctrine des Sophistes, et se développe dans les écrits de Platon, d'Aristote, des Stoïciens et de Vitruve, et se prolonge au Moyen Âge chez les Néoplatoniciens, les Pères de l'Eglise jusqu'en plein cœur de la Renaissance chez un penseur comme Leon Batistta Alberti. En vertu de cette théorie, la beauté était alors comprise comme constituant une qualité naturelle, susceptible d'être reconnue aux objets de la nature pour autant qu'ils manifestent les propriétés de symétrie, d'équilibre et d'ordre [3].

De ce point de vue, plutôt que d'attribuer aux théoriciens de l'esthétique du XVIIIᵉ siècle le mérite d'avoir *détourné* leur

---

1. Nous nous appuyons dans ce qui suit sur le remarquable article de R. Paden, L. K. Harmon, C. R. Milling, « Philosophical Histories of the Aesthetics of Nature », *Environmental Ethics*, 2013, n°35, p. 57-77.

2. W. Tatarkiewicz, « The Great Theory of Beauty and Its Decline », *Journal of Aesthetics and Art Criticism*, 1972, n°31, p. 167.

3. Voir *ibid.*, p. 170.

attention de l'analyse de la beauté des œuvres d'art au bénéfice de celle la beauté de la nature, comme si cette dernière avait été jusque là ignorée en tant que telle, il apparaît plus exact de dire que les philosophes britanniques et écossais, tels que Shaftesbury, Hutcheson, Burke et Alison, ont *élargi* la portée de l'attention au-delà des seules entités naturelles individuelles pour prendre en compte des ensembles plus larges, comme les paysages[1]. C'est en vue de comprendre ce nouvel « objet » esthétique qu'a été élaborée la trilogie conceptuelle du « beau », du « pittoresque » et du « sublime », laquelle correspond à des catégories esthétiques qui diffèrent les unes des autres, non pas selon la taille des objets auxquels elles s'appliquent (des petits objets aux objets les plus vastes en passant par les objets complexes et irréguliers de taille moyenne), mais selon la structure de l'expérience esthétique[2].

Le propre des objets dits « sublimes » est qu'ils sont capables de produire des effets subjectifs analogues, allant de la peur ou de la terreur à des sentiments d'enthousiasme, d'extase, d'exaltation ou de vénération[3]. Le propre des objets dits « beaux », conformément à une tradition dont Platon peut être tenu pour le fondateur, est qu'ils sont capables de produire

1. Voir Shaftesbury, *Characteristics of Men, Manners, Opinions, Times*, D. den Uyl (éd.), Indianapolis, Liberty Fund, 2001, vol. 3, F. Hutcheson, *Recherche sur l'origine d nos idées de la beauté et de la vertu* (1725), trad. fr. A.-D. Balmès, Paris, Vrin, 1991, E. Burke, *Recherche philosophique sur l'origine de nos idées du beau et du sublime* (1757), trad. fr. B. Saint Girons, Paris, Vrin, 2009.

2. Sur le sens et l'importance de cette distinction au XVIIIe siècle, voir W. J. Hipple jr., *The Beautiful, The Sublime and the Picturesque in Eighteenth-Century British Aesthetic England*, Carbondale, The Southern Illinois University Press, 1957.

3. Sur la longue histoire du concept du sublime, de Longin à Kant en passant par Burke, voir, entre autres, B. Saint Girons, *Le sublime de l'antiquité à nos jours*, Paris, Desjonquères, 2005, et T. M. Coestelloe (dir.), *The Sublime : From Antiquity to the Present*, Cambridge, Cambridge University Press, 2012.

« un plaisir dont le manque n'est ni pénible ni sensible »[1], c'est-à-dire un plaisir qui ne dépend pas d'un désir préalable mais qui a pour effet de provoquer une transformation par laquelle nos désirs et intérêts ordinaires sont comme suspendus ou mis entre parenthèses. Sur ce point la nouveauté introduite par les penseurs des Lumières aura consisté à faire du « désintérêt », non plus un *effet* de l'expérience esthétique, mais sa *condition* même[2]. Le propre des objets dits « pittoresques », enfin, est que, en raison de leur complexité et de l'enchevêtrement des éléments qui les composent, l'ordre, la symétrie et l'harmonie caractéristiques des objets beaux leur font défaut, tout en affectant le spectateur des sentiments de grandeur et de puissance caractéristiques des objets sublimes, à cette différence près que le spectateur ne se sent pas dépassé mais au contraire appelé à entrer en interaction avec l'objet qui lui inspire ces sentiments, en vue de composer et de recomposer le spectacle auquel il est confronté – un paysage, par exemple. L'appréciation du « pittoresque » requiert un engagement créatif avec le paysage naturel, lequel cesse d'être perçu comme « pittoresque » dès que cet engagement cesse. Seront appelés également « pittoresques » les représentations picturales qui reproduisent les caractéristiques des paysages

1. Platon, *Philèbe*, 51b.

2. Sur les théories médiévales de la nature désintéressée du sentiment du beau, voir E. de Bruyne, *Études d'esthétique médiévale*, Paris, Albin Michel, 1998. Le mérite d'avoir promu le concept de « désintérêt » au centre de l'expérience esthétique est généralement attribué à Shaftesbury, et il a notoirement fait l'objet d'une réélaboration décisive par Kant dans la *Critique de la faculté de juger*. Sur ce point, voir D. A. White, « The Metaphysics of Disinterestedness : Shaftesbury and Kant », *Journal of Aesthetics and Art Criticism*, 1973, n°2, p. 239-248, P. Guyer, *Kant and the Experience of Freedom*, Cambridge, Cambridge University Press, 1996 (p. 49-93), et M. Rind « The Concept of Disinterestedness in Eighteenth-Century British Aesthetics », *Journal of the History of Philosophy*, 2002, n°40, p. 67-87.

naturels pittoresques, et suscitent par là même une expérience analogue[1].

Après avoir connue au XVIIIe siècle une promotion sans précédent dans l'histoire de l'esthétique occidentale, au point même d'être tenue par Kant pour le paradigme de l'expérience esthétique dans la *Critique de la faculté de juger* (1790), l'appréciation de la nature va subir un rapide déclin au cours de la première moitié du XIXe siècle[2]. Mais s'il est vrai que le concept du « pittoresque » n'inspirera plus guère d'intérêt en Europe, il est inexact en revanche de prétendre que le beau naturel, sous les espèces du sublime, cessera lui aussi d'inspirer la réflexion des philosophes[3]. Le sublime continua de jouer un rôle central, notamment dans l'esthétique de Schopenhauer et dans celle du jeune Nietzsche[4]. Outre Atlantique, les concepts du « pittoresque » et du « sublime » ont été expressément revendiqués par des peintres tels que Thomas Cole, Frederick Church et Albert Bierstadt pour caractériser

---

1. Le concept de « pittoresque » a été principalement élaboré au XVIIIe siècle par W. Gilpin, U. Price et R. P. Knight. Sur l'importance de ce concept dans l'esthétique des Lumières, voir notamment R. Milani, *Il Pittoresco. L'evoluzione del Gusto tra classico e romantico*, Rome, Laterza, 1997. Sur la longue histoire du concept du pittoresque et de la peinture de paysage, la littérature est pléthorique. Voir notamment M. Andrews, *Landscape and Western Art*, Oxford, Oxford University Press, 1999.

2. Sur les multiples causes de ce déclin, affectant surtout le concept du pittoresque, voir S. Robinson, *Inquiry into the Picturesque*, Chicago, University of Chicago Press, 1991.

3. Contrairement à une version de l'histoire de l'esthétique souvent invoquée, et dont l'on trouve un témoignage chez Adorno, lequel va jusqu'à parler d'un « refoulement » de l'idée de beau naturel au bénéfice de la beauté artistique, dont il rend responsable Hegel. Voir T. W. Adorno, *Théorie esthétique*, trad. fr. M. Jimenez, Paris, Klincksieck, 1989 (p. 89-109).

4. Voir A. Schopenhauer, *Le monde comme volonté et comme représentation* (1819), trad. fr. A. Burdeau, Paris, P.U.F., 1966 (notamment p. 258-266), et F. Nietzsche, *La naissance de la tragédie* (1872), trad. fr. J. Marnold, J. Morland, Paris, Livre de poche, 1994.

leur travail[1]. L'expérience esthétique de la nature a été clairement pensée par Emerson et Thoreau en référence au sublime[2]. Les nombreux écrits de John Muir lui-même ne laissent pas de doute sur la persistance des catégories esthétiques du beau, du pittoresque et du sublime dans l'appréciation de la nature – et bien d'autres exemples pourraient être donnés pour démontrer que la distinction entre la beauté naturelle et la beauté artistique s'est sans doute accompagnée durant cette période, chez les divers théoriciens de l'esthétique, d'un privilège accordé tantôt à l'une et tantôt à l'autre, mais jamais de la disparition pure et simple de l'une des deux[3].

Si la permanence d'un intérêt pour l'appréciation de la nature tout au long de la première moitié du XXe siècle peut aisément se confirmer dans les domaines artistiques et littéraires, tant en Europe qu'aux Etats-Unis, les contributions philosophiques à l'esthétique de la nature se firent extrêmement rares. George Santayana, dans *The Sense of Beauty* (1896), fut probablement le premier à poser ce que les théoriciens d'esthétique environnementale appellent le « problème du cadrage » (*framing problem*), en entendant par là le problème de savoir ce qu'il convient de mettre au centre de l'attention esthétique au sein de l'environnement naturel[4]. Dans le courant des années 1930, John Dewey publia un ouvrage capital, promis à une importante postérité au cours de la seconde

1. Voir A. Wilton, T. Barringer, *American Sublime : Landscape Painting in the United States (1820-1880)*, Princeton, Princeton University Press, 2002.

2. Voir R. W. Emerson, *La nature* (1836), trad. fr. P. O. Loscos, Paris, Allia, 2004, et H. D. Thoreau, *Essais*, trad. fr. N. Mallet, Paris, Le mot et le reste, 2007.

3. Voir notamment J. Muir, *Célébrations de la nature*, trad. fr. A. Fayot, Paris, J. Corti, 2011.

4. Voir G. Santayana, *The Sense of Beauty : Being the Outline of Aesthetic Theory*, New York, Dover Publication, 1955 (notamment p. 83-84).

moitié du XXᵉ siècle, dans lequel il fournit les éléments d'une compréhension de l'expérience esthétique valable aussi bien pour l'art que pour la vie ordinaire, tandis que Curt J. Ducasse traitait de son côté de l'art en examinant aussi bien la beauté artistique que la beauté naturelle[1].

Bien que l'appréciation de la nature ait de moins en moins fait l'objet de la réflexion des théoriciens de l'esthétique, certains des concepts employés en philosophie de l'art, tels que ceux de « désintérêt » et de « formalisme », qui suscitèrent alors une importante littérature critique, ont exercé une influence majeure sur les débats qui opposeront bientôt les uns aux autres les divers penseurs d'esthétique environnementale. Le concept de « distance psychique » qu'avance Edward Bullough dès le début des années 1910 dans un effort de reprise critique du concept de « désintérêt » de l'esthétique des Lumières, sera ainsi au centre de nombreuses discussions entre les théoriciens d'esthétique environnementale, pour savoir s'il s'agit d'une condition universalisable de l'expérience esthétique, comme telle reconductible à l'appréciation de la nature, où si sa validité doit être limitée à l'appréciation des œuvres d'art[2]. La théorie de la « forme significative »

---

1. Voir J. Dewey, *L'art comme expérience* (1934), trad. fr. J.-P. Cometti *et al.*, Paris, Gallimard, 2010, et C. J. Ducasse, *Art, the Critics and You* (1944), Indianapolis, Boobs-Merrill, 1955. En Angleterre, R. G. Collingwood poursuivit une recherché portant simultanément sur la philosophie de l'art et sur l'idée de nature, mais sans jamais les faire converger pour élaborer une esthétique de la nature. Voir R. G. Collingwood, *Principles of Art* (1938), Oxford, Oxford University Press, 1958, et *The Idea of Nature* (1945), Oxford, Oxford University Press, 1960.

2. Voir E. Bullough, « Psychical Distance as a Factor in Art and as an Aesthetic Principle », *British Journal of Psychology*, 1912, n°5, p. 87-98. L'idée selon laquelle l'appréciation de l'art détermine une expérience et une attitude esthétiques spécifiques a été défendue dans le contexte de la philosophie analytique par J. Stolnitz et par M. Beardsley, et été vivement critiquée par G. Dickie et A. Danto. Voir les différents textes de cette polémique traduits

(*significant form*) de Clive Bell – qui distingue entre la valeur représentative d'une œuvre d'art, laquelle est affaire de connaissance, et sa valeur émotionnelle, laquelle dépend de l'appréhension sensorielle de l'arrangement et de la combinaison des formes, couleurs, lignes et matériau, et qui est seule constitutive de l'appréciation de la « forme significative » de l'œuvre – jouera un rôle important en esthétique environnementale où la question sera de savoir quelle part connaissances et émotions doivent prendre dans l'appréciation de la nature [1].

Mais les efforts dispersés de quelques-uns et les discussions suscitées par certaines théories esthétiques auraient sans doute été impuissants à provoquer un renouvellement de l'intérêt pour l'appréciation de la nature sans la publication de l'article de Ronald Hepburn intitulé « L'esthétique contemporaine et la négligence de la beauté naturelle » (1966) [2], dont il n'est pas exagéré de dire qu'il a fixé le programme théorique de l'esthétique environnementale pour toute la seconde moitié du XXe siècle. Hepburn y montre en effet, à l'encontre des partisans de la théorie du « désintérêt » et de la « distance

et recueillis par D. Lories dans le volume *Philosophie analytique et esthétique*, *op. cit.*, p. 103-198.

1. Voir C. Bell, *Art*, New York, Putnam, 1913.

2. R. Hepburn, « L'esthétique contemporaine et la négligence de la beauté naturelle », dans ce volume p. 41-54. Il est remarquable que l'article de Hepburn soit strictement contemporain des écrits d'Adorno invitant à une réévaluation de l'esthétique de la nature, sans que ni l'un ni l'autre n'aient eu vent alors des efforts de l'autre. Pour une comparaison de ces deux penseurs, voir M. Tafalla, « Rehabiliting the Aesthetics of Nature : Hepburn and Adorno », *Environmental Ethics*, 2011, n°33, p. 45-56. E. Brady a fait valoir qu'il est un autre penseur au sein de la tradition analytique dont la contribution a longtemps été méconnue, à savoir F. Sibley, qui dès les années 1950 a avancé des concepts précieux dans la perspective d'une esthétique de l'environnement. Voir E. Brady, J. Levinson (dir.), *Aesthetics Concepts : Essays After Sibley*, Oxford, Clarendon Press, 2001.

psychique », que l'oubli de la nature comme objet esthétique a pour corollaire la négligence des modalités plurisensorielles selon lesquelles il nous est possible de faire une expérience esthétique, supposant un engagement du spectateur. Il montre également, à l'encontre des partisans du « formalisme », que la connaissance a un rôle à jouer dans l'expérience esthétique, en ce qu'elle peut permettre d'approfondir notre appréciation de la nature. Par là même, Hepburn anticipait dans ses grandes lignes la principale bifurcation qui affecte aujourd'hui encore le courant d'esthétique environnementale, entre les théoriciens d'une approche de type non-cognitive (Arnold Berleant, Emily Brady, Stan Godlovitch, John Fisher, Malcolm Budd) et ceux d'une esthétique cognitive (Allen Carlson, Yuriko Saito, Marcia Eaton, Glenn Parsons, Noël Carroll).

En élucidant de manière systématique les implications des différentes options qui s'offrent à une esthétique de l'environnement, cette dernière a été conduite à déborder son champ de recherche initial pour prendre les dimensions, comme nous le notions précédemment, d'une « esthétique du monde », autorisant les croisements disciplinaires avec l'anthropologie, la psychologie, la théorie littéraire, la géographie culturelle, l'écologie urbaine, l'architecture du paysage, sans oublier l'éthique environnementale. C'est de ce point de vue que certains se sont empressés de faire valoir qu'Alexandre de Humboldt et Aldo Leopold pouvaient être légitimement tenus pour des précurseurs de l'esthétique environnementale [1], permettant par là même l'articulation de

---

1. Pour Humboldt, lu comme précurseur de la théorie cognitive de Carlson, voir la démonstration très convaincante de L. Fel, *L'esthétique verte. De la représentation à la présentation de la nature*, Seyssel, Champ Vallon, 2008, p. 122-149, et pour Leopold, voir J. B. Callicott, « L'esthétique de la terre », trad. fr. P. Madelin dans A. Leopold, *La conscience écologique*, textes réunis par J.-C. Génot, D. Vallauri, Marseille, Wildproject, 2013, p. 213-226.

celle-ci à des projets théoriques dépassant le seul cadre d'une théorie de l'art.

INDICATIONS BIBLIOGRAPHIQUES

BERLEANT Arnold, « Environmental Aesthetics », dans M. Kelly (dir.), *Encyclopedia of Aesthetics*, New York, Oxford University Press, 1998, vol. 2, p. 114-120.

— and CARLSON Allen (dir.), *The Aesthetics of Human Environment*, Peterborough, Broadview Press, 2007.

BOURASSA, S. C., *The Aesthetics of Landscape*, London, Belhaven, 1991.

BRADY Emily, « Aesthetics of the Natural Environment », dans V. Pratt, J. Howarth, E. Brady (dir.), *Environment and Philosophy*, Londres, Routledge, 2000, p. 142-163.

— « Environmental Aesthetics », dans J. B. Callicott, R. Frodeman (dir.), *Encyclopedia of Environmental Ethics and Philosophy*, New York, Macmillan, 2008, tome 1, p. 313-321.

BURKE Donald, « On the Dialectic of Natural Beauty and Artistic Beauty », 2009, http://dx.doi.org/10.2139/ssrn. 1460191

CARLSON Allen, « Environmental Aesthetics », dans B. Gaut, D. McIver Lopes (dir.), *The Routledge Companion to Aesthetics*, Londres, Routledge, 2001, p. 423-436.

— « Environmental Aesthetics », Stanford Encyclopedia of Philosophy, 2007

http://plato.stanford.edu/entries/environmental-aesthetics/

— « Aesthetics Appreciation of Nature », dans E. Craig (dir.), *Routledge Encyclopedia of Philosophy*, Londres, Routledge, 1998, vol. 6, p. 731-735.

— « Contemporary Aesthetics of Nature », dans M. Kelly (dir.), Encyclopedia of Aesthetics, New York, Oxford University Press, 1998, vol. 3, p. 346-349.

– *Nature and Landscape : An Introduction to Environmental Aesthetics*, New York, Columbia University Press, 2009.

— and BERLEANT Arnold (dir.), *The Aesthetics of Natural Environments*, Peterborough, Broadview Press, 2004.

— and LINTOTT (dir.), *Nature, Aesthetics, and Environmentalism : From Beauty to Duty*, New York, Columbia Press, 2008.

CRAWFORD Donald W., « The Aesthetics of Nature and the Environment », dans P. Kivy (dir.), *The Blackwell Guide to Aesthetics*, Oxford, Blackwell, 2004, p. 306-324

DRENTHEN Martin, KEULARTZ Jozef (dir.), *Environmental Aesthetics : Crossing Divides and Breaking Ground*, Oxford, Oxford University Press, 2014.

FISHER John A., « Environmental Aesthetics », dans J. Levinson (dir.), *The Oxford Handbook of Aesthetics*, Oxford, Oxford University Press, 2003, p. 667-678.

GASCHÉ Rodolphe, « The Theory of Natural Beauty and Its Evil Star : Kant, Hegel, Adorno », *Research in Phenomenology*, 2002, n°32, p. 103-122.

KEMAL Salim, GASKELL Ivan (dir.), *Landscape, Natural Beauty and the Arts*, Cambridge, Cambridge University Press, 1993.

LIGHT Andrew, SMITH Jonathan M. (dir.), *The Aesthetics of Everyday Life*, New York, Columbia University Press, 2005.

MOORE Ronald, *Natural Beauty : A Theory of Aesthetics Beyond the Arts*, Peterborough, Broadview Press, 2008.

PORTEOUS J. Douglas, *Environmental Aesthetics : Ideas, Politics and Planning*, Londres, Routledge, 1996.

ROSS Stephanie, *What Gardens Mean*, Chicago-Londres, The University of Chicago Press, 1998.

– « Environmental Aesthetics », dans D. Borchert (dir.), *Encyclopedia of Philosophy*, New York, Macmillan, 2ᵉ édition, 2006, p. 254-258.

SEEL Martin, *Eine Ästhetik der Natur*, Frankfurt am Main, Suhrkamp, 1991.

SEPÄNMAA Yrjö, *The Beauty of Environment : A General Model For Environmental Aesthetics*, Denton, Environmental Ethics Books, 1993.

TUAN Yi-Fu., *Passing Strange and Wonderful : Aesthetics, Nature and Culture*, Washington, Island Press, 1993.

TEXTES FONDATEURS

INTRODUCTION

La difficulté initiale que rencontre tout lecteur de la littérature théorique produite en esthétique environnementale tient à ce que le terme même de « landscape », généralement traduit par le mot « paysage », ne revêt pas tout à fait le même sens dans le contexte de la tradition anglo-saxonne que dans celui de la tradition française.

En français, le mot « paysage » désigne une « étendue de pays », « que l'on voit d'un seul aspect » dit Littré, « que la nature présente à l'observation », dit le Robert. Apparu tardivement, à la fin du XVe siècle, en néerlandais (*landschap*), pour désigner non pas un site naturel, mais un tableau – les premiers tableaux de paysage, prétend-on parfois, dans la peinture occidentale –, l'équivalent français a été forgé après, par Jean Molinet, en 1493, et, dans le dictionnaire de Robert Estienne, en 1549, pour désigner un tableau représentant une vue champêtre ou un jardin. Selon les travaux effectués sur l'origine et la diffusion du mot, il en irait de même pour tous les vocables européens, qu'ils soient formés sur le radical *land* (*landscape* en anglais, *Landschaft* en allemand), ou sur le radical *pays, pais*, ou *paese* (*paisaje* en espagnol, *paesaggio* en italien)[1]. L'opposition entre le lieu lui-même (le pays) et

1. Voir F. Martinet, « Le paysage : signifiant et signifié », dans *Lire le paysage, lire les paysages*, Saint Etienne, CIEREC, 1984, p. 61-67, et C. Franceschi, « Du mot "paysage" et de ses équivalents dans cinq langues européennes », dans M. Collot (dir.), *Les enjeux du paysage*, Bruxelles, 1997, p. 75-111.

le regard que l'on porte sur lui (qui le transforme en paysage), est donc essentielle à la signification que le mot paraît avoir en français et dans quelques autres langues européennes. Or si l'équivalent d'une telle distinction se retrouve bel et bien en anglais (entre *landscape* et *land*), elle n'y a pas le même sens parce que les réalités auxquelles il est fait référence ne sont nullement conçues comme étant hétérogènes l'une à l'autre, mais au contraire comme pouvant se superposer et se confondre dans une certaine mesure, rendant par là même toute distinction entre les deux provisoire et quelque peu artificielle.

Au-delà de ce qui pourrait sembler n'être qu'un point d'achoppement pour le traducteur, il importe de voir que cette ambiguïté lexicale recouvre en fait des divergences théoriques profondes entre les types d'approches esthétiques de la nature privilégiées de part et d'autre de l'Atlantique, sur lesquelles il convient de s'expliquer ici.

Selon les termes de la théorie « culturaliste » qui a exercé une influence considérable sur la théorie du paysage en Europe depuis l'extraordinaire émergence de ce champ de recherche au cours des années 1970 sur la scène universitaire, intellectuelle, publique et médiatique, il nous serait impossible d'apprécier la nature et de lui reconnaître une quelconque valeur esthétique en l'absence de toute culture ou de toute éducation artistique, en l'absence de toute convention et de tout appareil de connaissances permettant de tracer le dessin et, pour ainsi dire, de « cadrer » le spectacle qu'elle nous offre. Le sens de la beauté de la nature serait donc d'origine sociale et culturelle, la nature ne pouvant avoir de beauté *à elle* qu'à la condition qu'une éducation artistique l'en revête *à nos yeux*[1].

---

1. Sur cette théorie, qui a été développée au cours du XXᵉ siècle par de nombreux théoriciens de l'esthétique dans des perspectives et sous des formes

Conformément à ce qu'enseignent les partisans de cette théorie, le fait pour les sociétés modernes (occidentales) de se rapporter à leur environnement naturel sur le mode de la représentation paysagère ne daterait que des alentours du XVᵉ siècle, et, plus précisément, du *Quattrocento* italien, apparaissant pour la première fois et simultanément, comme invention picturale, sous le pinceau des peintres de l'époque, et, comme mot attesté dans le dictionnaire, dans plusieurs langues européennes. Le paysage est censé faire son entrée par effraction dans l'espace du tableau – littéralement, *par la fenêtre*, c'est-à-dire par l'intermédiaire d'une fenêtre intérieure au tableau (la *veduta*) ouvrant sur l'extérieur[1]. A cette trouvaille technique correspondrait ni plus ni moins que l'invention du paysage occidental sous la forme de l'exécution d'un tableau dans le tableau – le spectateur, mettant à distance le milieu dans lequel il se trouve (le *pays*, comme environnement naturel), se verrait alors regarder le monde depuis un point de vue privilégié (comme *paysage*). Ce qui est perçu à travers la fenêtre ne serait alors plus simplement un coin de la nature, mais un ensemble organisé et délimité d'objets naturels rassemblés selon une perspective géométrique. A l'intérieur de ce cadre, le paysage *ferait tableau*, il donnerait à voir une composition.

De ce jour où s'inaugure en Occident, dit-on, la civilisation paysagère, le paysage ne quittera plus les consciences, et ne cessera plus de se répandre en poésie et en prose, comme réalité visuelle et sonore, et, en tant que phénomène représenté, comme symbole de l'esprit humain ou allégorie d'une quête

---

parfois très différentes, voir M. Jakob, *L'émergence du paysage*, Gollion, Infolio, 2004, dans lequel on trouvera une bibliographie très complète.

1. Sur la *veduta*, voir G. Briganti, *Les peintres de « Vedute »*, Paris, Electa France, 1971, et A. Roger, *Court traité du paysage*, Paris, Gallimard, 1997, p. 73-76

impossible. Partout il sera chanté, évoqué et célébré, sous la plume de Hölderlin, Schiller, Coleridge, Shelley, Wordsworth, Chateaubriand et Senancour, et décrit et sublimé par le pinceau de Claude Lorrain, Constable, Corot, Daubigny, Turner, Manet, Pissaro, etc. Les touristes et autres amateurs de la nature viendront bientôt grossir les rangs des admirateurs du paysage, et transcriront ce qu'ils ont vu en faisant le tour des sites pittoresques et sublimes, animés aussi bien par la volonté de découvrir la merveille des spectacles de la terre que par le désir de prendre connaissance du visage de la patrie.

De nombreux éléments de cette théorie ont fait l'objet de discussions et de critiques au cours des dernières années, à commencer par la thèse massive de la constitution du paysage comme genre pictural à la Renaissance, laquelle a été contestée dans son détail comme dans sa globalité. Certains historiens se sont ainsi employés à faire valoir que les premiers paysages ont fait leur apparition, non pas en Italie, mais en Europe du Nord (renvoyant alors aux miniatures flamandes, à Patinir, au Maître de la Flémalle, à Altdorfer, etc.), rendant par là même problématique la liaison établie entre la représentation paysagère et la représentation perspective. Quelques-uns ont proposé de reculer l'avènement culturel du paysage pictural proprement dit au XVIIIe siècle [1], tandis que d'autres, plus audacieusement, n'ont pas hésité à soutenir l'idée que le paysage a pris son essor – du moins en Occident – à l'époque hellénistique, pour renaître ensuite au temps de la Rome

---

1. Voir par exemple Y. Luginbühl, *Paysages : textes et représentations du paysage du siècle des Lumières à nos jours*, Paris, La Manufacture, 1989, qui souligne qu'on ne trouve pas de paysages « purs », ne servant de cadre ni à une scène ni à un portrait, avant le XVIIIe siècle, si ce n'est dans les dessins, les gravures et les aquarelles, c'est-à-dire dans des images qui ont souvent un statut d'études et qui échappent pour partie aux contraintes de la commande.

impériale, disparaître à la fin de l'Antiquité, et émerger à nouveau au XIVᵉ siècle dans quelques pays européens [1].

Mais au-delà des problèmes de datation que pose l'avènement du paysage aux différentes époques de la culture, la thèse de l'historicité du rapport des sociétés à la beauté de la nature environnante a surtout prêté le flanc à des objections de principe, critiquant le postulat qui la fonde : celui du rôle privilégié de la référence artistique à la fois comme source et comme expression des sensibilités paysagères [2]. En effet, l'artialisation, c'est-à-dire la transformation du *pays* vécu et traversé en *paysage* contemplé et ressenti à la faveur d'une codification esthétique du regard, est censée engager avant tout les pouvoirs de la médiation reconnus aux représentations artistiques, et plus précisément à la peinture. Une telle thèse effectue manifestement une double réduction, en faisant du paysage le produit d'un regard, et de ce regard lui-même un produit de l'art, et elle conduit logiquement à conclure que l'environnement ne reçoit de qualification esthétique que lorsqu'il est « paysagé » ou « artialisé », l'apparition de représentations peintes de paysages se hissant dès lors au rang de condition de possibilité de l'émergence d'une sensibilité paysagère en Europe.

Or même si l'on accorde que pour exister dans les faits, aux yeux de l'observateur, le paysage a toujours besoin d'être révélé, on ne voit pas pourquoi les artistes et les peintres devraient se voir octroyer le monopole de ce pouvoir de

---

1. Voir, entre autres, M. Baridon, *Naissance et renaissance du paysage*, Paris, Actes Sud, 2006, Y. Escande, *Le paysage chinois, entre art et nature*, Paris, 2003, et F. Cheng, *Le vide et le plein*, Paris, Seuil, 1979.

2. Pour une critique en ce sens, voir surtout S. Briffaud, « De l'"invention" du paysage. Pour une lecture critique des discours contemporains sur l'émergence d'une sensibilité paysagère en Europe », *Compar(a)ison*, 1998, n°2, p. 35-55, sur lequel nous nous appuyons dans ce qui suit.

révélation, alors même que le rôle de médiation joué par l'œuvre d'art n'apparaît pas comme un phénomène vraiment caractéristique de la culture paysagère occidentale avant le XVIIIe siècle et le développement de la codification de l'esthétique pittoresque. La thèse culturaliste de l'antériorité des modèles ou schèmes de perception et d'appréciation de la nature, et de l'origine artistique de ces schèmes, néglige d'évoquer le rôle joué par les autres filtres et grilles de lecture qui médiatisent la relation des spectateurs aux paysages, et notamment de cette instance médiatrice majeure qu'a été (et que continue d'être) la science fondée sur l'observation empirique, laquelle commence pourtant à partir de la Renaissance à déterminer largement les perceptions paysagères. Piero Camporesi a ainsi pu montrer que le savoir minéralogique, en voie d'émancipation au XVe siècle de la nébuleuse alchimique, a grandement influencé la vision des paysages, mais aussi sa représentation par les peintres [1]. Nombre d'artistes du paysage ont étroitement associé la pratique des sciences (avec primauté de l'observation naturaliste) à celle de leur art – Léonard de Vinci, premier grand théoricien de la peinture du paysage, pouvant bien être tenu à cet égard pour une figure emblématique.

De manière générale, il apparaît que l'attrait pour les paysages se révèle au point de croisement d'approches plurielles du monde, à la fois scientifiques, esthétiques et spirituelles, où ces différentes formes de l'expérience humaine du monde se fécondent les unes les autres – non seulement à la Renaissance, mais encore plus tard, en cette seconde moitié du XVIIIe siècle que certains historiens s'accordent à considérer comme le « moment paysage » de la culture européenne, où

---

1. P. Camporesi, *Les belles contrées. Naissance du paysage italien*, trad. fr. B. Pérol, Paris, Le promeneur, 1995.

c'est précisément sur l'accord retrouvé de l'approche scientifique et de l'approche émotionnelle des spectacles de la terre que se fonde la promotion inédite du paysage dont nous avons, à bien des égards, hérité. Pour ne prendre qu'un exemple, l'on sait que la découverte simultanée de la montagne et des rivages marins, qui a conduit à parler de l'« invention » du paysage alpin et de l'« invention » du paysage littoral, a alors reposé, pour une large part, sur la possibilité pour le savant et pour le peintre ou le poète de faire usage des mêmes grilles de lecture [1].

Par voie de conséquence, si la distinction entre divers types de regard sur le paysage – le regard esthétique (passant par la médiation de références artistiques), le regard informé (dépendant d'un savoir scientifique) et le regard initié (ceux des personnes qui connaissent les lieux, les fréquentent, y déploient leurs usages) – demeure en droit légitime et théoriquement nécessaire, en ce qu'ils correspondent à des intentionnalités différentes, il importe toutefois de bien souligner que ces regards ne cessent en fait de se croiser en s'éclairant les uns les autres [2]. L'attitude esthétisante, au fondement de l'invention européenne des paysages, ne se laisse pas dissocier de l'intérêt scientifique pour la nature ni

1. Voir M. H. Nicolson, *Mountain Gloom and Mountain Glory : The Development of the Aesthetics of the Infinite*, Ithaca, Cornell University Press, 1963, A. Corbin, *Le territoire du vide. L'Occident et le désir du rivage (1750-1840)*, Paris, Flammarion, 1988, et S. Briffaud, *Naissance d'un paysage. La montagne pyrénéenne à la croisée des regards (XVIᵉ–XIXᵉ siècle)*, Toulouse, Université de Toulouse, 1994. L'influence exercée par les sciences au même titre que celle des arts participe de ce qu'A. Berque appelle la « motivation paysagère », qu'il oppose expressément à l'artialisation telle que la définit A. Roger. Voir A. Berque, *Les raisons du paysage. De la Chine antique aux environnements de synthèse*, Paris, Hazan, 1995, p. 181.

2. Cette distinction est proposée par C. et R. Larrère, *Du bon usage de la nature. Pour une philosophie de l'environnement*, Paris, Aubier, 1997, p. 203-204.

des modalités et des formes selon lesquelles les hommes font l'expérience des lieux où ils vivent et où ils sont impliqués pratiquement, en sorte qu'il est souvent impossible de dire où commence le paysage et où finit le pays. Le paysage, comme objet de représentation esthétique, est une réalité matérielle et historique possédant une épaisseur intrinsèque que la perception n'épuise pas.

Il est remarquable que cette conception « réaliste » du paysage traverse le spectre entier des sciences de la nature et des sciences de l'homme. Elle est présente depuis fort longtemps dans les sciences de la Terre et les sciences de l'environnement, dont les diverses disciplines (la géologie, la géomorphologie, la pédologie, la climatologie, la botanique, l'écologie) désignent précisément le paysage comme un de leurs objets fondamentaux, en offrant autant de modalités de « révélation » esthétique du paysage. Loin d'être l'autre ou l'ailleurs de tout paysage – son « degré zéro », comme certains l'ont prétendu [1] –, l'environnement apparaît plutôt comme une partie intégrante du paysage, et les valeurs écologiques comme autant de valeurs esthétiques en ce qu'elles rendent possible, directement ou indirectement, une expérience esthétique de la nature qui ne passe pas par la médiation de la figuration représentative, mais par des connaissances scientifiques.

En effet, en fondant les sciences de la nature sur la description et l'observation, la démarche scientifique – et tout particulièrement en ce tournant décisif du XVIIIe siècle qui aura vu se développer la peinture de paysage et se multiplier

---

1. « Le pays », écrit A. Roger dans son *Court traité du paysage, op. cit.*, p. 18, « c'est en quelques sorte le degré zéro du paysage, ce qui précède son artialisation, qu'elle soit directe (*in situ*) ou indirecte (*in visu*) ». Pour l'opposition farouche de l'auteur à l'intégration de l'environnement au sein de la représentation paysagère, voir *ibid.*, p. 126 *sq.*

simultanément les programmes scientifiques en histoire naturelle – a en commun avec l'esthétique l'approche perceptive, allant jusqu'à renouveler l'expérience esthétique par le biais des illustrations représentant le microcosme et le macrocosme, à partir des observations au microscope et au télescope, lesquelles ne se contentent pas d'éclairer la perception, mais en fournissent de nouvelles. Mieux encore, en dégageant de la nature des formes précises et des organisations identifiées, la science facilite la perception de la diversité de la nature, et donc son expérience esthétique[1]. Aussi ne faut-il pas s'étonner si, comme le note Eugene Hargrove, l'on voit apparaître sous la plume des savants de l'époque des remarques de plus en plus nombreuses sur les aspects proprement esthétiques du monde qu'ils observent, où les faits et les valeurs, la considération de ce qui est « beau » et de ce qui est « intéressant » s'entrelacent inextricablement[2]. Réciproquement, l'intérêt des poètes anglais des XVIIIe et XIXe siècles pour l'observation précise des environnements naturels, et leur remarquable connaissance de la géologie et de la botanique, confirment l'étroite association de la science et de

---

1. Voir sur ce sujet, N. Vuillemin, *Les beautés de la nature à l'épreuve de l'analyse. Programmes scientifiques et tentations esthétiques dans l'histoire naturelle du XVIIIe siècle (1744-1805)*, thèse inédite, Paris III-Université de Neuchâtel, 2007.

2. E. Hargrove, *Foundations of Environmental Ethics, op. cit.*, p. 83, *sq.* S'il est une œuvre qui, en plein cœur du XIXe siècle, s'est donnée pour objectif de démontrer que l'avènement d'une forme paysagère de sensibilité correspond bien à un rapprochement de la rationalité scientifique et de l'imagination poétique, c'est celle à laquelle A. de Humboldt travaillera sa vie durant et dont la première version sera publiée en deux volumes entre 1845 et 1847 sous le titre de *Cosmos. Essai d'une description physique du Monde*, Paris, Utz, 2000. Voir notamment les chapitres 1 et 2 du tome II intitulés respectivement « Des sentiments de la nature suivant la différence des races et de temps », et « Influence de la peinture de paysage sur l'étude de la nature », p. 349-422.

l'art, et le rôle déterminant des connaissances scientifiques dans l'appréciation de la nature [1].

Le courant d'esthétique environnementale contemporain demande à être compris, en ses prémices, dans le prolongement de cette conception de la nature qui ne traite pas comme deux domaines d'investigation distincts l'étude de la « matérialité » du paysage et celle des regards dont il fait l'objet, et pour laquelle nulle frontière étanche ne passe entre le pays et le paysage, l'environnement naturel et les représentations esthétiques, le factuel et le sensible, le physique et le phénoménal, la nature et la culture. La nature dont il est question, en esthétique environnementale, précise celui que l'on peut bien tenir pour le principal inspirateur de ce courant de pensée dans la seconde moitié du XXᵉ siècle, « ne désigne pas seulement le charmant paysage pastoral, mais aussi la forêt tropicale, la toundra, les glaciers, les déserts, et les objets (ainsi que les processus) que seuls le microscope et le télescope rendent perceptibles » [2].

Toute l'originalité de l'approche défendue en esthétique environnementale, pourrait-on dire, à consister à prendre la nature, mais aussi le sujet qui s'y rapporte, *à la lettre des matières qui les composent.* Elle a consisté à (re-) substantialiser

1. Les deux poètes généralement cités pour illustrer ce point sont W. Wordsworth et J. Thomson. Sur ces derniers, voir notamment M. H. Nicolson, *Mountain Gloom and Mountain Glory...* , *op. cit.* L'intérêt pour la science manifesté par les poètes et les peintres s'est prolongé au XIXᵉ siècle en Amérique dans les œuvres de W. C. Bryant, T. Cole, F. E. Church, W. H. Holmes, C. W. Peale. Sur ce sujet voir T. F. Mitchell, *Art and Science in German Landscape Painting (1770-1840)*, Oxford, Clarendon Press, 1993, et C. Klonk, *Science and the Perception of Nature : British Landscape Art in the Late Eighteenth and Early Nineteenth Centuries*, Londres, Yale University Press, 1996.

2. R. Hepburn, « Trivial and Serious in Aesthetic Appreciation of Nature » (1993), repris dans *The Reach of the Aesthetic : Collected Essays on Art and Nature*, Aldershot, Ashgate, 2001, p. 2.

la nature comprise dans la totalité de ses composantes biotiques et abiotiques, de ses processus évolutifs et des interrelations existant entre les divers écosystèmes, et à (re-) substantialiser le corps du sujet impliqué au sein d'un environnement, qu'il perçoit à l'aide de tous ses sens (et non pas seulement au moyen de la vue), où la nature est alors moins *conçue* comme un objet que *vécue*, et ensuite *parlée* peut-être, la parole cherchant surtout dans ce cas à prolonger la vie, ou pour mieux dire le vif qui fait de l'environnement une expérience.

Ces sont ces différentes voies qui ont été magistralement ouvertes par Ronald Hepburn dans le premier article qui ouvre cette section, en un texte proprement séminal dont tous ses successeurs se sont réappropriés les propositions en accordant une importance plus ou moins grande à telle ou telle d'entre elles.

C'est chez Allen Carlson que la proposition selon laquelle le savoir s'ajoute au voir pour rendre possible une appréciation esthétique de la nature – et même, selon les termes de la théorie cognitive qu'il défend : la *seule* appréciation correcte –, a trouvé son développement le plus complet à ce jour, notamment dans le second texte inclus dans cette section mais aussi dans les très nombreux autres que l'auteur a pu publier depuis, par lesquels, comme le dit Noël Carroll, Allen Carlson « a immensément élevé le niveau de la discussion philosophique sur l'appréciation esthétique de la nature, en élucidant, pour notre bénéfice à tous, les enjeux logiques et épistémologiques d'une théorie de l'appréciation de la nature » [1].

Arnold Berleant, quant à lui, dans le dernier texte de cette section, est sans doute celui qui aura travaillé avec le plus de

1. N. Carroll, « Être affecté par la nature : entre la religion et l'histoire naturelle », dans ce volume p. 134.

profondeur et de constance tout au long de sa longue carrière intellectuelle la thèse, également présente dans l'article de Hepburn, d'un engagement du spectateur constitutif de l'expérience que le sujet fait aussi bien de lui-même que du milieu dans lequel il se trouve. Comme le montre Berleant, s'il y a expérience, c'est justement au sens d'une exposition du sujet à quelque chose comme un « dehors » qui le conduit et le pousse hors de ses limites, rendant malaisée la distinction entre un « sujet » et un « objet ». Comme l'écrit avec élégance Jean-Marc Besse, la nature dont il est fait l'expérience par l'intermédiaire de nos sens est plutôt « une déroute commune du sujet et de l'objet », elle est « cet événement, singulier et toujours différent, de l'altérité comme telle, à la fois de soi et du monde, dans une confusion et une tension qui proprement ravissent, à laquelle l'expérience expose ceux qui s'y risquent »[1].

---

1. J.-M. Besse, « Le paysage et les discours contemporains. Prolégomènes », dans J.-L. Brisson (dir.), *Le jardinier, l'artiste et l'ingénieur*, Paris, Les Éditions de l'Imprimeur, 2000, p. 85. Notons qu'il n'est pourtant pas question de Berleant dans ce texte, mais plutôt de M. Merleau-Ponty, lequel constitue aussi une référence majeure pour Berleant. Parmi les autres penseurs français du paysage dont la réflexion présente le plus d'affinités avec l'approche des théoriciens d'esthétique environnementale, A. Berque s'impose à l'attention, notamment pour les théories qu'il défend de la « médiance », de l'« outre-pays », de l'« écoumène » et de la « transition paysagère ». Voir de ce dernier tout récemment *Poétique de la Terre. Histoire naturelle et histoire humaine, essai de mésologie*, Paris, Belin, 2014.

INDICATIONS BIBLIOGRAPHIQUES

BERLEANT Arnold, *The Aesthetic Field : A Phenomenology of Aesthetic Experience*, Springfield, C. Thomas, 1970.

– *Art and Engagement*, Philadelphia, Temple University Press, 1991.

– *The Aesthetics of Environment*, Philadelphia, Temple University Press, 1992.

– *Living in the Landscape : Toward an Aesthetic of Environment*, Lawrence, University Press of Kansas, 1997.

– *Re-Thinking Aesthetics : Rogue Essays on Aesthetics and the Arts*, Ashgate, Aldershot, 2004

– *Aesthetics and Environment : Variations on a Theme*, Aldershot, Ashgate, 2005.

– *Sensibility and Sense : The Aesthetics Transformation of the Human World*, Exeter, Imprint Academic, 2010

– « L'art de connaître un paysage », tr. fr. J. Delbaere-Garant, *Diogène*, 2011, n°233-234, p. 74-90

– *Aesthetics Beyond the Art : New and Recent Essays*, Aldershot, Ashgate, 2012.

— and HEPBURN Ronald, « An Exchange on Disinterestedness », http://www.contempaesthetics.org/newvolume/pages/article.php?articleID=209

CARLSON Allen, *Aesthetics and the Environment : The Appreciation of Nature, Art and Architecture*, Londres, Routledge, 2000.

– « What is the Correct Curriculum for Landscape Appreciation ? », *Journal of Aesthetic Education*, 2001, n°35, p. 97-112.

– « On Aesthetically Appreciating Human Environments », *Philosophy and Geography*, 2001, n°4, p. 9-24.

– « Nature Appreciation and the Question of Aesthetic Relevance », dans A. Berleant (dir.), *Environment and the Arts : Perspectives on Environmental Aesthetics*, Aldershot, Ashgate, 2002, p. 61-74.

– « Hargrove, Positive Aesthetics, and Indifferent Creativity », *Philosophy and Geography*, 2002, n°5, p. 224-234.

– « The Requirements for an Adequate Aesthetics of Nature », *Environmental Philosophy*, 2007, n°4, p. 1-12

– « Contemporary Environmental Aesthetics and the Requirements of Environmentalism », *Environmental Values*, 2010, n°19, p. 289-314.

— and SADLER Bary (dir.), *Environmental Aesthetics : Essays in Interpretation*, Victoria, University of Victoria Press, 1982.

— and PARSONS Glenn, « New Formalism and the Aesthetic Appreciation of Nature », *The Journal of Aesthetics and Art Criticism*, 2004, n°62, p. 363-376.

— and PARSONS Glenn, *Functional Beauty*, Oxford, Clarendon Press, 2008.

DUMAS Denis, « L'esthétique environnementale d'Allen Carlson. Cognitivisme et appréciation esthétique de la nature », *Revue canadienne d'esthétique*, 2001, n°6, http://www.uqtr.uquebec.ca/AE/Vol_6/Carlson/dumas.html,

FOSTER Cheryl, « The Narrative and the Ambient in Environmental Aesthetics », *The Journal of Aesthetics and Art Criticism*, 1998, n°56, p. 127-137.

FRITZ Allan J., « A Critique of the Relationship Between Scientific Cognitivism and Positive Aesthetics », *American Society for Aesthetics Graduate E-Journal*, 2013, http://www.asage.org/index.php/ASAGE/article/view/140

HEPBURN Ronald, *Wonder and Other Essays : Eight Studies in Aesthetics and Neighbouring Fields*, Edinburgh, Edinburgh University Press, 1984.

– *The Reach of the Aesthetic : Collected Essays on Art and Nature*, Aldershot, Ashgate, 1988.

– « Landscape and the Metaphysical Imagination », *Environmental Values*, 1996, n°5, p. 191-204.

– « Freedom and Receptivity in Aesthetic Experience », *Postgraduate Journal of Aesthetics*, 2006, n°1, p. 1-14.

– « The Aesthetics of Sky and Space », *Environment Values*, 2010, n°19, p. 273-288.

MATTHEWS Patricia, « Aesthetic Appreciation of Art and Nature », *British Journal of Aesthetics*, 2001, n°41, p. 395-410.

OSBORNE Harald, « The Use of Nature in Art », *British Journal of Aesthetics*, 1962, n°2, p. 318-327.

PARSONS Glenn, « Nature Appreciation, Science, and Positive Aesthetics », *British Journal of Aesthetics*, 2002, n°42, p. 279-295.

– « Freedom and Objectivity in the Aesthetic Appreciation of Nature », *British Journal of Aesthetics*, 2006, n°46, p. 17-37.

– *Aesthetics and Nature*, Londres, Continuum, 2008.

— and DANIEL Terry, « Good Looking : In Defense of Scenic Landscape Aesthetics », *Landscape and Urban Planning*, 2002, n°60, p. 43-56.

ROSS Stephanie, « Landscape Perception : Theory-Laden, Emotionally Resonant, Politically Correct », *Environmental Ethics*, 2005, n°27, p. 245-263.

STECKER Robert, « Epistemic Norms, Moral Norms and Nature Appreciation », *Environmental Ethics*, 2012, n°34, p. 247-267.

ZANGWILL Nick, « Clouds of Illusion in the Aesthetics of Nature », *The Philosophical Quarterly*, 2013, n°63, p. 576-596.

RONALD HEPBURN

L'ESTHÉTIQUE CONTEMPORAINE ET
LA NÉGLIGENCE DE LA BEAUTÉ NATURELLE[*]

Ouvrez un ouvrage d'esthétique du XVIIIᵉ siècle, et vous serez surpris de constater qu'il contient une partie substantielle consacrée au traitement de la beauté, du sublime et du pittoresque dans la nature[1]. Quant aux considérations relatives à l'art, elles y sont secondaires et périphériques, n'occupant en aucune façon le centre du propos. Même si le XIXᵉ siècle ne souffre pas vraiment la comparaison sur ce point, l'insistance sur l'esthétique de la nature réapparaît pourtant en certaine œuvres clés, par exemple dans les *Peintres modernes* de John Ruskin – ouvrage qui aurait pu tout aussi bien s'intituler « Comment considérer la nature et l'apprécier sur le plan esthétique »[2]. Mais les choses ont bien changé de nos jours :

* Ronald Hepburn, « Contemporary Aesthetics and the Neglect of Natural Beauty », *in* B. Williams and A. Montefiore (dir.), *British Analytical Philosophy*, Londres, Routledge & Kegan Paul, 1966, p. 285-310. Texte traduit par H.-S. Afeissa.

1. Par « nature », j'entends l'ensemble des objets qui ne sont pas des artefacts humains, en incluant bien sûr les animaux. Dans la perspective de cet article, il m'est possible de faire abstraction des nombreux débats portant sur les objets naturels qui ont reçu de la main de l'homme une transformation limitée.

2. Voir J. Ruskin, *Les peintres modernes. Le paysage*, trad. fr. E. Cammaerts, Paris, Renouard-Laurens, 1914. (N.d.T.)

il n'est question pour ainsi dire que des beaux arts dans les écrits contemporains portant sur l'esthétique, et ce n'est que très rarement, comme par acquit de conscience, qu'il est fait mention de la beauté naturelle. L'esthétique est même *définie* par certains auteurs de la seconde moitié du XXe siècle comme étant la « philosophie de l'art », la « philosophie de la critique d'art », c'est-à-dire comme l'étude du langage et des concepts utilisés pour la description et l'appréciation des œuvres d'art. Consultez les deux anthologies de textes d'esthétique les plus régulièrement cités dans le domaine : vous ne trouverez pas un seul article sur la beauté naturelle[1].

Comment comprendre cet étrange retournement de situation ? Pour fournir quelques éléments de réponse à cette question, il convient de se tourner, non pas tant vers les théories philosophiques, que vers l'évolution du goût esthétique lui-même. Ce procédé a une certaine légitimité car, même si les deux ne se situent pas sur le même plan logique, les jugements de goût et les théories esthétiques exercent immanquablement une influence les uns sur les autres. Les points qu'il importe de souligner, dans cette perspective, sont les suivants.

Tout d'abord – et nonobstant le culte des promenades à l'air libre, des voyages en caravane, des campements et des excursions dans la nature –, force est de constater qu'un intérêt

---

1. Voir W. Elton (dir.), *Aesthetics and Language*, Oxford, Blackwell, 1954, et E. Vivas, M. Krieger (dir.), *The Problems of Aesthetics*, New York, Rinehart, 1953. Voir aussi H. Osborne, *The Theory of Beauty*, Londres, Routledge, 1952, qui limite lui aussi son enquête à l'examen des beaux arts. Osborne définit la beauté comme étant « la caractéristique et l'excellence particulière d'une œuvre d'art ». Le livre de M. C. Beardsley intitulé *Aesthetics*, New York, Harcourt Brace, 1958, est sous-titré *Problèmes de philosophie de la critique*. La phrase inaugurale du livre déclare : « Il n'y aurait pas de problème d'esthétique, au sens où je me propose de délimiter ce champ d'étude, si jamais personne ne parlait des œuvres d'art » [trad. fr. D. Lories dans *Philosophie analytique et esthétique*, Paris, Klincksieck, 1988, p. 71].

sérieux pour la nature est devenu, somme toute, un phénomène plutôt rare de nos jours. Si l'on considère que la vision de William Wordsworth constitue un sommet dans l'histoire récente des rapports à la nature, alors il faut dire que les choses se sont rapidement gâtées depuis, en dévalant une pente au pied de laquelle nous nous situons aujourd'hui. Le déclin s'est produit de diverses manières, s'attestant tantôt dans les expériences de « découragement » des romantiques [1], et tantôt dans les plaisirs artificiels d'une célébration triviale et conventionnelle de la nature. L'expérience de Wordsworth, lorsqu'elle était encore profondément partagée, avait réussi à éveiller de sa torpeur l'imagination religieuse de ceux à qui les dogmes religieux traditionnels ne parlaient plus. Mais la perte de foi subséquente a fini par saper les fondements de l'expérience, pourtant non dogmatique, de Wordsworth.

Il importe aussi de mentionner la crise de la foi rationaliste dans la profonde intelligibilité de la nature, au sein de laquelle l'humanité et ses aspirations pouvaient trouver une place et une justification. Dès lors que l'humanité en vient à se considérer elle-même, comme c'est le cas aujourd'hui, comme « étrangère », entourée par une nature indifférente et « absurde », il devient de plus en plus difficile de percevoir la nature comme pouvant être l'« éducatrice » de l'humanité, et ses beautés comme pouvant communiquer des leçons plus ou moins édifiantes.

Les découvertes de la science moderne ont également contribué à augmenter ce sentiment de perplexité et ont rendu par là même plus malaisée l'appréciation esthétique de la nature. Les télescopes et les microscopes, en élargissant et

---

1. Référence probable au poème de S. Coleridge « Dejection : An Ode » (1802). Sur ce sujet, voir l'ouvrage de M. Praz, *La chair, la mort et le diable. Le romantisme noir dans la littérature du XIXᵉ siècle*, trad. fr. C. Thompson Pasquali, Paris, Denoël, 1977. (N.d.T.)

en enrichissant considérablement notre champ de perception, ont démontré que les formes des paysages ordinaires, que nous interprétions naguère en termes ordinaires, devaient en fait être comprises comme n'étant qu'un niveau phénoménal édifié sur une multiplicité d'autres niveaux d'échelles différentes.

Aussi est-ce sans surprise que, à de rares exceptions près, les artistes du XXe siècle ont fait le choix de renoncer à l'imitation et à la représentation de la nature au bénéfice de la création pure et simple de nouveaux objets, dignes d'être contemplés pour eux-mêmes. Et lorsqu'il arrive que les œuvres d'art contemporaines expriment plus et autre chose que de simples relations formelles, alors ce « plus » et cette « autre chose » renvoient, non pas au paysage extérieur étranger, mais au paysage intérieur de l'âme humaine.

D'autres raisons de la négligence actuelle de la beauté naturelle, relatives cette fois-ci à l'histoire de la pensée esthétique, doivent être évoquées, notamment dans la perspective d'une discipline qui a cherché à se montrer de plus en plus rigoureuse. Si, comme l'ont fait remarquer un certain nombre de penseurs, l'objectif d'une théorie esthétique est de rendre compte de l'expérience esthétique en tant que telle, alors la référence à l'expérience (ou à l'imitation) de la nature ne peut pas occuper le centre de l'attention, puisqu'il est avéré qu'il existe des formes d'expression artistique, telles que la musique, qui n'y font pas référence. Certains auteurs ont été particulièrement sensibles au fait que certaines caractéristiques déterminantes de l'expérience esthétique sont sans équivalent dans la nature – un paysage, par exemple, est incapable d'exercer un contrôle sur la réaction du spectateur comme le fait une œuvre d'art réussie ; un paysage naturel est un objet ordinaire dépourvu de cadre, par contraste avec le caractère délibérément « ésotérique », « illusoire » ou

« virtuel » d'une œuvre d'art. C'est pourquoi l'artefact doit être considéré comme l'objet esthétique *par excellence*[1], demandant comme tel à être mis au centre de l'attention.

La domination sans partage de la théorie expressive de l'art, laquelle a longtemps été la seule théorie esthétique unifiée disponible, n'est sans doute pas étrangère à la négligence actuelle de la beauté naturelle. Même si elle est aujourd'hui assez largement démonétisée, aucun modèle concurrent ne l'a réellement remplacée ; aussi continue-t-elle d'exercer une certaine influence. La théorie de l'expression est une théorie de la *communication*, aux termes de laquelle l'expérience esthétique de la nature doit être considérée soit comme une façon pour l'Auteur de la Nature d'entrer en communication avec nous – idée qui a rarement été soutenue –, soit (et de manière assez étrange) comme le résultat de la découverte que les formes et les couleurs de la nature se prêtent à l'expression des sentiments humains, bien qu'elles n'aient pas été conçues à cette fin[2]. Mais c'est surtout avec les artefacts, et non pas avec les objets naturels, que la théorie donne toute sa mesure – avec les supports d'une communication interpersonnelle réussie, et non pas avec les entités naturelles offertes à une contemplation qui les considèrent pour ce qu'elles sont. Bien que l'on puisse trouver dans certains travaux esthétiques récents des remarques qui pourraient servir à corriger le caractère trop unilatéral de ces analyses, personne ne s'y est véritablement employé[3].

---

1. En français dans le texte. (N.d.T.)

2. Voir notamment B. Croce, *Esthétique comme science de l'expression et linguistique générale*, trad. fr. H. Bigot, Paris, Giard, 1904, part. I, chap. 13.

3. Je songe ici à la thèse souvent défendue dans le cadre de l'esthétique contemporaine selon laquelle l'œuvre d'art est de manière primordiale un *objet*, et qu'elle ne doit pas être considérée simplement comme une voie d'accès aux états d'âme de son créateur.

Pour finir, l'on pourrait noter qu'il est bien compréhensible que l'analyse linguistique ou conceptuelle ait pu être tentée d'appliquer ses méthodes au matériau discursif (arguments, contre-arguments, manifestes, etc.) contenu dans les écrits des théoriciens de l'art. Pour qu'il eût été possible d'en faire autant avec la beauté naturelle, encore eusse-t-il fallu qu'une telle littérature polémique existât, et que les philosophes élucidassent systématiquement et par le menu leur propre appréciation esthétique de la nature. Or il se trouve que ces derniers ont été par le passé et jusqu'aujourd'hui plutôt réticents à le faire.

A présent qu'un aperçu a été donné de la négligence contemporaine de la beauté naturelle, je souhaiterais expliquer pour quelles raisons cette situation m'apparaît regrettable. Elle l'est tout d'abord pour cette raison que la théorie esthétique se voit détournée de la tâche d'examiner un ensemble particulièrement important, riche et complexe de données ; et pour cette raison encore que l'ignorance d'un type d'expérience humaine, sur le plan théorique, conduit inéluctablement à sa disparition sur le plan pratique. A défaut de décrire les expériences esthétiques de la nature et de trouver le langage adéquat pour le dire – un langage qui fasse sens dans le cadre général d'une théorie esthétique –, les expériences en question finissent par être vécues comme étant dénuées de valeur, si bien que, à la longue, nul ne cherche plus à s'y exposer. Les conséquences d'un tel état de fait se révèlent particulièrement dommageables si, en plus, les expériences ne sont pas de celles qu'il est facile de se procurer – en tout cas, pour certaines espèces d'entre elles. Que peut donc dire l'esthétique contemporaine sur le sujet de la beauté naturelle ?

Repartons de la remarque faite précédemment selon laquelle les œuvres d'art possèdent un certain nombre de caractéristiques générales que ne partagent pas les objets naturels. Il pourrait être intéressant de montrer (et je pense que la chose est possible) que l'absence de certaines de ces caractéristiques n'est pas seulement quelque chose de négatif et ne doit pas être considérée simplement comme une sorte de privation, mais qu'elle est précieuse en ce qu'elle contribue positivement à l'expérience esthétique de la nature.

Le premier point de différenciation qui mérite d'être examiné de près concerne le degré selon lequel le spectateur peut être impliqué au sein de l'expérience esthétique naturelle elle-même. Il peut arriver qu'il fasse l'expérience des objets naturels à la façon d'un spectateur désengagé et immobile ; mais il est caractéristique de ce type d'expérience que les objets qu'il observe l'enveloppent de toutes parts. S'il se situe par exemple au cœur d'une forêt, il sera encerclé par les arbres ; s'il se situe au milieu d'une plaine, il sera entouré de collines ; si le spectacle qu'il observe est en mouvement, il se peut qu'il l'accompagne en se déplaçant avec lui, et cette mobilité constituera alors un élément important de l'expérience esthétique. Que l'on songe encore au plaisir enivrant éprouvé par un pilote de deltaplane flottant dans les nuages, balancé par les courants d'air qui lui permettent de voler. Barbara Hepworth exprime fort bien ce type d'engagement lorsqu'elle souligne que « la différence existentielle est grande entre faire l'expérience de la mer en étant allongé sur le sable et en sentant les vagues mourir à ses pieds, et faire l'expérience de la mer en se tenant en haut d'une falaise, battu par les vents, en observant les vols d'oiseaux qui rasent la plage » [1].

L'implication mutuelle de l'objet et du spectateur n'est pas la seule caractéristique notable. Il importe de mentionner également l'effet en retour par lequel le spectateur fait

---

1. B. Hepworth, *Carvings and Drawings*, Londres, Lund Humphries, 1952, chap. 4.

l'expérience de *lui-même* de manière inhabituelle et saisissante ;
et cette différence n'est pas seulement enregistrée, mais elle
constitue un paramètre de l'expérience esthétique elle-même.
Certes, cet effet en retour n'est pas étranger à l'expérience
que nous faisons des œuvres d'art, particulièrement des œuvres
d'architecture. Mais il se réalise à un degré d'intensité
incomparable et de manière plus bien saisissante dans
l'expérience que nous faisons des objets naturels, car nous
nous trouvons *dans* la nature et nous sommes une partie *de*
la nature ; nous ne nous tenons pas en face d'elle comme nous
nous tenons en face d'un tableau.

Faute de place, il ne m'est pas vraiment possible de me
pencher sur les divers sens des concepts de « détachement »
et d'« engagement » employés pour qualifier l'expérience
esthétique de la nature, mais une telle enquête – qui se révélerait
rapidement bien plus complexe que celle que l'on pourrait
mener en liaison avec l'appréciation esthétique des œuvres
d'art – mériterait d'être faite. Pour aller vite, disons que le
concept de « détachement » signifie d'abord, dans le cas de
l'expérience esthétique de la nature, qu'aucun *usage* n'est
fait à proprement parler de la nature, qu'elle n'est pas
instrumentalisée ni considérée dans la perspective d'une
instrumentalisation possible. Le sujet de l'expérience est à la
fois acteur et spectateur, il est à la fois un élément du paysage
et un être capable de prendre comme objet de réflexion
l'expérience qu'il fait d'être un élément du paysage, il est
capable de jouir de la grande variété des sensations éprouvées
tout en laissant ainsi la nature, pour ainsi dire, jouer avec lui
et avec le sens qu'il a de lui-même.

Le second point de différenciation important entre
l'expérience esthétique de la nature et celle des œuvres d'art
s'apparente de très près au premier, mais il mérite d'être
considéré séparément. Bien qu'il ne soit pas vrai que toutes

les œuvres d'art possèdent un cadre ou qu'elles soient installées sur un piédestal, elles partagent toutes cette caractéristique commune d'être *isolées* de leur environnement, et isolées de manière très singulière. Nous utiliserons dans ce qui suit les mots « cadres » et « encadrés » en un sens large, pour désigner non seulement les limites physiques des tableaux, mais encore tous les procédés utilisés en art pour empêcher que l'on confonde l'œuvre d'art avec un objet naturel ou avec un artefact sans intérêt esthétique. Entendue en ce sens large, la liste des cadres pourrait inclure la séparation physique entre la salle et la scène dans un théâtre, la convention selon laquelle les seuls sons esthétiquement pertinents au sein d'une salle de concert sont ceux que produisent les instruments de musique, la façon dont les poèmes sont mis en page dans un livre, où la typographie et le centrage du texte isolent le poème du titre, de la numérotation des pages, de l'appareil critique et des notes de bas de pages. De tels procédés doivent sans doute être considérés comme contribuant à la reconnaissance de la *complétude* formelle des œuvres d'art elles-mêmes, leur capacité à soutenir l'intérêt esthétique sans que cet intérêt repose de manière déterminante sur la relation qui existe entre l'objet et son environnement d'ensemble. Il n'est pas douteux que l'environnement peut affaiblir ou accroître l'effet esthétique que produira l'œuvre d'art ; et réciproquement, il n'est pas douteux que nous puissions considérer certaines parties de l'environnement sous un autre jour du fait de la présence en son sein d'une œuvre d'art. Nonobstant, il n'en reste pas moins que les œuvres d'art sont d'abord et avant tout des objets limités, et que leurs caractéristiques esthétiques sont déterminées par leur structure interne et l'interaction de leurs éléments.

Par contraste, les objets naturels sont « dénués de cadre » (*frameless*). En un sens, cette caractéristique est pour eux un désavantage sur le plan esthétique ; mais ce désavantage est largement compensé. Tout ce qui se tient au-delà du cadre d'une œuvre d'art ne peut d'ordinaire devenir partie intégrante de l'expérience esthétique qui la concerne. Le sifflement d'un train ne peut pas être intégré dans la musique d'un quatuor à cordes ; il interfère tout bonnement avec l'appréciation que nous pourrions en faire. Mais là où il n'y a pas de cadre, et là où la nature est l'objet de notre appréciation esthétique, un bruit ou toute autre intrusion d'ordre perceptif venant pénétrer du dehors le champ bien délimité de notre attention peut nous mettre au défi de l'intégrer au sein de notre expérience d'ensemble, de modifier cette dernière de sorte à lui ménager une place. Il n'est pas *nécessaire*, bien sûr, que nous le fassions ; il se peut que nous décidions de l'exclure par un effort de la volonté, si cette interférence nous paraît ne pas pouvoir être intégrée. D'une manière ou d'une autre, notre créativité se voit mise au défi d'effectuer une tâche singulière ; et lorsque nous parvenons à faire face à l'événement, il arrive que nous fassions l'expérience d'un soudain élan d'imagination, dont nous garderons peut-être par la suite un souvenir ému :

> Et si parfois leurs cris ne lui répondaient pas,
> Si les hiboux restaient sourds à l'appel qu'il lance,
> Alors, tendant l'oreille au milieu du silence,
> Un doux choc de surprise, étrange en sa douceur,
> A porté loin la voix des torrents dans son cœur [1].

Si l'absence de « cadre » retire à l'objet naturel esthétique toute détermination complète et toute stabilité, elle offre en retour des surprises perceptives imprévisibles ; et leur possibilité

---

1. W. Wordsworth, « L'ululement des hiboux », trad. fr. E. Legouis, dans W. Wordsworth, *Choix de poésies*, Paris, Les Belles Lettres, 1928, p. 42. (N.d.T.)

même, en ouvrant l'expérience sur le dehors, confère à la contemplation de la nature le sens d'une aventure[1].

Parvenus à ce stade, il est possible de dire des choses un peu plus précises sur ce qu'il y a de déterminé et d'indéterminé dans une expérience esthétique. Lorsque l'on contemple une peinture, par exemple, le cadre permet à chaque élément de l'œuvre d'être déterminé par ses qualités perceptives (en y incluant les qualités émotionnelles) au sein d'un contexte limité et bien défini. Certes, la couleur modifie la couleur et la forme modifie la forme, mais le cadre assigne une limite à la chaîne de modifications, de sorte que chaque couleur et chaque forme peut être considérée, au sein d'une peinture esthétiquement réussie, comme ayant un caractère contextuellement défini et déterminé.

De toute évidence, ce type de détermination n'a pas d'équivalent dans le domaine des objets naturels, et ce pour plusieurs raisons. Pour n'en mentionner qu'une, il est bien clair que l'impact esthétique d'un arbre, par exemple, est en partie déterminé par le contexte au sein duquel il nous apparaît. Un arbre se dressant à flanc de colline sur une pente raide,

---

1. Les généralisations en esthétique se révèlent généralement d'autant plus séduisantes qu'elles manquent de solidité. J'ai pris grand soin dans ce qui précède de ne pas opposer les œuvres pourvues d'un cadre à celles qui en sont dépourvues en rangeant, d'un côté, *toutes* les œuvres d'art, et, de l'autre, *tous* les objets naturels, car il n'est pas vrai que toutes les œuvres d'art possèdent un cadre, même au sens large susdit. Les œuvres d'architecture, par exemple, ressemblent aux objets naturels, en ce qu'il est impossible d'assigner une limite à la perspective à partir de laquelle elles demandent à être perçues de façon appropriée, pas plus qu'il n'est possible de déterminer où s'achève le contexte d'appréciation esthétique approprié d'un ensemble architectural. Une église ou un château, vu d'une distance de plusieurs kilomètres, peut déterminer la façon dont nous voyons un paysage dans son ensemble. L'opposition entre les œuvres pourvues d'un cadre et celles qui en sont dépourvues vaut toutefois pour un grand nombre d'objets esthétiques – lesquels sont suffisamment nombreux pour justifier la remarque faite ici.

qui plie mais ne rompt pas sous le vent, nous frappera peut-
être par sa résistance, sa force et son énergie. Mais pour peu
que l'on prenne un peu de recul et que l'on considère les
autres arbres de la même espèce dispersés sur cette colline,
une toute autre impression se dégagera sans doute – celle
d'un paysage féérique, suscitant des émotions de ravissement.
La qualité esthétique de la nature est provisoire en ce qu'elle
est sujette à révision selon le contexte plus ou moins large au
sein duquel l'objet est considéré. « Une scène idyllique, dites-
vous ? Mais avez-vous bien vu le nuage noir qui pointe à
l'horizon ? » Une fois que le regard s'est porté sur le nuage
noir, le spectacle apparaît sous un tout autre jour – autrement
plus menaçant. Pour le dire de manière positive, le caractère
provisoire et perpétuellement sujet à révision des qualités
esthétiques de la nature engendre un état de vigilance, une
manière d'être aux aguets, une quête permanente de nouveaux
points de vue et de perspectives synoptiques plus larges. Je
reviendrai sur ce point plus tard.

De manière quelque peu schématique, nous pouvons
distinguer entre l'impact esthétique particulier d'un objet,
qu'il soit naturel ou artificiel, et les expériences d'arrière-fond
(« *background* » *experiences*) qui lui sont liées, lesquelles
sont communes à un grand nombre de situations esthétiques
et possèdent une valeur esthétique en elles-mêmes. Le fait de
saisir une œuvre d'art à la façon d'un objet perceptif constitue
en soi une expérience exaltante. Pour ce faire, des lignes
directrices se proposent d'elles-mêmes à notre interprétation,
et nos réactions émotionnelles sont soumises à un contrôle
contextuel. Nous savons que les lignes directrices en question
ont été expressément conçues par l'artiste pour guider notre
interprétation. En va-t-il de même lorsqu'il s'agit d'un objet
naturel ? Je pense qu'il est possible d'identifier une expérience
d'arrière-fond assurant un rôle analogue, quoique différent à

certains égards, lorsque l'objet de notre appréciation n'est pas un artefact mais un objet naturel. L'expérience que nous faisons alors n'est pas moins exaltante que la précédente, et le plaisir que nous éprouvons tient à ceci que les formes du monde naturel offrent à notre imagination l'opportunité de s'exercer *pleinement*, en prêtant par exemple aux nervures des feuilles l'apparence de veines, à la forme des nuages l'apparence de montagnes, et à la forme des montagnes une apparence humaine. D'un point de vue théiste, la contemplation de la nature peut conduire à l'admiration de l'art consommé avec lequel Dieu a fait le monde. Un naturaliste, quant à lui, observera avec non moins d'admiration le résultat de la longue histoire de la vie sur terre. Il apparaît en fait que lorsque nous disons de la nature qu'elle est « belle » – non pas au sens étroit du mot, où ce qui est « beau » s'entend par opposition à ce qui est simplement « pittoresque » ou à ce qui est « spectaculaire », mais au sens large, désignant une forme d'« excellence esthétique » –, nous voulons surtout dire par là que les formes de la nature libèrent le jeu de l'imagination. Or il ne s'agit certainement pas là d'une vérité analytique puisqu'il aurait pu en être tout autrement.

Jusqu'ici j'ai défendu la thèse que les différences importantes entre les objets naturels et les œuvres d'art ne sont pas telles qu'elles impliquent la dévalorisation esthétique de l'expérience de la nature, et que, bien au contraire, parmi les différences les plus remarquables, il en est plusieurs qui fournissent à cette expérience le cadre dans lequel elle peut se développer en manifestant son originalité. La nature offre la possibilité d'effectuer certaines expériences esthétiques qui n'ont pas de strict équivalent en art, et que parfois même l'art ne peut pas fournir.

Si d'aventure l'éducation esthétique d'une personne la mettait dans l'impossibilité de reconnaître ces différences, de sorte qu'elle serait incapable de s'affranchir de l'attitude caractéristique de la contemplation des œuvres d'art, du type d'approche et des attentes qui conviennent pour l'appréciation de ces dernières, il y aurait alors fort à craindre qu'elle ne sache prêter que très peu d'attention aux objets naturels, ou à ce qu'elle ne sache pas les observer d'un point de vue adéquat. Elle cherchera du regard – et cherchera bien sûr en vain – ce qui ne peut être trouvé et apprécié qu'en art. En outre, il est douteux que cette personne en vienne un jour à se demander sérieusement s'il existe d'autres approches, d'autres attitudes et d'autres attentes plus appropriées et plus utiles à l'appréciation de la nature. Par là même, on comprend que l'enjeu des distinctions qui ont été faites dans cette section entre l'appréciation des objets naturels et celle des œuvres d'art n'était pas seulement de faire reconnaître des différences dans la façon dont nous faisons l'expérience des uns et des autres. De manière plus polémique, il s'agit de dire que, faute de reconnaître ces distinctions sur le plan théorique et de les faire exister dans le cadre d'une éducation esthétique, il est impossible de se mettre intelligemment à l'affût et de faire l'expérience appropriée de la beauté naturelle, si ce n'est dans ses formes les plus rudimentaires(…)[1].

---

1. La suite de cet article, dans laquelle l'auteur s'efforce de donner à sa réflexion « une tournure plus constructive et moins critique », n'ayant pas exercé d'influence notable sur le courant d'esthétique environnementale, n'a pas été traduite ici. (N.d.T.)

ALLEN CARLSON

L'APPRÉCIATION ESTHÉTIQUE
DE L'ENVIRONNEMENT NATUREL *

LE PROBLÈME CENTRAL DE L'ESTHÉTIQUE DE LA NATURE

Dans son livre classique intitulé *Le sens de la beauté*, le théoricien de l'esthétique, le philosophe et poète George Santayana caractérise le paysage naturel de la manière suivante :

> Le paysage naturel est un objet indéterminé ; il contient presque toujours suffisamment de diversité pour permettre (…) une grande liberté dans la sélection, la mise en valeur et le regroupement de ses éléments, et il est en outre puissamment suggestif et suscite toutes sortes d'émotions indistinctes. Pour pouvoir être vu, un paysage demande à être composé, (…) alors seulement sentons-nous qu'il est beau. (…) Nul ne peut jouir du paysage naturel, dans sa promiscuité, d'une autre manière [1].

---

* Allen Carlson, « Aesthetic Appreciation of the Natural Environment », *in* R. G. Botzler and S. J. Armstrong (dir.), *Environmental Ethics : Divergence and Convergence*, Boston, McGraw-Hill, 1998, p. 122-131. Texte traduit par H.-S. Afeissa avec l'aimable autorisation de l'auteur.

1. G. Santayana, *The Sense of Beauty : Being the Outline of an Aesthetic Theory (1896)*, New York, Collier, 1961, p. 99.

En quelques mots, Santayana réussit à poser la question centrale de l'appréciation esthétique de la nature. Le paysage naturel, dit-il, est indéterminé et s'offre à nous dans une certaine promiscuité (*promiscuous*). Pour pouvoir être apprécié, il demande à être composé. Et pourtant, il est si divers, si puissamment suggestif, si riche en émotions, qu'il permet une grande liberté dans la sélection, la mise en valeur et le regroupement. Par conséquent, le problème est de savoir ce qu'il convient de sélectionner, de mettre en valeur et de regrouper, et comment il convient de le faire, et ce qu'il convient de composer en vue de l'offrir à une appréciation appropriée, et comment il convient de le faire.

Il importe de noter que le problème, tel qu'il vient d'être posé, ne trouve pas de parallèle dans le domaine de l'appréciation de l'art. Nous savons d'ordinaire, lorsqu'il en va des œuvres d'art traditionnelles, ce qu'il convient d'apprécier sur le plan esthétique et comment il convient de le faire. Nous savons *ce qu'*il convient d'apprécier en ceci que nous connaissons la différence entre ce qu'est une œuvre d'art et ce qui n'en est pas une (et ce qui n'en pas même une partie), ainsi que la différence entre les propriétés qui sont pertinentes sur le plan esthétique et celles qui ne le sont pas. Nous savons que nous apprécierons le son du piano dans la salle de concert, et non pas la toux qui l'interrompt ; nous savons que nous apprécierons la délicatesse et l'équilibre d'une peinture, mais pas l'endroit où elle est suspendue. De la même manière, nous savons *comment* il convient d'apprécier les œuvres d'art en ceci que nous connaissons les modes d'appréciation appropriés aux divers genres d'œuvres. Nous savons que nous devrions écouter le son d'un piano et observer la surface d'une peinture. En outre, nous savons par exemple que, selon les types de peinture, nous devons avoir recours à différentes approches. Le philosophe Paul Ziff a avancé le concept d'« actes d'appréhension » (*acts of aspection*) pour attirer l'attention sur le fait que différents actes d'appréhension peuvent convenir selon les différents types d'œuvre, et par conséquent que « contempler une peinture revient à accomplir un acte d'appréhension ; la balayer du regard revient à en accomplir un autre ; l'étudier, l'observer de près, la scruter, l'inspecter, l'examiner constituent autant d'actes différents d'appréhension. (…) J'examine de près un tableau du Tintoret, tandis que je balaie du regard un tableau de Bosch. (…) Buvez-vous un verre de brandy comme vous buvez une bière ? »[1].

En art, le savoir dont nous disposons quant à ce qu'il convient d'apprécier et quant à la façon dont il convient de le faire est fondé sur le fait que les œuvres d'art sont notre création. Nous savons ce qu'est une œuvre d'art et ce qui n'en est pas une (pas même en partie), quelles sont ses qualités pertinentes sur le plan esthétique, et comment il convient de l'apprécier, parce que nous l'avons créée pour l'appréciation esthétique – et un tel savoir doit être accessible pour qu'un tel objectif puisse être atteint. Celui qui fait une chose sait ce qu'il fait, et par conséquent il connaît les différentes parties de cette chose, sa finalité, et ce qu'il peut en faire. En peignant un tableau, nous savons qu'il est destiné à être vu, que ses couleurs et son tracé jouent un rôle important sur le plan esthétique, et qu'il conviendra au final de l'observer plutôt que de l'écouter. En outre, des œuvres de types différents comportent des limites de genres différents et différents foyers de signification esthétique, et demandent par conséquent des

---

1. P. Ziff, « Reason in Art Criticism », in *Philosophical Turnings : Essays in Conceptual Appreciation*, Ithaca, Cornell University Press, 1966, p. 71. Pour un examen plus détaillé des idées avancées par Ziff, voir mon article « Critical Notice of Ziff, Antiaesthetics : An Appreciation of the Cow with the Subtile Nose », *Canadian Journal of Philosophy*, 1987, n°17, p. 919-933.

actes d'appréhension différents. Ainsi, pour peu que nous connaissions la classification, nous savons par là même ce qu'il convient d'apprécier et comment il convient de le faire. Selon Paul Ziff,

> De manière générale, un acte différent d'appréhension est accompli en liaison avec des œuvres appartenant à des écoles d'art différentes, et c'est pourquoi la classification des styles joue un rôle décisif. Les peintures vénitiennes conduisent d'elles-mêmes à des actes d'appréhension impliquant une attention particulière aux masses en équilibre ; les contours importent peu. (…) L'école florentine, en revanche, requiert qu'une attention particulière soit réservée aux contours – le style linéaire y est prédominant. Cherchez la lumière dans un tableau de Monet, la couleur dans un tableau de Bonnard, la ligne qui entoure les volumes dans un tableau de Signorelli[1].

Le fait que nous créions les œuvres d'art et qu'à ce titre nous sachions ce qu'il convient d'apprécier et comment il convient de le faire pose le problème central de savoir comment nous pourrions y parvenir s'agissant de l'appréciation esthétique de la nature. Car la nature n'est pas la même chose que l'art, et elle n'est pas notre création. Elle est bien plutôt notre environnement naturel, notre monde naturel. Elle nous entoure et elle vient à notre rencontre, comme le dit George Santayana, de manière indéterminée et dans une certaine promiscuité, dans sa riche diversité, avec sa force de suggestion et de stimulation. Mais que sommes-nous censés apprécier au sein de cette riche diversité ? Quelles sont les limites et les foyers d'appréciation appropriés ? Et comment convient-il de l'apprécier : quels sont les modes appropriés et les actes appropriés d'appréhension ? Enfin, comment fonder des réponses justifiées à de telles questions ?

---

1. P. Ziff, « Reason in Art Criticism », art. cit., p. 71.

Au sujet de quelques modèles artistiques d'appréciation de la nature

Etant donné que, lorsqu'il en va de l'art, nous savons comment répondre aux questions portant sur ce qu'il convient d'apprécier et sur la façon dont il convient de le faire, l'idée de comprendre l'appréciation esthétique de la nature sur le modèle de l'appréciation esthétique des œuvres d'art semble se justifier d'elle-même. Et en effet, de nombreux modèles d'appréciation fondés sur l'art ont souvent été acceptés comme base légitime pour décider de ce qu'il convient d'apprécier sur le plan esthétique au sein de l'environnement naturel, et de la façon dont il convient de le faire.

Parmi les différents modèles qui ont été avancés, l'un d'eux pourrait être appelé le *modèle de l'objet*. Soit l'appréciation d'une sculpture non représentative – par exemple, une sculpture de Brancusi, telle que l'*Oiseau dans l'espace* (1919). Nous apprécions l'objet physique réel ; les caractéristiques esthétiques pertinentes sont les qualités sensorielles de l'objet et son design, ainsi que certaines qualités abstraites. Une telle sculpture n'a nul besoin de renvoyer à quelque chose qui lui est extérieur ; elle est une unité esthétique contenue en elle-même. La sculpture de Brancusi ne noue aucun lien direct de représentation avec le reste de la réalité, et n'a pas non plus de connexion relationnelle avec son environnement immédiat. Nonobstant, elle possède d'importantes qualités esthétiques : elle scintille, elle possède un équilibre et une grâce particulière, et elle exprime en elle-même le vol. Il est clair que l'appréciation esthétique des objets de la nature peut s'effectuer en conformité avec le modèle de l'objet. Nous pouvons apprécier un morceau de pierre ou un morceau de bois flotté de la même manière que nous apprécions une sculpture de Brancusi : nous pouvons déplacer l'objet de son environnement, en pensée ou dans les faits, et nous concentrer sur ses qualités sensorielles et éventuellement expressives. Les objets naturels sont le plus souvent appréciés de cette manière ; songez aux manteaux de cheminée en pierre et en bois. Qui plus est, le modèle rend compte du fait que les objets naturels, à l'instar de la sculpture non représentative, ne nouent aucun lien de représentation avec le reste de la réalité.

Toutefois, le modèle de l'objet, à bien des égards, ne convient pas pour comprendre l'appréciation esthétique de la nature. Santayana a justement souligné l'indétermination de l'environnement naturel, et a également noté que la nature contient des objets doués de formes déterminées. Mais lorsque nous orientons notre appréciation spécifiquement dans leur direction, nous cessons d'avoir une authentique appréciation esthétique de la nature [1]. Comme nous l'avons vu, Santayana propose de distinguer entre l'appréciation de la nature et l'appréciation des objets de la nature. En fait, l'une des manières de comprendre le modèle de l'objet consiste à dire que lorsque les objets de la nature sont appréciés de cette manière, ils deviennent des « ready-made » ou ce que l'on appelle encore du « found art ». Autrement dit, les objets naturels reçoivent une sorte de *baptême artistique*, et c'est alors que ces derniers, comme ce fut le cas de l'urinoir que Marcel Duchamp a baptisé comme œuvre d'art sous le nom de *Fontaine* (1917), deviennent des œuvres d'art [2]. Dans ce cadre théorique, la question de savoir ce qu'il convient

---

1. G. Santayana, *The Sense of Beauty*, *op. cit.*, p. 100.
2. Voir A. Danto, « The Artworld », *Journal of Philosophy*, 1964, n°61, p. 571-584. Sur le sujet de la transformation des objets en œuvres d'art, voir la théorie institutionnelle de l'art, et notamment la formulation canonique qu'elle a reçue sous la plume de G. Dickie dans *Art and the Aesthetic : An Institutionnal Analysis*, Ithaca, Cornell University Press, 1974.

d'apprécier et comment il convient de le faire reçoit une réponse, mais bien plus lorsqu'il en va de l'art que lorsqu'il en va de la nature; l'appréciation de la nature est perdue de vue. Il ne revient pas au même d'apprécier une sculpture en bois flotté et d'apprécier le matériau naturel dont elle a été tirée, pas plus qu'il ne revient au même d'apprécier un sac à main et d'apprécier l'oreille de cochon dans lequel il a été taillé [1].

Il n'est pas nécessaire, toutefois, que le modèle de l'objet transforme les objets naturels en objets d'art. Il peut se contenter d'examiner les objets naturels en les déplaçant, en pensée ou réellement, de leur environnement. Il n'est pas nécessaire que nous apprécions les pierres dont est fait le manteau de cheminée à la façon d'une sculpture ready-made; nous pouvons nous contenter de l'apprécier comme un objet physique esthétiquement plaisant. Dans ce cas, notre appréciation se concentre sur les qualités sensorielles de l'objet et sur certaines qualités expressives : les pierres, dira-t-on alors, possèdent une surface merveilleusement douce et gracieusement incurvée, et expriment la solidité. Mais même dans ce cas, le modèle de l'objet demeure problématique puisqu'il demande que l'on fasse l'effort de déplacer les objets naturels de leur environnement. Autant le modèle de l'objet convient pour les objets d'art contenus en eux-mêmes, par rapport auxquels l'environnement de création ou d'exposition est sans pertinence sur le plan esthétique, autant il cesse de convenir pour les objets naturels qui sont partie intégrante de l'environnement de création dans lequel ils ont été formés et où ils sont

---

1. L'auteur fait référence au proverbe selon lequel « you can't make a silk purse out of a sow's ear », signifiant, littéralement, que l'on ne peut faire un sac à main à partir d'une oreille de cochon, et, métaphoriquement, qu'il est impossible de produire un bel objet en utilisant des matériaux de mauvaise qualité. (N.d.T.)

indissociables des forces naturelles qui les traversent. Par conséquent, les environnements de création des objets naturels sont pertinents sur le plan esthétique, et leurs environnements d'exposition (lesquels peuvent d'ailleurs ne faire qu'un avec les environnements de création) le sont également.

Afin de mieux apprécier dans quelle mesure le modèle de l'objet est problématique, considérez à nouveau l'exemple de la pierre : sur le manteau de cheminée, les pierres semblent gracieusement incurvées et elles expriment la solidité, mais au sein de leur environnement de création, elles revêtent des qualités esthétiques plus nombreuses et différentes – qualités résultant des connexions entre la pierre et son environnement. La pierre exprime les forces qui lui ont donné et qui continuent de lui donner la forme qui est la sienne ; la place qu'elle occupe au sein de son environnement et les liens qu'elle a noués avec lui constituent l'environnement d'exposition où elle s'offre à une appréciation esthétique. En outre, il se peut qu'elle n'exprime pas certaines des qualités qu'elle exprime lorsqu'elle est utilisée pour la construction des manteaux de cheminée, telles que la solidité. Le problème que pose le modèle de l'objet peut être présenté sous la forme d'un dilemme : soit nous déplaçons l'objet de son environnement, soit nous le laissons où il est. Si nous déplaçons l'objet, le modèle peut permettre de répondre à la question de ce qu'il convient d'apprécier dans la pierre et de la façon dont il convient de le faire, mais il en résultera que seul un ensemble limité de qualités esthétiques fera l'objet de l'appréciation. Mais si nous ne déplaçons pas l'objet, le modèle de l'objet ne permettra pas de rendre compte de tout ce qui est susceptible d'être l'objet de l'appréciation. Le modèle ne permettra pas non plus de répondre à la question de ce qu'il convient d'apprécier et de la façon dont il convient de le faire. Dans les deux cas, le modèle de l'objet se révèle être un paradigme bien pauvre d'appréciation de la nature.

Il existe un second modèle d'appréciation de la nature fondé sur l'art que nous pourrions appeler le *modèle du paysage*. Selon l'un des sens que ce mot revêt, le *paysage* renvoie à une perspective – le plus souvent, une « vue imprenable » (*imposing prospect*) – saisie depuis un point de vue privilégié et à une certaine distance [1]. C'est dans la peinture de paysage que ces perspectives sont traditionnellement représentées. Le modèle du paysage est étroitement lié à ce genre. En appréciant la peinture de paysage, l'attention ne se concentre pas d'ordinaire sur l'objet réel (la peinture) ou sur l'objet représenté (la perspective), mais sur la représentation de l'objet et sur ses caractéristiques. Par conséquent, nous mettons particulièrement en valeur, au cours de l'appréciation, les qualités essentielles à la représentation de la perspective : les qualités visuelles relatives au tracé, à la couleur, et au dessin d'ensemble. De telles caractéristiques sont essentielles à toute peinture de paysage, et se situent au centre de l'attention du modèle du paysage. En dirigeant notre appréciation en direction des qualités artistiques et pittoresques du tracé, de la couleur, et du dessin, ce modèle encourage à percevoir et à apprécier la nature comme si cette dernière était une peinture de paysage, depuis une perspective saisissante, sous l'angle approprié et à la bonne distance.

Historiquement, le modèle du paysage a joué un rôle important dans l'appréciation esthétique de la nature [2]. Il provient directement du concept du pittoresque élaboré au

---

1. Voir Y.-F. Tuan, *Topophilia : A Study of Environmental Perception, Attitudes, and Values*, Englewood Cliffs, Prentice-Hall, 1974, p. 132-133.

2. Pour une discussion pertinente et concise de cette question, voir R. Rees, « The Scenery Cult : Changing Landscape Tastes Over Three Centuries », *Landscape*, 1975, n°19, p. 39-47.

XVIIIe siècle. *Pittoresque* signifie littéralement « à la ressemblance d'une image » et suggère un mode d'appréciation qui découpe dans le monde naturel des scènes, chacune visant à un idéal dicté par l'art, et tout particulièrement par la peinture de paysage. C'est ce concept qui a guidé l'appréciation esthétique de la nature des premiers touristes à la recherche de vues pittoresques à l'aide la « lunette du Lorrain ». Ainsi nommé en référence au célèbre peintre de paysage Claude Lorrain, ce petit miroir convexe teinté était conçu pour voir le paysage tel qu'il apparaîtrait dans une peinture de paysage. On peut lire au sujet de cette lunette, dans le guide très populaire que Thomas West a publié en 1778 sur le parc national de Lake District, que

> Là où les objets sont grands et proches, elle les déplace à la juste distance, et elle les donne à voir revêtues des douces couleurs de la nature et selon la perspective la plus régulière que l'œil est susceptible d'apercevoir, que l'art peut enseigner et que la science peut établir. (…) A la lunette est réservée l'image à son plus haut degré d'achèvement, rehaussée des plus belles couleurs, et présentée dans la bonne perspective [1].

De manière analogue, les touristes modernes témoignent fréquemment une préférence pour le modèle du paysage en privilégiant les « points de vue pittoresques » où l'espace réel qui s'étire entre le touriste et la « vue » correspond à la « juste distance » qui permet aux « douces couleurs de la nature et à la perspective la plus régulière que l'œil est susceptible d'apercevoir » d'apparaître. La « régularité » de la perspective

---

1. T. West, *Guide to the Lakes* (1778), cité par J. T. Ogden, « From Spatial to Aesthetic Distance in the Eighteenth Century », *Journal of the History of Ideas*, 1974, n°35, p. 66-67. Pour une introduction à l'appréciation du pittoresque, voir M. Andrews, *The Search for the Picturesque*, Stanford, Stanford University Press, 1989.

est augmentée par la localisation du point de vue lui-même. Les touristes modernes cherchent eux aussi « l'image à son plus haut degré d'achèvement, rehaussée des plus belles couleurs, et présentée dans la bonne perspective », qu'il s'agisse d'une « scène » telle que le viseur d'un appareil photo peut la saisir et la cadrer, ou qu'il s'agisse du résultat d'une reproduction sur papier glacé. De telles reproductions de scènes « artistement » composées, sur les cartes postales ou sur les pages d'un calendrier, sont d'ailleurs bien plus souvent appréciées que ne le sont les originaux. Le géographe Ronald Rees fait remarquer à ce sujet que « le goût dont chacun témoigne en cette occasion concerne bien plus la vue, le paysage dans ce qu'il a de pittoresque, que le paysage lui-même au sens originel du mot, c'est-à-dire au sens de notre environnement ordinaire quotidien. Le touriste moderne moyen (…) est intéressé, non pas par les formes et les processus naturels, mais par une belle perspective » [1].

La manière dont le modèle du paysage répond à la question de ce qu'il convient d'apprécier et de la manière dont il convient de le faire suscite un embarras chez de nombreux penseurs. Le modèle conduit à apprécier l'environnement naturel comme si ce dernier était une série de peintures de paysage. Il exige de découper la nature en diverses scènes, chacune demandant à être vue depuis un endroit bien précis par un observateur mis à la juste distance spatiale (et émotionnelle ?). Il réduit une promenade dans l'environnement naturel à une sorte de déambulation dans les couloirs d'un musée. On comprend que certains penseurs, tels que Paul Shepard, aient pu juger égarant le modèle du paysage, et qu'ils aient pu exprimer des doutes sur sa pertinence dans le cadre

---

1. R. Rees, « The Taste for Mountain Scenery », *History Today*, 1975, n°25, p. 312.

d'une esthétique de la nature [1]. D'autres penseurs ont fait valoir que ce modèle posait toutes sortes de problèmes sur le plan moral et environnemental. Ainsi, à la suite du passage cité précédemment dans lequel Ronald Rees faisait le constat que les touristes modernes sont surtout intéressés par la découverte de belles perspectives, il conclut significativement que le pittoresque « confirme à sa manière notre anthropocentrisme en suggérant que le nature n'existe que pour nous plaire et nous servir. Notre morale (…) s'est prolongée en une esthétique. C'est en vertu de la même logique funeste que nous exploitons notre environnement naturel et que nous admirons les Alpes et les Rocheuses » [2].

La pertinence du modèle du paysage peut également être interrogée sur le plan esthétique, dans la mesure où il représente l'environnement comme si ce dernier était une réalité statique de type « bidimensionnel » – en la réduisant, donc, à une scène ou à une vue. Mais l'environnement naturel n'est pas une scène, pas davantage une représentation, il n'a rien de statique ni de bidimensionnel. En bref, le modèle requiert d'apprécier l'environnement, non pas pour ce qu'il est et pour les qualités qui sont les siennes, mais pour ce qu'il n'est pas et pour les qualités qui ne sont pas les siennes. Le modèle ne convient pas à la nature véritable des objets soumis à appréciation. Par conséquent, à l'instar du modèle de l'objet, le modèle du paysage ne se contente pas de limiter de manière

---

1. P. Shepard, *The Tender Carnivore and the Sacred Game*, New York, Scribner, 1973, p. 147-148.

2. R. Rees, « Mountain Scenery », art. cit., p. 312. Tuan exprime lui aussi des préoccupations d'ordre moral dans le chap. 8 de *Topophilia*. Voir aussi dans le même sens R. A. Smith, C. M. Smith, « Aesthetics and Environmental Education », *Journal of Aesthetic Education*, 1970, n°4, p. 125-140. Ces auteurs estiment qu'il y a une « forme toute particulière d'arrogance à apprécier la nature exclusivement à l'aide des catégories de l'art ».

injustifiée l'appréciation – en l'occurrence, à certaines qualités artistiques et scénographiques –, il se révèle en outre tout à fait égarant. Le philosophe Ronald Hepburn notre très justement que

> Si d'aventure l'éducation esthétique d'une personne la mettait dans l'impossibilité (…) de s'affranchir de l'attitude caractéristique de la contemplation des œuvres d'art, du type d'approche et des attentes qui conviennent pour l'appréciation de ces dernières, il y aurait alors fort à craindre qu'elle ne sache prêter que très peu d'attention aux objets naturels, ou à ce qu'elle ne sache pas les observer d'un point de vue adéquat. Elle cherchera du regard – et cherchera bien sûr en vain – ce qui ne peut être trouvé et apprécié qu'en art[1].

AU SUJET DE QUELQUES MODÈLES ALTERNATIFS D'APPRÉCIATION DE LA NATURE

Si les modèles d'appréciation esthétique de la nature fondés sur l'art, tels que le modèle de l'objet et le modèle du paysage, limitent abusivement, voire fourvoient l'appréciation de la nature, comment convient-il de se rapporter à cet environnement naturel indéterminé dont parle Santayana ? Comment pouvons-nous décider correctement de ce qu'il convient d'apprécier sur le plan esthétique et de la façon dont il convient de le faire ? Peut-être pourrions-nous nous instruire de l'échec des modèles fondés sur l'art, lesquels limitent et fourvoient l'appréciation de la nature dans une large mesure parce qu'ils ne reconnaissent pas adéquatement la véritable

---

1. R. W. Hepburn, « L'esthétique contemporaine et la négligence de la beauté naturelle », dans ce volume p. 53-54. Dans la suite de l'article, Hepburn défend la thèse que l'appréciation esthétique de la nature devrait s'attacher à l'objet tel qu'il est en lui-même et pour les qualités qui sont les siennes.

nature de l'objet soumis à appréciation. Cet objet est notre environnement naturel, lequel est à la fois *naturel* et constitue un *environnement*. En concentrant son attention sur certains objets naturels particuliers, le modèle de l'objet néglige la dimension environnementale ; de même, en concentrant son attention sur certaines caractéristiques artistiques et scénographiques, le modèle du paysage minore la dimension naturelle. Le constat des impasses dans lesquelles ces deux modèles se sont enfermées est à l'origine de l'élaboration d'autres modèles d'appréciation de la nature, lesquels insistent sur le fait que l'appréciation de la nature doit reconnaître la véritable nature de son objet, et ne peut être assimilée sans autre forme de procès à l'appréciation esthétique de l'art.

Parmi ces modèles alternatifs, il en est un qui, conscient des difficultés que rencontre le modèle du paysage lorsqu'il promeut le pittoresque au rang de clé de l'appréciation de la nature, exprime des doutes sur la valeur d'une approche esthétique de la nature de manière générale. Mieux encore, il va jusqu'à nier la possibilité d'une appréciation esthétique de la nature. Dans le cadre de ce modèle alternatif, la façon dont il est traditionnellement rendu compte de l'appréciation esthétique de l'art est tenue pour recevable, mais l'idée d'une appréciation esthétique de la nature est contestée au motif que la nature est naturelle et non pas artistique, et qu'elle n'est pas notre création. L'appréciation esthétique, est-il dit, implique nécessairement une évaluation esthétique, laquelle juge l'objet soumis à appréciation comme un accomplissement de son créateur. Or étant donné que la nature, à la différence de l'art, n'est pas notre création, et n'est pas davantage le produit d'un quelconque dessein intelligent, il en résulte qu'elle ne peut pas être appréciée sur le plan esthétique. Cette ligne d'argumentation, selon l'une des versions qu'elle a reçues, renvoie à ce que certains ont appelé l'*esthétique à taille humaine* (*Human Chauvinistic Aesthetic*). Le théoricien d'éthique environnementale Robert Elliot, qui se réclame de cette façon de voir, fait ainsi valoir que nos réactions à la nature « ne comptent pas comme des réactions esthétiques » : en effet, explique-t-il, « il y a une forme de jugement qui est toujours présente dans l'évaluation esthétique et qui est remarquablement absente de l'appréciation environnementale, et c'est ce qui permet de les différencier l'une de l'autre. (…) L'évaluation des œuvres d'art implique de les expliquer et de les juger dans les termes des intentions poursuivies par leur auteur, (…) de les situer au sein d'une tradition donnée et au sein d'un milieu artistique donné. (…) La nature, quant à elle, n'est pas une œuvre d'art »[1].

Il existe un second modèle alternatif qui se montre plus sensible aux difficultés rencontrées par le modèle de l'objet, et qui propose de concentrer l'attention sur la dimension environnementale de notre environnement naturel. Les modèles traditionnels fondés sur l'art, est-il dit, tel que le modèle de l'objet et, à un moindre degré, le modèle du paysage, présupposent une dichotomie entre le sujet et l'objet, impliquant de la part de l'observateur une posture en retrait et un regard objectivant, qui apparaissent incompatibles avec une appréciation esthétique non seulement de la nature, mais de

---

1. R. Elliot, « Faking Nature », *Inquiry*, 1982, n°25, p. 90. L'appellation proposée pour ce modèle vient de D. Mannison, « A Prolegomenon to a Human Chauvinistic Aesthetic », *in* D. Mannison, M. McRobbie, R. Routley (dir.), *Environmental Philosophy*, Canberra, Australian National University, 1980, p. 212-216. J'examine ce modèle de manière plus approfondie dans « Nature and Positive Aesthetics », *Environmental Ethics*, 1984, n°4, p. 5-34 [repris dans *Aesthetics and the Environment. The Appreciation of Nature, Art and Architecture*, Londres, Routledge, 2000, p. 72-101]. Depuis la parution de son article en 1982, Elliot a désavoué la thèse qu'il y défendait, et a adopté une position qui se rapproche de l'esthétique positive. Voir R. Elliot, *Faking Nature : The Ethics of Environmental Restoration*, Londres, Routledge, 1997.

l'art également. Pareille posture conduit à extraire à la fois les objets naturels et ceux qui les apprécient de l'environnement auquel ils appartiennent et au sein duquel ils sont susceptibles d'être appréciés de manière appropriée. En lieu et place d'une telle abstraction et d'une telle distance, il convient de faire valoir une posture d'engagement et d'immersion. En lieu et place de l'objectivité, la subjectivité. Cette esthétique de la participation avec la nature a été appelée l'*esthétique de l'engagement* (*Aesthetics of Engagement*) et a été développée par le philosophe Arnold Berleant :

> Le monde naturel illimité ne se contente pas de nous entourer ; il nous enveloppe en son sein. Nous ne sommes pas seulement incapables de faire l'expérience de limites absolues dans la nature ; nous ne pouvons pas même mettre le monde naturel à distance de nous. (...) [Lorsque nous percevons] l'environnement pour ainsi dire de l'intérieur, non pas en jetant un regard *sur* lui mais en étant présent *en* lui, la nature (...) se transforme en un domaine dans lequel nous vivons non pas au titre de spectateurs mais au titre de participants. (...) [L'expérience esthétique] ne relève pas d'une contemplation désintéressée mais d'un engagement total, d'une immersion sensorielle dans le monde naturel [1].

En mettant ainsi en exergue les dimensions naturelle et environnementale de l'environnement naturel, l'esthétique à taille humaine et l'esthétique de l'engagement parviennent à

---

1. A. Berleant, « L'esthétique de l'art et de la nature », dans ce volume p. 102-103. Voir aussi du même auteur, *Living in the Landscape : Toward an Aesthetics of Environment*, Lawrence, University Press of Kansas, 1997, et *Aesthetics and Environment : Variations on a Theme*, Aldershot, Ashgate, 2005. On trouvera sous la plume de N. Carroll des idées analogues, notamment dans « Être affecté par la nature : entre la religion et l'histoire naturelle », dans ce volume p. 133-167. J'examine cette position dans « Nature, Aesthetic Appreciation and Knowledge », *Journal of Aesthetics and Art Criticism*, 1995, n°53, p. 393-400.

surmonter les limites des modèles traditionnels fondés sur l'art. Mais ces deux modèles posent eux aussi toutes sortes de problèmes. L'esthétique à taille humaine prend le contre-pied à la fois de l'idée traditionnelle selon laquelle toute chose est offerte à l'appréciation esthétique, et de l'idée selon laquelle il existe quelques exemples privilégiés d'appréciation de choses naturelles, tels que l'appréciation de majestueux couchers de soleil et celle du vol plané de certains oiseaux, qui peuvent légitimement être tenus pour des cas paradigmatiques d'appréciation esthétique [1]. L'esthétique de l'engagement se révèle elle aussi problématique. En premier lieu parce que la dichotomie sujet/objet semble être, en quelque mesure, constitutive de l'appréciation esthétique, de sorte qu'il se pourrait que le refus de lui reconnaître une certaine pertinence conduise l'esthétique de l'engagement à n'être rien d'autre qu'une variante de l'esthétique à taille humaine. En second lieu parce que l'esthétique de l'engagement semble contenir une degré inacceptable de subjectivité dans le compte rendu qu'elle propose de l'appréciation à la fois de la nature et de l'art [2]. Le problème majeur que posent ces deux modèles tient à ce qu'ils ne répondent pas adéquatement à la question de savoir ce qu'il convient d'apprécier dans la nature sur le plan esthétique, ni à celle de savoir comment il convient de le faire. A la première question, l'esthétique à taille humaine répond : « rien », tandis que l'esthétique de l'engagement répond : « tout ». A la seconde question, l'esthétique à taille

1. Pour une remarquable présentation de la position orthodoxe sur ce sujet, voir P. Ziff, « Anything Viewed », art. cit., p. 129-139.
2. Pour une discussion plus approfondie des problèmes que soulève l'esthétique de l'engagement, voir mes articles « Aesthetics and Engagement », *British Journal of Aesthetics*, 1993, n°33, p. 220-227, et « Beyond the Aesthetic », *Journal of Aesthetics and Art Criticism*, 1994, n°52, p. 239-241.

humaine n'a rien à répondre, tandis que l'esthétique de l'engagement semble recommander une « immersion totale » – réponse qui se révèle bien moins éclairante que nous pourrions le souhaiter.

POUR UN MODÈLE ENVIRONNEMENTAL NATUREL D'APPRÉCIATION DE LA NATURE

En dépit des problèmes que posent l'esthétique à taille humaine et l'esthétique de l'engagement, l'accent que l'une et l'autre mettent sur les dimensions naturelle et environnementale de l'environnement naturel a le mérite de pointer en direction d'un autre paradigme d'appréciation de la nature. C'est de ce dernier dont il est question dans la description que propose le géographe Yi-Fu Tuan :

> Un adulte doit apprendre à se montrer aussi insouciant et aussi capable de s'abandonner à ce qui vient à lui que l'est un enfant s'il veut pouvoir jouir de la polymorphie de la nature. Il doit pouvoir se glisser dans ses habits d'antan pour pouvoir s'allonger dans la paille d'une botte de foin non loin d'une rivière et s'immerger dans le fouillis de sensations physiques : l'odeur du foin et celle du fumier, la chaleur de la terre, le contact à la fois rude et caressant du sol, la chaleur du soleil tempérée par une brise légère, le chatouillement d'une fourmi remontant le long de son mollet, le jeu d'ombre et de lumière que projettent sur son visage les feuilles agitées par le vent, le chantonnement de la rivière charriant des galets et des roches, le chant des cigales et le bruit du trafic routier non loin. Il se pourrait qu'un tel environnement contrevienne à toutes les règles formelles d'euphonie et d'esthétique, substituant la confusion à l'ordre, et qu'il soit pourtant pleinement satisfaisant[1].

---

1. Y.-F. Tuan, *Topophilia*, *op. cit.*, p. 96.

La description que propose Yi-Fu Tuan de l'appréciation de la nature entre en consonance avec la réponse qu'avance l'esthétique de l'engagement à la question de savoir ce qu'il convient d'apprécier dans la nature – c'est-à-dire, tout. Mais cette réponse n'est bien sûr pas acceptable. Nous ne pouvons tout apprécier ; notre appréciation de la nature doit avoir des limites et des foyers privilégiés (*emphases*), de même qu'en art. En l'absence de limites et de foyers privilégiés, notre expérience de l'environnement naturel se ramènerait à un « fouillis de sensations physiques » dénué de toute signification et de toute consistance, semblable à ce que le philosophe William James a une fois appelé une « confusion bruyante et bourdonnante » (*blooming buzzing confusion*)[1]. Une telle expérience ne manquerait effectivement pas de substituer « la confusion à l'ordre », mais, contrairement à ce que prétendent à la fois Yi-FuTuan et l'esthétique de l'engagement, elle ne serait ni « pleinement satisfaisante » ni esthétique. Elle serait bien trop éloignée de l'appréciation esthétique pour mériter d'être tenue pour *esthétique*, et pas davantage pour une *appréciation*.

Considérez une fois encore le cas de l'art : les limites et les foyers privilégiés (*foci*) d'importance esthétique des œuvres d'art sont fonction du type d'art dont elles sont les instanciations : les peintures sont destinées à être vues, et le tracé et les couleurs jouent un rôle important. Notre connaissance en ce domaine tient au fait que les œuvres d'art sont notre création. Mais c'est en ce point qu'il convient de faire droit à l'objection soulevée par l'esthétique à taille humaine : l'environnement naturel est naturel, il n'est pas une œuvre d'art, il n'est pas notre création. Par conséquent,

---

1. W. James, *The Principles of Psychology* (1890), Cambridge, Harvard University Press, 1981, p. 462.

il n'y a pas ici de limites ni de foyers privilégiés d'importance esthétique analogues à ceux que nous connaissons dans le domaine artistique – ce qui signifie que, puisque nous ne sommes pas impliqués dans la création de l'environnement naturel, nous ignorons ce qu'il convient d'y apprécier et la manière dont il convient de le faire. La nature, en effet, ne comporte manifestement par elle-même nulles limites ni foyers privilégiés [1]. Les questions portant sur ce qu'il convient d'apprécier et sur la manière dont il convient de le faire doivent-elles en conséquence demeurer sans réponse ? La nature doit-elle demeurer dans son indétermination et sa promiscuité, et se situer au-delà de toute appréciation ?

Je ne le pense pas. Le fait que l'environnement naturel soit naturel, et qu'il ne soit pas notre création, ne signifie pas que nous sommes condamnés à tout ignorer de lui. Nous pouvons découvrir un certain nombre de choses au sujet de la nature sans être pour autant impliqués dans sa création. Le fait que nous n'ayons pas créé le monde naturel ne nous empêche nullement de connaître bien des choses sur lui. Cette connaissance – laquelle est essentiellement une connaissance de sens commun (*common sense*) et une connaissance scientifique – constitue un candidat sérieux pouvant jouer le rôle, pour l'appréciation de la nature, que joue notre connaissance des formes artistiques, des types d'œuvres d'art et des traditions artistiques pour l'appréciation de l'art.

---

1. Cette remarque suggère que le modèle du paysage rencontre encore d'autres difficultés dans la mesure où ce modèle encourage une appréciation esthétique formaliste. Si les limites et les foyers privilégiés n'existent pas dans la nature elle-même, il devient difficile de comprendre comment elle peut avoir des propriétés esthétiques formelles significatives. J'ai développé cette idée dans « Formal Qualities and the Natural Environment », *Journal of Aesthetics Education*, 1979, n°13, p. 99-114 [repris dans *Aesthetics and the Environment, op. cit.*, p. 28-40].

Considérez une fois de plus l'exemple que donne Yi-FuTuan :
nous faisons l'expérience d'un « fouillis de sensations » –
l'odeur du foin et du fumier, le chatouillement de la fourmi,
le chant des cigales et le bruit du trafic routier. Pour que notre
réaction dépasse le stade de l'expérience brute et débouche
sur une appréciation esthétique, le fouillis ne peut demeurer
une « confusion bruyante et bourdonnante ». Il doit bien plutôt
subir une modification au sein de ce que le philosophe John
Dewey a appelé une « *expérience achevée* » (*consummatory
experience*), c'est-à-dire une expérience au sein de laquelle
la connaissance et l'intelligence transforment l'expérience
brute en lui apportant détermination, harmonie et signification [1].
Ainsi l'appréciation de l'odeur du foin et du fumier suppose-
t-elle que nous les ayons d'abord reconnues comme telles et
distinguées ; de la même manière le chatouillement sur le
mollet doit pouvoir être reconnu comme étant causé par une
fourmi, plutôt que comme étant le résultat d'une contraction
spasmodique. Ces actes de reconnaissance et de différenciation
engendrent des foyers privilégiés d'importance esthétique,
des foyers naturels appropriés à l'environnement naturel.
Dans le même sens, la connaissance de l'environnement peut
conférer à ce dernier des limites et des bornes appropriées.
Le chant des cigales peut bien être apprécié comme partie
intégrante de l'environnement, mais le bruit du trafic routier
en sera exclu, de la même manière que nous ignorons les toux
dans la salle de concert.

Qui plus est, la connaissance de sens commun et la
connaissance scientifique des environnements naturels se
révèlent pertinentes non seulement en ce qu'elles nous
apprennent ce qu'il convient d'apprécier, mais encore la façon

---

1. Voir J. Dewey, *L'art comme expérience* (1934), trad. fr. coordonée par
J.-P. Cometti, Paris, Gallimard, 2005, notamment p. 80-114.

dont il convient de le faire. L'exemple que développe Yi-FuTuan pourrait bien illustrer un modèle d'appréciation de la nature où l'appréhension de la nature est globale. Mais dans la mesure où les environnements diffèrent les uns des autres par leurs genres (comme le font les œuvres d'art), il s'ensuit que des environnements de genres différents demandent des actes d'appréhension différents. Voilà pour la question de ce qu'il convient d'examiner. Quant à la question de savoir de quelle façon il convient de le faire, une connaissance des environnements particuliers de genres différents permettra d'identifier l'acte ou les actes d'appréhension appropriés. Paul Ziff nous demande d'être attentifs aux contours d'un tableau de l'école florentine, à la lumière d'un tableau de Claude Lorrain, à la couleur d'un tableau de Bonnard, de prendre une vue d'ensemble d'une œuvre du Tintoret et d'examiner de près un tableau de Bosch. De la même manière, il convient de prendre une vue d'ensemble d'une prairie, d'être attentif aux couleurs subtiles de la terre (*land*), de sentir le vent souffler à travers cet espace ouvert, et de humer le parfum du tapis végétal et des fleurs. Mais ces actes d'appréhension ne permettent guère de saisir de façon appropriée une forêt dense. Dans ce dernier cas, il convient d'examiner et de scruter, d'inspecter les détails du sol forestier, d'écouter attentivement le chant des oiseaux, et de respirer à pleins poumons le parfum de l'épicéa et du pin. Le texte de Yi-FuTuan que nous citions précédemment ne se contente pas de décrire les actes d'appréhension environnementale, il indique également quels sont les actes d'appréhension qui conviennent selon le type d'environnement concerné, que l'on pourrait sans doute qualifier de la manière la plus juste d'environnement « pastoral ». Comme le notait justement Paul Ziff, la classification joue un rôle décisif, qu'il en aille de l'appréciation esthétique de la nature ou de l'appréciation esthétique de l'art [1].

Il apparaît donc qu'il est possible de répondre à la question de savoir ce qu'il convient d'apprécier dans la nature sur le plan esthétique et de la façon dont il convient de le faire de la même manière qu'il est répondu à cette même question en art. La seule différence tient à ce que, lorsqu'il en va des environnements naturels, la connaissance requise est la connaissance de sens commun et la connaissance scientifique accumulées au sujet de l'environnement en question. Ces connaissances déterminent les limites appropriées de l'appréciation, les foyers privilégiés d'importance esthétique, et les actes pertinents d'appréhension. S'il est vrai qu'une connaissance des formes artistiques, de la classification des œuvres d'art et des traditions artistiques est requise pour apprécier l'art de manière appropriée sur le plan esthétique, alors il est nécessaire que nous ayons une connaissance des différents environnements naturels et de leurs différents systèmes et composantes pour apprécier la nature de manière appropriée sur le plan esthétique. De même que la connaissance fournie par les critiques d'art et les historiens nous rend capables d'apprécier l'art sur le plan esthétique, la connaissance fournie par les naturalistes, les écologues, les géologues et les spécialistes d'histoire naturelle, nous donne les moyens d'apprécier la nature sur le plan esthétique [2]. Par conséquent,

---

1. Pour une explication du rôle de la classification dans l'appréciation de l'art, voir K. Walton, « Catégories de l'art » (1970), trad. fr. C. Harry-Schaeffer dans G. Genette (dir.), *Esthétique et poétique*, Paris, Seuil, 1992, p. 83-129. J'ai développé des considérations analogues à celles de Walton pour le compte de l'appréciation de la nature dans « Nature, Aesthetic Judgment, and Objectivity », *Journal of Aesthetics and Art Criticism*, 1981, n°40, p. 15-27 [repris dans *Aesthetics and the Environment, op. cit.*, p. 54-71].

2. C'est sans doute sous la plume d'A. Leopold, dans son *Almanach d'un comté des sables* (1949), trad. fr. A. Gibson, Paris, GF-Flammarion, 2000,

les sciences naturelles et environnementales jouent un rôle central dans l'appréciation esthétique appropriée de la nature [1].

Appelons le modèle qui considère que la science naturelle et environnementale constitue la clé de l'appréciation esthétique de l'environnement naturel le *modèle environnemental naturel* (*Natural Environmental Model*). A l'instar de l'esthétique à taille humaine et de l'esthétique de l'engagement, ce modèle met l'accent sur les dimensions naturelle et environnementale de l'environnement naturel. A la différence du modèle de l'objet et du modèle du paysage, le modèle environnemental naturel n'assimile pas les objets naturels à des objets d'art, ou les environnements naturels à des paysages. A la différence de l'esthétique à taille humaine et de l'esthétique de l'engagement, le modèle environnemental naturel ne repousse pas la structure générale et traditionnelle de l'appréciation

que l'on trouvera l'exemple paradigmatique d'une appréciation esthétique fondée sur la science naturelle. J. B. Callicott a élucidé l'esthétique de Leopold dans « L'esthétique de la terre » (1987), trad. fr. P. Madelin dans A. Leopold, *La conscience écologique*, textes réunis par J.-C. Génot, D. Vallauri, Marseille, Wildproject, 2013, p. 213-226.

1. La position qui consiste à accorder un caractère central à la connaissance scientifique dans l'appréciation esthétique de la nature a été contestée dans quelques articles récents, tels que celui de S. Godlovitch, « Les briseurs de glace. L'environnementalisme et l'esthétique naturelle », dans ce volume p. 169-192, celui d'E. Brady « L'imagination et l'appréciation esthétique de la nature », dans ce volume p. 227-255, et celui de T. Heyd, « Aesthetics Appreciation and the Many Stories About Nature », *British Journal of Aesthetics*, 2001, n°41, p. 125-137. Elle a toutefois également défendue, par exemple par H. Rolston, « L'appréciation esthétique de la nature : entre connaissance et participation », trad. fr. H.-S. Afeissa dans H. Rolston, *Terre objective. Essais d'éthique environnementale*, Paris, Éditions Dehors (à paraître en 2016), et par M. Eaton « Fact and Fiction in the Aesthetic Appreciation of Nature », *Journal of Aesthetics and Art Criticism*, 1998, n°56, p. 149-156. De nombreux articles sur ce sujet ont été réunis dans le volume collectif dirigé par A. Carlson, A. Berleant, *The Aesthetics of Natural Environment*, Peterborough, Broadview Press, 2004.

esthétique de l'art comme étant dénuée de toute pertinence pour comprendre l'appréciation esthétique du monde naturel. En fait, il applique même directement cette structure à la nature, en veillant simplement à effectuer les ajustements nécessaires pour respecter la spécificité de l'environnement naturel. Ce faisant, il évite de reprendre à son compte la thèse absurde selon laquelle l'appréciation de la nature ne pourrait pas être d'ordre esthétique, tout en parvenant à promouvoir une esthétique de la nature qui rende justice à l'objet soumis à appréciation pour ce qu'il est en lui-même et pour les qualités qui sont les siennes. Par là même – et pour reprendre les mots de Ronald Hepburn – ce modèle nous *détourne* de l'attitude consistant à se montrer « esthétiquement peu réceptif aux objets naturels, ou bien encore à ne pas savoir les considérer de la bonne manière », et à « chercher en eux – et bien sûr, en vain – ce qui ne peut être trouvé et apprécier qu'en art ».

AU SUJET DE QUELQUES PROLONGEMENTS
DES RÉFLEXIONS QUI PRÉCÈDENT

Le modèle environnemental naturel reconnaît toute la justesse de la remarque de George Santayana concernant l'indétermination et la promiscuité de l'environnement naturel, sa riche diversité et sa force de stimulation, exigeant un travail de composition pour pouvoir être apprécié. Qui plus est, le modèle environnemental naturel suggère que pour accomplir un acte d'appréciation esthétique appropriée ou, comme le dit Santayana, pour réussir à trouver belle la nature, la composition doit s'effectuer à l'appui de la connaissance de sens commun et de la connaissance scientifique. Cette thèse, qui a pour mérite de résoudre le problème central de toute esthétique environnementale, comporte également quelques prolongements qui valent d'être soulignés.

Parmi les prolongements notables du modèle environnemental naturel, certains concernent l'*esthétique appliquée* et tout particulièrement l'appréciation commune de la nature pratiquée non seulement par les touristes mais encore par chacun d'entre nous dans notre vie quotidienne. Comme il a été dit précédemment, cette appréciation est le plus souvent fondée sur des modèles d'appréciation artistique, à commencer par le modèle du paysage. Mais l'esthétique du pittoresque ne possède pas le monopole de l'appréciation esthétique appliquée : elle entre bien plutôt en compétition avec une toute autre approche, issue de la tradition de penseurs comme Henry David Thoreau, et parvenue à son point de culmination dans la pensée de John Muir. Pour ce dernier, tout dans le monde naturel, la nature dans son intégralité et tout particulièrement la nature sauvage, est esthétiquement beau, et la laideur n'existe que là où la nature porte les traces du pillage que les êtres humains y ont perpétré[1]. Cette conception, à laquelle on pourrait donner le nom d'*esthétique positive* (*positive aesthetics*), est étroitement liée à l'idée d'une préservation de la nature sauvage et au type d'appréciation de la nature souvent associée à l'environnementalisme. Le modèle environnemental naturel est compatible avec l'esthétique positive dans la mesure où il fournit les soubassements théoriques de ce mode d'appréciation. Lorsque

---

1. On trouvera une expression très claire de l'esthétique de J. Muir dans sa série d'articles intitulée « Atlantic Monthly » recueillie dans *Our National Parks*, Boston, Houghton Mifflin, 1916. Voir aussi du même auteur *A Thousand-Mile Walk to the Gulf*, Boston, Houghton Mifflin, 1916, et *The Mountains of California*, New York, Century Company, 1894. Pour une introduction à l'esthétique de Muir, voir P. Terrie, « John Muir on Mount Ritter : A New Wilderness Aesthetic », *Pacific Historian*, 1987, n°31, p. 135-144.

la nature est appréciée sur le plan esthétique dans les termes de la connaissance élaborée par les sciences naturelles et environnementales, alors l'appréciation esthétique positive paraît particulièrement appropriée. La convergence est assez visible : d'un côté, la nature vierge – la nature dans son état original – constitue un idéal esthétique ; et de l'autre, la science, en mettant au centre de son élucidation de la nature les qualités qui lui sont propres telles que l'unité, l'ordre et l'harmonie, rend possible d'apprécier la nature à la lumière d'une connaissance qui la fait paraître d'autant plus belle [1].

Les autres prolongements du modèle environnemental naturel qui méritent d'être signalés sont plus nettement d'ordre environnemental et moral. Comme il a été dit précédemment, les modèles traditionnels fondés sur l'art et, par implication, les autres approches esthétiques, sont souvent condamnés comme étant de part en part anthropocentriques, comme n'étant pas seulement antinaturels mais encore souverainement dédaigneux des environnements qui ne se conforment pas aux idéaux artistiques. Au principe de ces préoccupations environnementales et morales se trouve l'idée que les modèles fondés sur l'art n'encouragent pas une appréciation de la nature pour ce qu'elle est en elle-même et pour les qualités qui sont les siennes. A l'inverse, le modèle environnemental naturel fonde l'appréciation esthétique de la nature sur une représentation scientifique de ce que la nature est en elle-même et des qualités qui sont les siennes. Ce modèle fournit donc à l'appréciation esthétique de la nature un degré d'objectivité qui permet de réfuter les critiques environnementales et morales, telles que l'accusation d'anthropocentrisme. Qui

---

1. Pour un examen de l'esthétique positive et des liens qu'elle entretient avec l'émergence de la science moderne, voir « Nature and Positive Aesthetics », art. cit.

plus est, la possibilité d'offrir un fondement objectif à l'appréciation esthétique de la nature permet de tenir la promesse d'une application directe dans un monde de plus en plus soucieux d'évaluer l'impact de son mode de vie sur l'environnement[1]. Ceux qui sont en charge d'effectuer les mesures de l'impact environnemental des activités humaines, et qui ne sont pas d'ordinaire les cibles de l'accusation d'anthropocentrisme, se montrent généralement réticents à reconnaître la pertinence et l'importance des considérations esthétiques, estimant que, dans le pire des cas, elles sont tout bonnement l'expression de caprices subjectifs, et, dans le meilleur des cas, relatives à chacun et variables en fonction de l'environnement culturel et de ses idéaux artistiques. Le fait de reconnaître que l'appréciation esthétique de la nature possède des soubassements scientifiques peut nous aider à faire justice de ces suspicions.

La promotion du modèle environnemental naturel comporte aussi des implications qui affectent la discipline de l'esthétique elle-même. En repoussant les modèles artistiques au profit de la connaissance de sens commun et de la connaissance scientifique de la nature, ce modèle fournit le programme de l'appréciation esthétique en général. Ce modèle suggère en effet que l'appréciation esthétique d'une chose, quelle qu'elle puisse être, qu'il s'agisse d'une personne ou d'un animal domestique, d'une cour de ferme ou des alentours, de chaussures ou de magasins de grande surface, doit être centrée autour et guidée par l'objet soumis à appréciation lui-même[2].

---

1. Pour un examen plus approfondi du problème de l'objectivité en matière d'appréciation de la nature, voir mes articles « Nature, Aesthetic Judgment, and Objectivity », art. cit., et « On the Possibility of Quantifying Scenic Beauty », *Landscape Planning*, 1977, n°4, p. 131-172.

2. J'ai appliqué ces idées à d'autres cas de figure dans « On Appreciating Agricultural Landscapes », *Journal of Aesthetics and Art Criticism*, 1985,

Dans tous les cas, ce qui compte ce n'est pas de se laisser imposer un idéal artistique, mais de réussir à apprécier l'objet tel qu'il est en lui-même à l'appui d'une connaissance, scientifique ou autre, qui nous révèle les qualités qui sont les siennes [1]. Cette façon de voir, qui nous éloigne de tous les préjugés artistiques et nous oriente en direction de la véritable nature des objets soumis à appréciation, ouvre la voie à une esthétique générale, dépassant de beaucoup les limites assignées traditionnellement à cette discipline trop rapidement identifiée à la philosophie de l'art. En lieu et place d'une esthétique de l'art, le modèle environnemental naturel promeut une esthétique plus universelle – laquelle porte généralement le nom d'*esthétique environnementale*.

Pour finir, le modèle environnemental naturel, en initiant une esthétique plus universelle centrée autour de l'objet soumis à appréciation, permet d'aligner l'esthétique avec les autres domaines de la philosophie, tels que l'éthique, l'épistémologie et la philosophie de l'esprit, lesquels repoussent de manière de plus en plus déterminée les modèles archaïques et inappropriés au profit de modèles guidés par la connaissance de ce que sont en eux-mêmes les objets examinés. C'est ainsi que l'esthétique environnementale en est venue à rejoindre l'éthique environnementale dans un commun rejet des modèles anthropocentriques d'évaluation environnementale du monde

---

n°43, p. 301-312, et dans « Existence, Location, and Function : The Appreciation of Architecture », *in* M. Miitias (dir.), *Philosophy and Architecture*, Amsterdam, Rodopi, 1994, p. 141-164 [tous deux repris dans *Aesthetics and the Environment*, *op. cit.*, respectivement p. 175-193 et p. 194-215].

1. J'ai développé cette idée dans « Appreciating Art and Appreciating Nature », *in* S. Kemal, I. Gaskell (dir.), *Landscape, Natural Beauty and the Arts*, Cambridge, Cambridge University Press, 1993, p. 199-227 [repris dans *Aesthetics and the Environment*, *op. cit.*, p. 102-125].

naturel, et dans le remplacement de ces modèles par ceux élaborés par les sciences naturelles et environnementales.

A la lumière de ces multiples prolongements, il est clair que le défi contenu dans la remarque de George Santayana citée au commencement de cette étude – à savoir que *nous* sommes confrontés à un monde autorisant une grande liberté dans la sélection, la mise en valeur et le regroupement de ses éléments, et qu'il *nous* appartient par conséquent de composer ces éléments en vue de pouvoir en faire une expérience esthétique appropriée – constitue une invitation, non pas seulement à trouver beau le monde naturel, mais aussi à l'apprécier tel qu'il est en lui-même.

ARNOLD BERLEANT

L'ESTHÉTIQUE DE L'ART ET DE LA NATURE[*]

Le titre de cet article est délibérément ambigu, et c'est de cette ambiguïté qu'il sera ici principalement question. Rares sont ceux qui nieraient la possibilité d'obtenir une satisfaction esthétique aussi bien des œuvres d'art que de la nature, de manière habituelle dans le premier cas et sous certaines conditions dans le second. Mais de quelle *sorte* de satisfaction est-il question, et s'agit-il de la même dans les deux cas?

La démarche la plus courante – celle qui est peut-être intuitivement la plus évidente – consiste à reconnaître que les deux domaines comportent une valeur esthétique, tout en soulignant, comme le font par exemple Terry Diffey et Allen Carlson[1], que, pour certaines raisons historiques et philosophiques, le type d'appréciation que chacun encourage est essentiellement différent. Il est encore possible, dans une

* Arnold Berleant, « The Aesthetics of Art and Nature », *in* S. Kemal, I. Gaskell (dir.), *Landscape, Natural Beauty and the Arts*, Cambridge, Cambridge University Press, 1993, p. 228-243. Texte traduit par Y. Lafolie avec l'aimable autorisation de l'auteur.

1. Voir T. J. Diffey, « Natural Beauty Without Metaphysics » et A. Carlson, « Appreciating Art and Appreciating Nature », tous deux publiés dans le volume dirigé par S. Kemal, I. Gaskell, *Landscape, Natural Beauty and the Arts*, Cambridge, Cambridge University Press, 1993, respectivement p. 199-227 et p. 228-243.

autre perspective, défendue par exemple par Stephanie Ross, de donner à l'art environnemental contemporain des lettres de noblesse en l'associant à l'art des jardins des XVIIe et XVIIIe siècles, en faisant valoir que ces pratiques artistiques mettent en œuvre, chacune à leur manière, une forme d'unité de l'art et de la nature, et partagent par là même une esthétique commune[1]. Une troisième possibilité s'offre enfin, laquelle, à l'inverse de la précédente, consiste à tenir l'appréciation environnementale pour le paradigme de toute appréciation esthétique, et à réinterpréter à partir d'elle l'esthétique artistique. La question qui est cachée dans le titre de mon article, et qui en rend la formulation ambiguë, est donc de savoir s'il existe une esthétique ou bien deux – une seule, qui embrasserait à la fois l'art et la nature, ou bien une qui serait dédiée spécifiquement à l'art et une autre qui serait dédiée à l'appréciation de la beauté naturelle.

L'enjeu de cette question n'est pas simplement de savoir combien il existe d'esthétiques. Il me semble bien plutôt que c'est l'un des problèmes les plus importants qu'il faille examiner en esthétique dans la mesure où il entraîne dans son sillage quelques-uns des problèmes majeurs de l'esthétique : celui de l'essence de l'art, celui de la détermination des caractères constitutifs de l'appréciation esthétique, et celui des liens que la théorie de l'appréciation noue avec d'autres problématiques philosophiques plus générales. Parmi ces dernières, il faut compter celles qui, hier encore, jouaient un rôle de première importance et qui sont aujourd'hui tenues pour secondaires, telles que celle qui s'interroge sur l'expérience nouménale et transcendante (pour reprendre la terminologie

---

1. Voir S. Ross, « Gardens, Earthworks, and Environmental Art », *in* S. Kemal, I. Gaskell (dir.), *Landscape, Natural Beauty and the Arts, op. cit.*, p. 158-182.

de Terry Diffey), ou encore celle qui (à la suite de Yi-Fu Tuan[1]) s'interroge sur les réactions esthétiques à des environnements extrêmes. Il se pourrait bien que la philosophie de la nature ne soit pas une affaire de second ordre, non seulement en esthétique, mais de manière plus générale en philosophie (tout court), et qu'elle atteigne le cœur même de la philosophie. Le but des pages qui suivent est en fait de justifier cette suggestion en proposant ce que l'on pourrait appeler une *naturalisation de l'esthétique* et une *promotion de l'esthétique* au rang de dimension critique de la valeur qui lie ensemble les divers domaines du monde humain.

Le problème relativement limité que je me propose d'examiner ici est de savoir si l'esthétique a affaire à deux types dissemblables de phénomènes, les uns relevant de l'art et les autres de la nature, ou si elle a affaire à des phénomènes qui ressortissent en fait à un seul et même type d'expérience, dont l'élucidation exigerait une théorie suffisamment compréhensive pour les englober tous. C'est par modestie déplacée que l'on pourrait être enclin à se retirer de la discussion en arguant de l'impossibilité de trancher pareil problème en toute certitude, car, comme je vais m'efforcer de le montrer, une théorie générale peut tout à fait être conçue, sans nier pour autant la diversité de l'expérience individuelle et l'existence de facteurs culturels divergents dans notre rencontre avec l'art et la nature. Une théorie esthétique universelle doit pouvoir reconnaître ces différences, et sa capacité à le faire est la pierre de touche de son succès. Car c'est précisément l'incapacité de l'esthétique traditionnelle à rendre pleinement justice aux transformations qui ont affecté le domaine de l'art

---

1. Voir T. J. Diffey, « Natural Beauty Without Metaphysics », art. cit., et Y.-F. Tuan, « Desert and Ice : Ambivalent Aesthetics », *in* S. Kemal, I. Gaskell (dir.), *Landscape, Natural Beauty and the Arts, op. cit.*, p. 139-157.

au cours des cent dernières années, dans tous les aspects de la création (objets, activités et circonstances), qui est la cause du dilemme actuel touchant l'art et la nature.

UNE ESTHÉTIQUE OU BIEN DEUX ?

Jerome Stolnitz a proposé de caractériser l'esthétique moderne, telle qu'elle s'est mise en place aux alentours du XVIIIe siècle, par l'adoption d'une attitude spécifique nécessaire à toute appréciation esthétique, qu'il a appelée l'« attitude désintéressée » [1]. Le mot-clé de « désintérêt » est parfaitement choisi puisqu'il renvoie de toute évidence à Kant, dont on mesure mieux ainsi l'influence qu'il a pu exercer en esthétique au cours des deux siècles précédents [2]. C'est précisément à la condition de pouvoir suspendre les intérêts « soit de la sensibilité soit de la raison » que nous nous rendons capables d'éprouver une satisfaction esthétique. En adoptant une attitude désintéressée, nous nous libérons par là même de toute préoccupation d'ordre pratique, et nous nous donnons la possibilité d'observer attentivement un objet (ou sa représentation) et d'en apprécier la beauté.

Cette définition des limites de l'esthétique a des implications importantes. Afin de pouvoir adopter une attitude désintéressée,

1. Voir J. Stolnitz, *Aesthetics and Philosophy of Art Criticism : A Critical Introduction*, Boston, Houghton Mifflin, 1960, chap. 1. J'appelle cette esthétique l'esthétique moderne traditionnelle dans la mesure où elle a été associée à la promotion de l'esthétique au XVIIIe siècle. Il existe également une autre tradition, plus ancienne, laquelle se rapproche davantage, me semble-t-il, de la position que je développe ici. Toutes deux sont abordées de manière critique dans mon ouvrage *Art and Engagement*, Philadelphia, Temple University Press, 1991.

2. Voir E. Kant, *Critique de la faculté de juger* (1790), notamment § 5. Voir aussi § 43 et 45.

il importe de réussir à délimiter les objets d'art en indiquant clairement où ces derniers commencent et où ils finissent, et de nombreuses caractéristiques de l'art classique ont manifestement pour fonction de rendre possible une telle découpe : ainsi en est-il du cadre dans lequel un tableau est destiné à s'enchâsser, mais aussi du piédestal sur lequel une sculpture est appelée à être installée, du cadre de scène derrière lequel les pièces de théâtre doivent être jouées, de la scène sur laquelle la musique ou la danse (ou tout autre art exigeant une exécution en public) doit être interprétée. Ces caractéristiques de l'art classique sont dans une large mesure intentionnelles.

Shaftesbury, qui a précédé Kant dans la formulation de l'esthétique moderne et qui a en fait fourni la plupart des éléments originaux que Kant reprendra à son compte en y apposant la marque de son génie, a fait valoir en ce sens que l'art n'a pas vocation à couvrir les murs, occuper toute la surface des plafonds et courir le long des escaliers, mais qu'il demande bien plutôt à être contenu dans des bornes étroites, de sorte à pouvoir être embrassé d'un seul coup d'œil. Il est alors important, de ce point de vue, de pouvoir isoler l'objet de la beauté et de pouvoir en distinguer les qualités esthétiques particulières – ce à quoi plusieurs générations de théoriciens de l'esthétique s'emploieront par la suite. Cette façon de voir a également conduit à mettre au centre de l'attention les propriétés internes des objets d'art, telles que leur autosuffisance, leur complétude et leur unité – l'appréciation de l'œuvre étant alors conçue, de son côté, comme l'appréciation de ses propriétés esthétiques constitutives, de sorte que tout le problème – qui a largement dominé le champ de réflexion de l'esthétique jusqu'aujourd'hui – se ramenait à déterminer en quoi ces dernières consistaient[1].

La délimitation du domaine de l'esthétique a contribué à la reconnaissance de l'existence d'une sensibilité esthétique distincte, offerte en tant que telle à l'analyse des théoriciens dont les travaux ont fini par constituer le corps de cette discipline nouvelle qu'était encore au XVIIIᵉ siècle l'esthétique. Mais l'orientation prise à cette époque par la réflexion a eu d'étranges conséquences. Comment convenait-il, par exemple, de parler d'architecture ? Si nous nous tenons suffisamment à distance d'un immeuble, il se peut que nous parvenions à l'embrasser d'un seul regard. Mais un immeuble se prête-t-il à ce type d'observation ? Un immeuble n'est-il pas conçu pour que nous y pénétrions, pour que nous nous y déplacions, pour que nous nous y livrions à toutes sortes d'activités domestiques ? Confrontée à cette difficulté, l'esthétique traditionnelle a choisi de distinguer les différents usages auxquels un immeuble peut se prêter en leur assignant des domaines distincts ; c'est en ce sens que Vitruve déclarait que toute édifice architectural doit remplir trois fonctions : l'utilité, la solidité et la beauté[2]. Le stratagème constamment utilisé en esthétique afin de défendre les droits de la beauté contre les prétentions à l'utilité a consisté à séparer les divers aspects

---

1. Voir Shaftesbury, « A Notion of the Historical Draught of Tablature of the Judgment of Hercules » (1712), et *Characteristics of Men, Manners, Opinions, Times* (1711), New York, 1900, vol. 1, p. 94, vol. 2, p. 136-137 et p. 130-131. J'ai abordé plus en détail la question du développement historique de la tradition esthétique dans « The Historicity of Aesthetics », article publié en deux livraisons dans *The British Journal of Aesthetics*, 1986, n°26, p. 101-111 et p. 195-203 [repris dans *Re-Thinking Aesthetics : Rogue Essays on Aesthetics and the Arts*, Aldershot, Ashgate, 2004, p. 21-40].

2. « Firmitas, utilitas, venustas ». Voir Vitruve, *De l'architecture. Livre 1*, trad. fr. P. Fleury, Paris, Les Belles Lettres, 1990, chap. 2.

de l'objet pour mettre à l'abri l'art de la souillure des activités ou des fins pratiques.

C'est donc à la faveur d'un compromis que l'architecture parvint à garder sa place au sein des beaux arts. Compromis des plus incommodes, toutefois, car en pratique il est impossible de tracer durablement une véritable frontière entre la beauté et l'utilité. Non seulement la forme et la fonction peuvent être corrélées, mais la fonctionnalité même d'un immeuble dépend dans une large mesure de la perception de l'espace, de la surface, du son et de la configuration d'ensemble, étant donné que cette dernière influence la capacité à se mouvoir, l'efficacité des gestes et des déplacements au sein de l'édifice, l'humeur même et l'attitude de ses usagers. Quant aux arts d'exécution, ils ne peuvent conserver leur pureté en tant qu'objets de contemplation si on les sépare physiquement de l'environnement dans lequel les œuvres demandent à être interprétées. Même si la musique et la danse s'exécutent sous les yeux des spectateurs dans un espace dont ils sont séparés, ces arts possèdent la capacité étrange à s'insinuer jusque dans nos corps, à provoquer en nous des réactions somatiques et affectives, et à nous impliquer à un degré difficilement compatible avec l'idéal de contemplation. Il est encore plus difficile de se mettre à distance de la littérature, car tout l'art du romancier consiste à tirer parti de l'attention consciente que le lecteur prête à l'œuvre pour mieux l'entraîner dans son monde enchanté. En fait, il semble que la théorie de l'art, dont nous discutons ici les principes, ait surtout été élaborée en référence à une seule forme d'art – les arts visuels de la peinture et de la sculpture –, puis qu'elle ait été étendue à tous les autres arts au mépris de toute vraisemblance. Même dans le cas des arts visuels, sa pertinence est sujette à caution [3].

3. Voir A. Berleant, *Art and Engagement*, Philadelphia, Temple University Press, 1991.

Comme on le voit, de sérieux problèmes encombrent l'esthétique traditionnelle des beaux arts. Qu'advient-il lorsque cette conception de l'art sert de modèle pour l'appréciation de la nature ? Des difficultés encore plus grandes apparaissent. Shaftesbury s'est par exemple employé à élaborer une esthétique de la nature visant à présenter la beauté naturelle comme constituant un objet de contemplation, détachée en tant que telle de toute action et de tout usage pratique, et au cours de laquelle le spectateur s'est affranchi de toute préoccupation mondaine, telle que le désir et la possession [1]. Bien des procédés ont été mis en œuvre pour offrir la nature à ce genre de contemplation : la vue panoramique sur un paysage spectaculaire, une allée observée depuis une terrasse, un jardin à la française. Mais cela signifie-t-il que l'appréciation esthétique cesse dès lors que nous cheminons à travers le paysage, ou dès lors que nous descendons l'allée à pied ? La plupart des jardins, même les jardins à la française, s'offrent à être parcourus selon des modalités plus intimes, où certaines vues ne se dévoilent qu'à la faveur de nos déplacements et de nos changements de points de vue. Qui plus est, l'idée si importante dans le cadre de l'esthétique traditionnelle selon laquelle l'objet observé, pour pouvoir être apprécié, doit être tenu à distance, se révèle difficilement applicable lorsque le spectateur est entouré de toutes parts par l'« objet ». Dans le cas des œuvres du *Earth Art*, le spectateur se situe sur le même plan, dans le même espace que le champ fleuri ou l'arbre qu'il regarde. On pourrait dire, en ce sens, que les jardins japonais, en exigeant de notre part notre coopération active en marchant et en adoptant des postes d'observation, ne font que mettre

---

1. Voir Shaftesbury, *Characteristics*, part. III, section II. Cité dans A. Hofstadter, R. Kuhns (dir.), *Philosophies of Art and Beauty*, New York, Modern Library, 1964, p. 246-247.

en application des exigences constitutives de toute expérience environnementale [1].

Il se pourrait que le seul moyen de préserver la contemplation esthétique de la nature de toute implication du spectateur soit de renoncer purement et simplement à la nature elle-même au profit de la représentation qui en est donnée en art. Il est bien plus facile de contempler une peinture de paysage qu'un jardin paysagé, car la peinture apprête le spectacle de sorte à l'offrir à un regard désintéressé. Le spectateur n'est alors nullement dérangé dans sa contemplation par des insectes importuns, il n'est pas battu par les vents, il n'est pas dans l'obligation d'assurer ses pas et n'a pas à se soucier des dénivelés abrupts. Dans ces conditions, l'on peut bien adopter une posture désintéressée sans courir le moindre risque et sans craindre d'être interrompu dans sa contemplation.

Le caractère inapproprié de l'esthétique traditionnelle pour l'appréciation de la nature s'explique encore par d'autres raisons. Selon certains théoriciens, le plaisir que suscite l'art est lié à l'appréciation de l'habileté de l'artiste et de l'originalité de son œuvre. A leurs yeux, l'appréciation de l'art repose sur notre admiration pour la créativité qu'implique l'élaboration de l'œuvre. Or la nature n'étant pas la création originale d'un artiste, il est indispensable, pour pouvoir l'apprécier sur le plan esthétique, de recourir à d'autres paramètres. L'esthétique environnementale de Carlson trouve précisément son point de départ dans ce constat, d'où il conclut à la nécessité d'élaborer une esthétique distincte de l'esthétique des beaux arts, où la nature se prêterait à une appréciation esthétique à la lumière de la compréhension de l'ordre selon lequel les

---

1. Je conteste la prémisse de l'objectivation dans « Art without Object », *in* R. Stern, P. Rodman and J. Cobitz (dir.), *Creation and Interpretation*, New York, Haven, 1985, p. 63-72 [repris dans *Re-Thinking Aesthetics, op. cit.*, p. 103-110].

forces naturelles ont engendré les objets que nous admirons. L'appréciation de l'ordre de la nature se substituerait ainsi à l'appréciation de la conception qui a présidé à la création d'une œuvre d'art. Chacune fournirait le fondement sur lequel édifier une esthétique qui soit appropriée à son objet, l'une étant une esthétique de l'art et l'autre une esthétique de la nature – l'esthétique traditionnelle demeurant, quant à elle, intacte.

Cette façon de distinguer et de rendre compte des différents types d'appréciation de l'art et de la nature se situe dans le prolongement de l'esthétique traditionnelle de Shaftesbury et de Kant dont elle recueille l'héritage. En effet, elle reprend à son compte la prémisse centrale selon laquelle l'appréciation est orientée en direction d'un objet esthétique – un objet manufacturé dans le cas de l'appréciation d'une œuvre d'art, un objet ordonné dans le cas de l'appréciation de la nature. Il est manifeste que, étant donné pareille prémisse, la solution consistant à dédoubler l'esthétique paraît s'imposer : l'appréciation d'objets si dissemblables demande que compte soit tenu des différences relatives aux conditions de leur création et à la signification que les uns et les autres revêtent.

Ce n'est pas un hasard si la théorie esthétique traditionnelle et la théorie dualiste des modes d'appréciation qui en est directement issue reposent l'une et l'autre sur la même prémisse de l'objectivation du corrélat de l'appréciation esthétique. Le problème est de savoir si l'idée selon laquelle toute appréciation esthétique dispose d'un objet bien délimité est bien confirmée par l'expérience même de l'appréciation de l'art et de la nature, ou bien si elle n'est pas plutôt plaquée sur cette dernière. Il est certain qu'un monde d'objets se laisse plus commodément circonscrire et maîtriser, mais un tel monde correspond-il à celui dans lequel nous vivons[1] ? Nul doute qu'en regardant à distance et de façon désintéressée une peinture de paysage nous réussissions à nous donner un objet de contemplation, mais pouvons-nous en faire de même avec un paysage réel ? Dans ce dernier cas, l'objectivation du corrélat de l'appréciation esthétique est problématique. Un environnement ne se laisse pas aussi facilement objectiver qu'un objet d'art.

Mais la prémisse de l'objectivation survit-elle dans les deux cas ? Car ce n'est pas seulement la nature qui inquiète l'esthétique conventionnelle. En fait, l'application de la théorie esthétique conventionnelle à la peinture n'a duré qu'à peine un siècle, et la question de savoir si elle est parvenue, même à cette époque, à rendre compte du travail des artistes reste ouverte à la discussion[2]. En effet, depuis la dissolution dans l'atmosphère des objets représentés par les Impressionnistes, et depuis la dissolution de l'œuvre d'art dans l'expérience perceptive que le sujet en fait, les arts visuels n'ont cessé de se régler sur le modèle des autres arts consistant à ouvrir l'objet d'art sur l'extérieur. Le cadre en est venu à fonctionner moins comme une délimitation que comme un dispositif aidant à concentrer notre regard sur la peinture, selon un

---

1. L'examen de cette question exigerait que soit mobilisée une importante littérature phénoménologique relative au monde de la vie, laquelle soulève toutes sortes de problèmes que nous ne pouvons ici qu'aborder. L'un d'entre eux est fondamental : s'il est vrai que le monde de la vie est une construction historico-culturelle, et s'il est vrai que l'art du siècle précédent a rempli la fonction souvent assigné à l'art, à savoir celle d'avant-garde du changement culturel, alors l'examen de ce qui s'est passé en art atteste que nous sommes passés d'un monde de la vie composé d'objets délimités et individuels à un monde composé de connexions essentielles et de continuités.

2. La thèse défendue dans *Art and engagement*, *op. cit.*, est que la théorie traditionnelle n'a jamais fourni une approche satisfaisante de la réalité des œuvres d'art et qu'elle ne doit son influence qu'à sa compatibilité avec la tradition de la philosophie classique plutôt qu'au succès théorique rencontré dans l'explication de l'art. Voir en particulier les chap. 1 et 2.

mouvement de focalisation vers l'intérieur très différent du procédé d'objectivation du corrélat de l'esthétique traditionnelle.

Cette évolution de la peinture renvoie certes au spectateur, mais de telle sorte que sa participation est désormais requise pour achever l'œuvre. Ce que les points de vue multiples du cubisme font en fragmentant les objets statiques, l'énergie intense du futurisme le fait en dissolvant les dynamiques : les deux transforment les objets en expérience. De la même manière que les arts visuels forcent l'interaction entre l'œil et la peinture, de même le photoréalisme confronte le visiteur à des images géantes. Même la sculpture, qui semblait préserver jusque là la séparation de l'objet en l'élevant à un niveau spatial supérieur, a elle aussi suivi la même évolution, non pas simplement en mettant l'accent sur les forces dynamiques de l'œuvre, comme le fit Antoine Bourdelle, mais encore en insistant sur la puissance émanant de l'œuvre qui dynamise l'espace environnant et capte le spectateur, comme le fait si bien le *Laocoon*. Toute bonne sculpture, pourrait-on dire, enchante l'espace dans lequel elle se trouve en vertu d'une sorte d'effusion magique. Plus récemment, certaines œuvres ont cherché à se passer purement et simplement de tout piédestal, en proposant une expérience par laquelle le spectateur peut entrer en interaction avec l'œuvre, comme c'est le cas des stabiles d'Alexander Calder et des sculptures de Mark di Suvero. Comme le souligne Stephanie Ross, l'Earthwork et l'art environnemental sont allés très au-delà de ce qu'autorisaient les conventions restrictives du modèle traditionnel par l'utilisation qu'ils ont faite des substances naturelles et par le lien qu'ils ont su nouer avec le site où l'œuvre est installée[1]. Ces œuvres impliquent le spectateur, non seulement en raison du lien vivant tissé entre la nature et celui qui l'observe, mais

1. S. Ross, « Gardens, Earthworks, and Environmental Art », art. cit.

en raison de la participation physique directe que l'appréciation esthétique exige la plupart du temps. Nous commençons à comprendre que l'histoire de l'art moderne est davantage une histoire de la perception qu'une histoire des objets, et que la perception, en outre, n'est pas seulement un acte visuel mais un engagement somatique dans le domaine de l'esthétique. Il est difficile de rendre compte d'une telle évolution si l'on s'en tient à la théorie traditionnelle centrée sur les objets.

Si l'esthétique conventionnelle fait obstacle à notre rencontre avec l'art, elle entrave davantage encore l'appréciation de la nature. La plus grande partie de notre expérience esthétique de la nature dépasse sans doute de beaucoup les limites de l'objet à contempler et refuse d'être circonscrite à l'intérieur de bornes étroites. Si nous avons besoin d'une esthétique spécifique pour la nature, alors pourquoi s'encombrer d'un modèle si étranger à l'expérience ? Pour ne pas commettre l'erreur consistant à se représenter la nature comme étant à distance du spectateur, ni celle consistant à conformer notre appréciation des objets naturels aux exigences qui ont cours dans l'appréciation des objets du design, il est nécessaire d'élaborer une approche attentive aux qualités distinctives et aux exigences particulières de l'environnement. Que pourrait bien être une telle approche ?

Une esthétique de la nature

L'ironie de l'histoire a voulu que la division entre les *Naturwissenschaften* et les *Geisteswissenschaften* se soit maintenue alors même que l'esthétique ne cessait, de son côté, de brouiller les frontières. Rappelons que cette distinction tranchée entre les sciences de la nature et les sciences humaines cherche à mettre à l'abri ces dernières de toute confusion avec

les premières en donnant un statut cognitif à la séparation
entre la nature et l'homme : les sciences dures s'intéressent
à la nature, les sciences molles à la culture. Or cette distinction
a été démentie en art, considéré comme l'un des domaines
de la culture, dans la mesure où l'art n'a cessé de rivaliser
avec le modèle scientifique en adoptant ses conventions
d'objectivation, de distanciation et de contemplation
désintéressée.

Pourtant, comme nous venons de le dire, pareille distinction
entre la nature et la culture échoue non seulement à rendre
compte de l'évolution de l'art, mais elle est également
trompeuse à un autre égard en ce qu'elle offre une représentation
erronée de la nature elle-même. Car il n'est pas vrai que le
monde naturel puisse être circonscrit aussi facilement que la
tradition le laisse croire. La nature, comprise comme désignant
la terre telle qu'elle est en elle-même (en dehors de toute
intervention humaine) n'existe plus dans une très large mesure.
Nous vivons dans un monde profondément affecté par l'action
humaine, non seulement en raison de la destruction presque
complète des espaces sauvages de la planète, ou en raison de
la redistribution de la flore et la faune arrachées à leurs habitats
d'origine, mais également en raison de la modification de la
forme et des caractéristiques de la surface de la planète, de
son climat et de son atmosphère même.

Il est vrai que, contrairement aux artefacts culturels, la
nature semble obstinée : elle plie mais ne disparaît pas. Elle
plie cependant d'une étrange façon. Nous commençons
seulement à réaliser que le monde naturel n'est en aucun cas
une sphère indépendante mais qu'il s'agit d'un artefact culturel.
La nature n'est pas seulement profondément affectée par
l'action humaine, mais notre conception même de la nature
a émergé historiquement et varie largement d'une tradition
culturelle à une autre. Notre idée de ce qu'est la nature, nos

croyances sur la nature sauvage, la reconnaissance du paysage, notre sens même de l'environnement, sont tous historiquement datables et ont été compris différemment selon les époques et selon les lieux [1]. Il n'est pas étonnant qu'une esthétique qui aspire, comme les sciences, à l'universalité ait du mal à s'adapter à la nature.

La négligence de l'esthétique de la nature par les philosophes – du moins, jusqu'à une époque récente – repose donc sur des motifs sérieux. Pourtant, c'est le philosophe même qui s'efforça de formaliser la structure d'une esthétique universelle, à savoir Emmanuel Kant, qui apporta, de ce point de vue, la contribution la plus significative. Le concept du sublime qu'il élabora capte un aspect de l'expérience esthétique de la nature – la capacité de la nature à agir à une échelle si grande qu'elle dépasse notre capacité de compréhension et de contrôle, suscitant par là même un sentiment de grandeur et d'admiration. C'est à cette même capacité que Yi-Fu Tuan fait très justement référence en considérant les environnements extrêmes comme les déserts et les milieux polaires [2]. Ces environnements méritent d'être désignés comme « sublimes » parce qu'ici aussi la nature incontrôlable dépasse les limites qui permettent la contemplation désintéressée.

---

1. La définition des concepts de « nature », de « nature sauvage », de « forêt » et de « paysage », a considérablement changé au cours de l'histoire. Voir par exemple, K. Thomas, *Dans le jardin de la nature. La mutation des sensibilités en Angleterre à l'époque moderne (1500-1800)*, trad. fr. C. Malamoud, Paris, Gallimard, 1985, M. W. Mikesell, « Landscape », *in* P. W. English, R.C. Mayfield (dir.), *Man, Space and Environment*, New York, Oxford, 1972, p. 9-15, D. Lowenthal, *Passage du temps sur le paysage*, trad. fr. M. Enckell, Gollion, Infolio, 2008, notamment p. 121-133, Y.-F. Tuan, *Topophilia : A Study of Environmental Perception, Attitudes and Values*, Englewood Cliffs, Prentice-Hall, 1974.

2. Voir Y.-F. Tuan, « Desert and Ice : Ambivalent Aesthetics », art. cit.

Il se pourrait que le concept de sublime offre une piste permettant d'identifier une caractéristique esthétique de la nature qui n'est pas liée à la théorie traditionnelle de l'art[1]. En effet, nous n'avons plus besoin de poursuivre l'effort désespéré visant à assimiler l'appréciation environnementale à la satisfaction artistique en objectivant et en contemplant un objet ou une scène de la nature dans l'optique d'un désengagement, ou en remplaçant le « design » de l'art par l'ordre de la nature. Pourquoi ne pas réserver à l'art le monopole de la contemplation désintéressée d'un objet discret, et développer une esthétique différente pour l'appréciation naturelle, qui sache ménager une place à l'expérience de la continuité, de l'enveloppement et de l'engagement que cette appréciation encourage ? Il se pourrait que le concept de sublime pointe précisément dans cette dernière direction.

Les sentiments de grandeur et de puissance illimitées traversent toute l'histoire de l'élaboration du concept de sublime. Au premier siècle de notre ère, Longin vit dans le sublime « l'écho de la grandeur d'âme ». Au milieu du XVIIIe siècle, Edmund Burke associa le sublime à l'émotion de terreur et à la domination que ce type de sentiment exerce sur l'imagination[2]. Mais le mérite revint à Kant d'appliquer ce

---

1. Les références à l'esthétique traditionnelle ne signifient pas l'oubli de la diversité des différentes théories qui ont été avancées dans le passé. Ma position est que celles-ci possèdent néanmoins certaines caractéristiques génériques, bien qu'elles fassent reposer leur identité sur l'imitation, l'émotion, l'expression, le symbole ou le langage. Voir A. Berleant, *Art and engagement*, *op. cit.*, chap. 1. Dans *The Theory of the arts*, Princeton University Press, 1982, F. Sparshott présente les choses différemment, en faisant dériver tout développement postérieur à ce qu'il appelle « la ligne classique ». Voir également A. Berleant, *The Aesthetic Field : A Phenomenology of Aesthetic Experience*, Springfield, Illinois, C. C. Thomas, 1970, chap. 1.

2. E. Burke, *Recherche philosophique sur l'origine de nos idées du sublime et du beau* (1757), trad. fr. B. Saint Girons, Paris, Vrin, 2009.

genre d'idées à la nature, là où les limites formelles et la finalité, qui définit en art selon lui la « beauté adhérente », ne permettent plus de contenir et de contrôler les phénomènes observés. Les objets (que ce soit ceux de l'art ou ceux de la nature) ne se laissent plus comprendre sous le concept d'une fin particulière, moyennant quoi ils relèvent de l'expérience du sublime. Par conséquent, le sublime n'est pas tant dans la nature que dans notre esprit, et ce n'est que grâce à l'Idée de la raison, grâce à la construction subjective des jugements, que nous pourrons rétablir l'ordre cognitif de la finalité. La satisfaction esthétique que nous éprouvons dans ce type d'expérience – qu'il s'agisse de ce que Kant appelle le « sublime mathématique », où l'amplitude des choses naturelles dépasse notre imagination esthétique, ou du « sublime dynamique », dans lequel la puissance de la nature nous submerge et inspire un sentiment de peur – provient toujours de notre capacité à rétablir un tel ordre : dans le cas du « sublime mathématique », le plaisir provient de notre capacité à saisir intellectuellement la grandeur ; dans le cas du « sublime dynamique », il provient du fait que nous contemplions la puissance de la nature depuis un lieu sûr, rendant par là même possible de transformer l'effroi initial en une sorte de délectation. Ainsi, pour Kant, le caractère sublime et la satisfaction particulière qui l'accompagne sont à chercher dans l'esprit du sujet de l'expérience esthétique et dans les capacités de compréhension cognitive qui sont les siennes. Une fois de plus le cartésianisme commode de la tradition occidentale vient à la rescousse pour nous sauver de la terreur des gigantesques forces de la nature par l'ordre de la pensée.

Toutefois ce stratagème ne fonctionne plus parce que la nature ne restera pas dans ses limites prescrites mais éclate de toutes parts et menace de nous engloutir. Nous ne pouvons plus, dans l'ignorance la plus complète de l'histoire et de l'expérience, tisser de grandes étoffes de savoir en les découpant sur un si petit morceau, pour reprendre la belle expression de Francis Bacon critiquant la méthode scolastique de connaissance du monde naturel, et contenir le monde naturel dans les limites des constructions de l'esprit[1]. Nous savons à présent que la sécurité que procure la représentation de soi-même comme un être séparé de la nature est fallacieuse. Que se passerait-il si nous commencions par reconnaître notre connexion au monde naturel ? Dans ce dernier cas, le sublime permettrait de mettre en lumière, non plus seulement certaines expériences exceptionnelles, mais l'expérience esthétique de la nature en général, s'offrant dès lors comme modèle d'esthétique de la nature. Car c'est par le biais de l'amplitude et de la puissance des phénomènes, lesquelles sont les caractéristiques du sublime selon Kant, que la relation de l'homme à la nature en vient à se révéler dans sa vérité, où les principaux sentiments éprouvés sont alors ceux où l'admiration se conjugue à l'humilité. De toute évidence, cette caractéristique est ce qui rend si attrayante, comme le note justement Yi-Fu Tuan, la solitude d'un ermite dans son désert ou celle de l'explorateur au fin fond de l'Arctique : l'intensité qui va ici de pair avec une grande simplicité, une austérité physique et le sentiment d'harmonie avec la nature[2].

Nul besoin toutefois de s'immerger en milieu extrême pour faire l'expérience qualitative d'une telle union. Le monde naturel illimité ne se contente pas de nous entourer ; il nous enveloppe en son sein. Nous ne sommes pas seulement incapables de faire l'expérience de limites absolues dans la nature ; nous ne pouvons pas même mettre le monde naturel

---

1. F. Bacon, *Du progrès et de la promotion des savoirs* (1605), trad. fr. M. Le Dœuff, Paris, Gallimard, 1991.
2. Voir Y.-F. Tuan, « Desert and Ice : Ambivalent Aesthetics », art. cit.

à distance afin de le mesurer et de le juger en toute objectivité. La nature excède l'esprit humain, non pas seulement en raison des limites de nos connaissances actuelles, non pas seulement en raison du caractère essentiellement anthropomorphe de cette connaissance, qui nous empêche d'aller au-delà des limites et des caractéristiques de notre processus cognitif, mais en raison du fait que la relation cognitive avec les choses n'est pas le seul type de relation ou même le type le plus élevé de relation que nous pouvons établir avec la nature. La relation appropriée à la nature est celle que commande l'admiration – non pas seulement pour la grandeur et la puissance de la nature, mais encore pour son caractère mystérieux, lequel comme pour une œuvre d'art, fait partie de la poésie essentielle du monde naturel. Ce qui est illimité dans la nature est ce qui, dans son ampleur même, demeure ultimement insaisissable. Le sentiment de terreur est dès lors le sentiment approprié face à un processus naturel qui dépasse notre pouvoir et nous confronte à une force écrasante, comprise comme résultant ultimement du déploiement d'une technologie scientifique où les hommes sont devenus les victimes de leurs propres actions.

Mais, demandera-t-on, comment éprouver, dans de telles conditions, un quelconque plaisir esthétique ? La chose est en effet impossible si du moins nous pensons qu'il est nécessaire de contrôler ultimement la nature en l'objectivant et en l'offrant à notre contemplation. Mais si le sublime devient notre modèle et si nous reconnaissons l'unité du monde naturel, alors nous devons ménager une place à cette qualité particulière de notre expérience, laquelle devient centrale dans tous les cas où l'appréciation esthétique constitue le mode selon lequel nous nous rapportons primordialement au monde naturel. Ces expériences-là sont celles où s'atteste une acuité sensorielle particulière, où se réalise une union perceptive entre la nature et l'homme, où se vit un ajustement de la conscience et de la compréhension avec leur objet, où s'éprouve un sentiment de participation mêlée à l'admiration et à l'humilité, où l'attention se concentre sur l'expérience dans son immédiateté et son caractère direct. En percevant l'environnement pour ainsi dire de l'intérieur, non pas en jetant un regard *sur* lui mais en étant présent *en* lui, la nature devient quelque chose de très différent. Elle se transforme en un domaine dans lequel nous vivons non pas au titre de spectateurs mais au titre de participants[1]. Il en résulte, non pas une sorte d'épuisement du rapport esthétique ou une confusion de l'esthétique avec le monde dans lequel nous vivons et agissons, pour le dire à la manière des théoriciens du XVIIIe siècle, mais un renouvellement de l'esthétique dans le cadre d'une expérience d'un autre genre.

Il suit également de ce que nous venons de dire que nous n'avons aucune raison de limiter cette expérience esthétique aux circonstances extraordinaires que Kant mentionne où la nature dans son incommensurabilité ultime se déchaîne : là où se donnent à voir les masses noires de grands nuages accompagnés de coups de tonnerre, d'éclairs et de foudre, là où soufflent de puissants ouragans, où fulminent des chutes d'eau vertigineuses, où le regard se perd dans l'illimité ou dans la considération de la voûte infinie du ciel étoilé, où le tumulte écrasant de l'océan est proprement assourdissant[2]. Il n'est pas douteux que ce soient là des occasions privilégiées de faire l'expérience du sublime; Kant lui-même reconnaît que la sublimité de ces phénomènes est saisie par les sens, non pas en vertu d'un processus de compréhension intellectuelle,

---

1. Je dois me contenter ici de mentionner cette idée sans pouvoir la justifier comme il conviendrait de le faire. Pour un développement, voir *Art and engagement*, *op. cit.*, chap. 3 et 4.
2. E. Kant, *Critique de la faculté de juger*, § 26, 28 et 29.

mais du seul fait de l'impression puissante qu'ils exercent et de l'échelle extraordinaire à laquelle ils se produisent. Nul ne peut se tenir à distance de tels événements car l'épreuve que nous faisons de notre propre vulnérabilité joue un rôle déterminant dans l'expérience esthétique. Le souci de notre survie et de notre sécurité supplante nettement la dimension esthétique lorsqu'un danger réel menace, mais le fait que nous soyons personnellement impliqués dans la situation ajoute quelque chose à son intensité perceptive. Le belvédère du clocher d'une cathédrale ou d'un gratte-ciel, une promenade aménagée contre laquelle les vagues d'une tempête se brisent, une colline sous un orage électrique, mêlent un soupçon de peur à l'intensité qualitative de la perception esthétique, ajoutant ainsi du piment à l'expérience.

Mais ces circonstances extraordinaires n'épuisent pas toutes les possibilités d'engagement dans le monde naturel. Il en est aussi de beaucoup plus ordinaires, telles que faire du canoë-kayak sur une rivière serpentine lorsque, par une paisible soirée, l'eau reflète distinctement les arbres et les rochers le long des berges, comme pour attirer le pagayeur au milieu d'un monde en six dimensions ; ou camper sous la silhouette noire des pins se détachant d'un ciel nocturne ; ou se promener dans l'herbe haute d'un pré isolé dont les bords deviennent les limites de la Terre. L'empreinte esthétique de tous ces moments ne relève pas d'une contemplation désintéressée mais d'un engagement total, d'une immersion sensorielle dans le monde naturel qui rejoint l'expérience rare de l'union. Accompagnée d'une conscience perceptive aiguë et renforcée par le sentiment de compréhension des connaissances acquises, ces occasions peuvent devenir des sommets de clarté dans un monde nuageux, des moments forts dans la vie ternie par l'habitude et le mépris défensif.

L'esthétique de l'engagement ne promeut donc pas unilatéralement le concept du sublime, car la considération de la beauté naturelle remplit le même office pour peu que nous soyons parvenus à nous libérer des exigences formalistes réclamant la mesure et l'ordre. Car, n'en déplaise aux représentations que l'on a pu en donner, la nature ne se laisse pas « encadrer » : nous pouvons prendre tout autant de plaisir esthétique en considérant sa profusion et sa continuité, que nous avons appris à en prendre en considérant sa symétrie et sa régularité. L'attrait qu'exerce la prolifération d'un cornouiller ou d'un bosquet d'ancolies sauvages sur le sol d'une forêt ne réside pas dans le libre jeu de la seule imagination, comme Kant le prétend, mais dans la couleur, la forme, la simplicité poignante, la délicatesse et, plus que tout, dans sa gratuité et sa profusion [1]. L'ordre formel est une source de satisfaction esthétique, et non pas la condition *sine qua non* de la beauté. Une partie de l'appréciation de la beauté naturelle est liée à la fascination pour la complexité du détail, la subtilité de ton, la variété infinie, et le plaisir imaginatif que nous prenons à considérer ce que l'on pourrait appeler, s'il s'agissait d'un artefact humain, une merveilleuse invention – tout ceci entre dans le cadre d'un contexte environnemental avec lequel, en tant que participants, nous sommes en continuité. C'est en renonçant aux exigences de l'objectivation et de l'ordre que nous pouvons découvrir aussi bien la beauté d'un ruisseau ondulant ou des langues de feu qui se tordent dans l'âtre, pour citer des exemples de Kant, que la beauté d'un tableau de Van Ruisdael ou de Hobbema.

---

1. E. Kant, *Critique de la faculté de juger, op. cit.*, § 22.

UNE ESTHÉTIQUE POUR LA NATURE ET L'ART

L'engagement est la direction dans laquelle l'esthétique de la nature peut nous orienter. Toutefois, le fait d'adopter une esthétique participative ne transforme pas seulement notre appréciation de la nature mais plus généralement la nature même de notre appréciation. Car il existe une autre alternative aux stratégies d'assimilation de la beauté naturelle à l'art ou au fait d'élaborer pour chacun des doctrines distinctes : l'esthétique de la nature peut servir de modèle à l'appréciation de l'art.

La continuité et l'immersion perceptive constituent des conditions de notre expérience de l'art comme de celle de la nature. Par exemple, la sculpture, lorsqu'elle revêt la forme de celles que crée l'art environnemental, bien loin de se prêter parfaitement aux analyses de l'esthétique traditionnelle, contredit directement ses conventions, et apporte par conséquent une confirmation à la thèse selon laquelle l'engagement esthétique peut trouver une application en art. Le lien entre les œuvres et leur site est en effet au centre de l'art environnemental. Le type d'appréciation qu'appellent ces œuvres, analogue dans une certaine mesure à l'appréciation des jardins à l'anglaise au cours du XVII e et XVIII e siècles, suppose que le lien que l'observateur tisse avec elles passe non seulement par les significations et les associations qu'elles évoquent, mais aussi par l'environnement dans lequel elles sont situées. Ici l'art et la nature se rejoignent par les liens que ces œuvres entretiennent avec leur site et avec ceux qui les observent. En outre, ni le site ni l'observateur n'ont de limites bien précises ; l'un et l'autre s'entremêlent pour former une seule expérience globale.

De même, l'art et la nature peuvent tous deux présenter un certain degré d'ordre. Le fait de tenir le design pour l'activité artistique par excellence constitue de ce point de vue une erreur, car le travail de mise en forme (le design) n'est jamais qu'une explication génétique de l'ordre susceptible d'être rencontré en art, dont on aurait tort de penser qu'il peut être universalisé. En outre, nous ne sommes pas tenus d'adopter une approche de type kantien consistant à suspendre l'appréciation esthétique de la nature à la découverte de l'ordre qui y règne. Bien que l'on retrouve autant de structure formelle dans un cristal de quartz ou une étoile de mer que dans la symétrie du Taj Mahal et dans celle de la cathédrale Notre-Dame de Paris, l'art, tout comme la nature, a sa part de désordre délibéré. Il est possible de trouver tout autant de désordre dans les mouvements d'ouverture des célèbres Toccatas en do majeur et do mineur pour orgue de Bach ou dans les œuvres vocales de Debussy, que dans la courbe irrégulière d'une plage ou la dissémination des marguerites dans un champ.

Plus avant, ce qui rapproche l'un de l'autre la beauté naturelle et l'art tient aux nombreux traits communs que partagent nos manières de nous y rapporter et d'y réagir : tous deux s'offrent à être expérimentés sur le plan perceptif, tous deux s'offrent à être appréciés sur le plan esthétique et, plus précisément encore, tous deux permettent d'établir des relations réciproques avec le spectateur, en conduisant ce dernier à réaliser avec l'œuvre qu'il observe une situation perceptive unifiée. Une telle appréciation se distingue radicalement de l'esthétique du désintéressement développée au XVIIIᵉ siècle. Il s'agit d'une *esthétique de l'engagement*, et c'est une esthétique de ce genre que l'appréciation environnementale promeut tout particulièrement [1]. L'application d'un tel modèle

---

1. Les indications qui suivent ne peuvent suffire à justifier pleinement l'extension du modèle de l'appréciation environnementale à l'art. Pour un développement en ce sens, voir *The Aesthetics of Environment*, *op. cit.*, p. 145-159.

à l'appréciation de l'art conduirait à modifier sur de nombreux points l'approche qui y est généralement défendue, et permettrait également de résoudre bien des problèmes découlant de l'adoption de formes distinctes d'appréciation pour la nature et pour l'art.

Terry Diffey soulève à ce propos quelques questions intéressantes, dont l'une a trait à l'appréciation de la beauté de l'être aimé. Cette dernière peut être considérée comme un aspect de la beauté naturelle s'attachant à la personne humaine, dont la particularité tient à ce qu'elle est peu dissociable du désir sexuel, sous une forme plus ou moins précise[1]. L'appréciation n'est alors guère désintéressée. La tradition esthétique a d'ailleurs toujours eu des difficultés à accueillir ce sens de la beauté, car, comme Platon le fait observer dans l'*Hippias majeur*, ce qui est beau ne se limite pas à ce que peuvent saisir les sens distants de la vue et de l'ouïe, comme si les sensations que procurent les relations sexuelles devaient nécessairement en être exclues[2]. Devons-nous alors nous résoudre, à la suite de Platon, à renoncer à parler de « beauté » dans ce cas, tout en reconnaissant que les sensations en question procurent du plaisir ? Oui, de toute évidence, si nous défendons une esthétique de la contemplation désintéressée ; non, si nous défendons une esthétique de l'engagement.

Dans cette dernière perspective, il conviendra alors de faire remarquer que la beauté de l'être désiré ne réside pas dans sa possession, laquelle n'est jamais en elle-même une

---

1. Voir T. Diffey, art. cit. Parler de beauté « naturelle » est ici, comme partout, une expression impropre. Comme pour toutes les formes de la nature, la beauté humaine est une construction humaine, culturelle ; pas seulement un ensemble de techniques d'amélioration physiques mais une sélection de modèles de corps désirables, de physionomies, de personnalités, de comportements, etc.

2. Voir Platon, *Hippias majeur*, 298d-e. (N.d.T.)

valeur intrinsèque. Elle ne réside pas non plus dans l'excitation, laquelle est par essence de type auto-érotique, ou dans l'idéalisation de l'être aimé, laquelle constitue une forme d'objectivation. Apprécier cette beauté telle qu'elle est en elle-même implique de reconnaître sa valeur inhérente primordiale – valeur qui a trait aux caractéristiques sensorielles et perceptives de la situation dans laquelle se trouve plongé le sujet de l'expérience (qui est tout sauf désintéressé). Bref, l'appréciation de la beauté de l'être désiré requiert un engagement spécifique du sujet qui effectue l'appréciation[1]. Il en va ici de la sexualité comme de nombreuses autres valeurs humaines : ni sa réduction au plan du biologique ni sa sublimation au plan de l'idéal ne lui rend pleinement justice. L'appréciation de la beauté de l'être aimé à travers le désir sexuel se situe à mi-chemin des deux, où le biologique et l'idéal se renforcent l'un l'autre pour conférer à l'expérience sa pleine dimension humaine. C'est à cette intrication de multiples dimensions qu'une esthétique engagée s'efforce de se rendre attentive, ce qui lui permet de reconnaître dans l'amour sensuel une forme de la sensibilité à la beauté.

Mais la nature peut-elle révéler la transcendance comme l'art en est capable ? À l'instar de la beauté appréhendée à travers le désir sexuel, il convient ici de ne pas perdre de vue le caractère esthétique de la situation vécue. Il y a une façon de s'ébattre dans la nature ou de communier avec elle en visant le suprasensible qui est oublieuse de la dimension proprement esthétique de l'expérience. Le risque est ici de sacrifier l'expérience esthétique (de l'objet naturel ou de l'œuvre d'art) à la transcendance mystique. La nature ou l'art

---

1. Voir A. Berleant, « The Sensuous and the Sensual in Aesthetics », *The Journal of Aesthetics and Art Criticism*, 1964, n°23, p. 185-192 [repris dans *Re-Thinking Aesthetics*, *op. cit.*, p. 73-82].

devient alors un simple instrument permettant de réaliser cette communion. Moyennant quoi sont méconnues à la fois l'originalité de l'expérience esthétique, et l'importance déterminante de la nature et de l'art comme composantes nécessaires de toute situation esthétique.

Mais, sur un point précis, comme l'ont fort bien reconnu William Wordsworth et quelques autres poètes, il y a quelque chose d'analogue entre la nature et l'art. Il se pourrait que cela tienne, comme le suggère Terry Diffey, à ce que l'un et l'autre ménagent la possibilité d'une expérience du sublime, mais j'ai le sentiment que les termes de « beauté » et de « sublime » exigent une redéfinition radicale, afin de ne plus associer le premier aux objets et le second à la transcendance. Il se pourrait que la vérité approchée par la transcendance réside dans la qualité de l'union avec la nature que promeut l'engagement esthétique. L'épreuve que nous faisons de notre continuité en tant qu'être humain avec les formes dynamiques et les processus du monde naturel est un facteur central dans l'appréciation esthétique de la nature, et le sentiment d'admiration qui nous affecte alors est une façon d'être touché par le sublime. Il n'y a plus de transcendance qui tienne : le sentiment du numineux continue d'être éprouvé en toute immanence dans la relation que nous parvenons parfois à soutenir avec la nature ou avec l'art, laquelle porte à son plus haut degré d'accomplissement l'engagement esthétique.

Plus rien ne distingue alors ce que nous saisissons dans les endroits les plus reculés de la nature sauvage et ce qui se propose à notre appréciation en revêtant les formes les plus raffinées. Les environnements où l'art et la nature sont délibérément confondus – tels que les jardins – illustrent fort bien le sentiment de continuité avec la nature que peut évoquer une esthétique naturelle. Ici les formes culturelles et les traditions servent de point d'appui à la réalisation d'une unité entre l'art et la nature, comme elles servent de point d'appui au développement des diverses modalités selon lesquelles une telle unité peut se réaliser, car il y a bien des différences entre un jardin japonais et un jardin à la française, bien des différences entre les divers mondes que ces cultures engendrent. Cette union de l'art et de la nature, qui a été délibérément encouragée au cours des XVIIe et XVIIIe siècles, est demeurée à l'ordre du jour en art, et pas seulement dans le domaine de l'art environnemental moderne. L'architecture et l'urbanisme modernes témoignent aussi pour leur part de la même volonté de fusionner l'art et la nature, sous la forme de la sensibilité que les architectes manifestent au site, ou sous la forme de l'attention que les urbanistes prêtent aux caractéristiques géomorphologiques et géographiques du territoire. Une seule et même esthétique s'applique à la nature et à l'art car, en dernière analyse, elles sont toutes deux des constructions culturelles : nous ne parlons donc pas de deux choses, mais bien d'une seule.

L'esthétique de l'engagement embrasse tout à la fois l'art et la nature, moyennant quoi elle remplit l'emploi qu'on lui destinait : à savoir, résoudre plus de problèmes qu'elle n'en crée. De plus, l'esthétique de l'engagement n'offre pas seulement un avantage théorique ; elle ouvre des domaines de l'expérience demeurés jusqu'ici inaccessibles à l'appréciation esthétique du fait de l'exclusion dont ils faisaient l'objet dans le cadre des autres théories. En étendant les modalités d'appréciation de la nature à toutes les manifestations culturelles, la totalité du monde sensible se trouve inclus dans le champ de l'esthétique. Cela ne rend pas vraiment le monde plus beau qu'il ne l'était. L'opportunité nous est tout de même donnée par là de mieux voir avec quel mauvais goût la plupart des activités industrielles et commerciales de ce siècle ont été poursuivies. Mais si l'environnement, c'est-à-dire la nature telle que nous la vivons, peut posséder une valeur esthétique, alors il y a un fondement sur la base duquel les actions qui ignorent ou nient cette valeur peuvent être condamnées. Une esthétique universelle est par conséquent une esthétique de l'univers ; nous savons par là même vers quel objectif doivent tendre tous nos efforts, et en fonction de quels critères évaluer notre réussite éventuelle.

MODÈLES ALTERNATIFS

INTRODUCTION

En 1859, à la barre de son premier bateau pour parcourir le Mississippi, le jeune Samuel Clemens, alias Mark Twain, fait une expérience tout à fait remarquable dont le récit attirera à maintes reprises l'attention des théoriciens d'esthétique environnementale.

« La surface de l'eau », écrit Mark Twain, « avec le temps, devint pour moi un livre merveilleux – un livre écrit dans une langue morte pour le passager ignorant, mais qui me confiait ses pensées sans aucune réserve, et me livrait ses secrets les plus chers aussi clairement que s'il les disait à haute voix. (…) Nul homme n'avait jamais écrit un livre plus merveilleux, un livre dont l'intérêt était si prenant, si inépuisable, si brillamment renouvelé à chaque relecture. Le passager qui n'était pas capable de le lire était charmé par une espèce particulière de petite ondulation à sa surface (…), là où pour un regard entraîné il n'y a absolument aucune image de ce genre, mais plutôt les choses les plus sinistres et les plus sérieuses du monde ». Se félicitant d'avoir enfin appris à maîtriser le langage de cette eau et d'en être venu à connaître chaque infime caractéristique des rives du grand fleuve, il découvre néanmoins que cette acquisition de grande valeur a une contrepartie des plus dommageables en ce qu'il a « perdu quelque chose ». « J'avais perdu quelque chose que je ne pourrais plus retrouver, jamais, tant que je vivrais. Toute la grâce, la beauté, la poésie avaient abandonné ce fleuve majestueux ! (...) Tout le romanesque et toute la beauté avaient abandonné le fleuve. L'unique valeur que chacune de ses particularités représentait pour moi, désormais, c'était le degré d'utilité qu'elle pouvait avoir pour réussir à piloter un vapeur en toute sécurité »[1].

Mark Twain, dans ce passage, suggère assez clairement que les deux types d'expérience du fleuve – celle du passager ignorant qui contemple d'un point de vue esthétique le spectacle de la nature, et celle du pilote aguerri qui a appris à connaître le langage de cette eau – sont mutuellement incompatibles. Tout se passe comme si l'approche esthétique et l'approche cognitive étaient exclusives l'une de l'autre, les propriétés esthétique de la nature (sa grâce, sa beauté, sa poésie) ne pouvant être appréhendées que par celui qui n'a nulle compréhension de ce dont il fait l'expérience.

Pareille page ne pouvait manquer d'intriguer le principal théoricien de l'esthétique environnementale cognitive – à savoir, Allen Carlson[2]. Dans un article intitulé « Understanding and Aesthetic Experience »[3], il analyse patiemment cette

---

1. M. Twain, *La vie sur le Mississippi*, trad. fr. B. Blanc, Paris, Payot, 1992, vol. 1, p. 127-130.

2. Parmi les autres auteurs majeurs du courant d'esthétique environnementale qui se sont intéressés à l'expérience décrite par Twain, voir A. Berleant, *Aesthetics and Environment : Variations on a Theme*, Aldershot, Ashgate, 2005, p. 64, G. Parsons, *Aesthetics and Nature*, Londres, Continuum, 2008, p. 61, Y. Saito, « Appreciating Nature on Its Own Terms », dans A. Carlson, A. Berleant (dir.), *The Aesthetics of Natural Environments*, Peterborough, Broadview Press, 2004, p. 148, R. Moore, « Appreciating Natural Beauty as Natural », *ibid.*, p. 223, Y. Sepänmaa, « Environmental Stories : Speaking and Writing Nature », *ibid.*, p. 283, et dernièrement S. Shapshay, « Contemporary Environmental Aesthetics and the Neglect of the Sublime », *British Journal of Aesthetics*, 2013, n°53, p. 191.

3. Repris dans A. Carlson, *Aesthetics and the Environment : The Appreciation of Nature, Art and Architecture*, Londres, Routledge, 2000, p. 16-27.

expérience en soulignant d'emblée qu'à aucun moment l'expérience esthétique du fleuve n'est à proprement parler indépendante de toute forme de connaissance, mais qu'il en va bien plutôt ici d'un changement de registre cognitif. En effet, Twain indique qu'à défaut de connaître le langage du fleuve, le passager ignorant ne peut rien voir d'autre des « jolies images à la surface, peintes par le soleil et ombrées par les nuages »[1]. Toutefois, le compte rendu qu'il propose de l'expérience esthétique d'un coucher de soleil miroitant sur la surface de l'eau effectuée à une époque où il n'était pas encore capable de lire le livre de la nature révèle que cette expérience est bien plus raffinée qu'il ne veut le dire, et qu'elle ne se ramène pas à la simple appréhension de « jolies images ». Il s'agit de l'expérience d'une beauté « ensorcelante », qu'il admire « dans un ravissement silencieux ». Deux genres de choses frappent particulièrement son attention : tout d'abord, des « merveilles de couleurs », telles que le rouge sang du fleuve, l'or des rayons du soleil, le noir des troncs solitaires flottant à la surface, l'opale de l'écume ; puis, ce que l'on pourrait appeler des « merveilles de formes », telles qu'une longue ligne oblique brillant sur l'eau, les cercles bouillonnants et tourbillonnants, « une zone lisse couverte de ronds gracieux et de lignes qui rayonnaient, le tout dessiné avec beaucoup de délicatesse »[2].

L'expérience esthétique qu'il effectue résulte donc de la combinaison des formes, des lignes et des couleurs, et atteste, jusque dans la façon dont elle s'exprime, que le sujet de l'expérience dispose non seulement d'une certaine culture artistique, mais encore d'une conception de l'art selon laquelle une œuvre vise essentiellement à produire des émotions esthétiques en vertu de ses qualités formelles. Le regard du

1. M. Twain, *La vie sur le Mississippi*, *op. cit.*, p. 128.
2. *Ibid.*, p. 129.

« spectateur ignorant », en l'occurrence, est déjà un « regard entraîné ». Mais pourquoi cette expérience qui est manifestement déjà d'ordre cognitif cesse-t-elle de produire une émotion esthétique lorsqu'elle s'accompagne de la compréhension de la signification de chacun des phénomènes observés (le soleil signifie que le vent soufflera demain ; le tronc flottant prouve que le fleuve monte ; la ligne oblique sur l'eau révèle un rocher accore qui, s'il continue à s'étendre, menace de démolir le vapeur du pilote inattentif ; les bouillonnements signifient qu'un déplacement de lit s'est produit à tel endroit, etc.) ? Est-ce parce que l'intérêt qui conduit le batelier du Mississipi à considérer le fleuve dans une perspective strictement pragmatique interfère avec l'expérience esthétique, allant jusqu'à détruire même la possibilité de cette expérience ?

A en croire le récit de Mark Twain, lequel s'achève sur l'évocation du « degré d'utilité » que les particularités du fleuve représentaient désormais exclusivement à ses yeux pour réussir à piloter un vapeur « en toute sécurité », c'est bien à une disjonction de ce genre que nous aurions affaire. Mais, ne nous y trompons pas, insiste Allen Carlson : cette dernière nous instruit moins sur la nature de l'expérience esthétique en tant que telle que sur le type d'état d'esprit requis de la part d'un pilote de vapeur pour effectuer correctement la tâche qui est la sienne. Le récit de Twain, assure Carlson, n'a pas d'autre portée que celle d'une simple « observation empirique », sans prétention conceptuelle ou théorique [1].

Il se pourrait toutefois que Carlson écarte un peu vite la possibilité d'un conflit entre l'approche cognitive et l'appréciation esthétique de la nature, et qu'il ait tort de rabattre sur le seul plan de la psychologie du « pilote de vapeur »

1. A. Carlson, « Appreciating Art and Appreciating Nature », art. cit., p. 26.

l'incompatibilité vécue entre le « ravissement silencieux » et la compréhension des phénomènes naturels. Tout l'intérêt du récit de Twain tient précisément à ce qu'il semble indiquer l'existence d'un point de rupture entre ces deux types de rapport au monde, lequel se laisse d'autant moins aisément déterminer qu'il ne s'agit pas d'une rupture entre deux attitudes fondamentalement distinctes, car, comme le montre de manière convaincante Carlson, l'une et l'autre constituent, chacune à sa manière, des attitudes cognitives. Le modèle que propose Carlson, quelque mauvais gré qu'il ait à l'admettre, semble autoriser et même appeler l'élaboration de modèles alternatifs, complémentaires ou rivaux.

C'est à cette tâche que se sont employés les auteurs des textes réunis dans cette section, dont les diverses propositions théoriques ne sont pleinement intelligibles qu'en relation avec celles qu'Allen Carlson a pu avancer au cours de sa carrière. La discussion, la contestation et la critique du modèle cognitif de ce dernier ont assurément joué en esthétique environnementale un rôle déterminant, comme le reconnaît explicitement Noël Carroll dès les lignes d'ouverture de l'article dont l'on trouvera une traduction ci-après. Tout en reconnaissant la vérité de la thèse centrale selon les connaissances scientifiques sur la nature influencent de manière décisive la formation du jugement esthétique, Carroll s'efforce de résister à la prétention à l'exclusivité de ce modèle en faisant valoir la légitimité d'une modalité alternative d'appréciation de la nature, fondée sur les réactions émotionnelles, « de type moins cérébral et plus viscéral », lesquelles consistent à « être affecté par la nature ». L'appréciation de la nature, dit-il, peut passer par une certaine façon de s'ouvrir aux stimulations sensorielles qui nous parviennent, et par l'état émotionnel dans lequel nous met le seul fait d'être en sa présence, tel que le fait de se tenir à proximité d'une chute d'eau rugissante et d'être impressionné par sa puissance, ou le fait de marcher pieds nus sous une tonnelle silencieuse, délicatement tapissée de couches de feuilles mortes, en éprouvant un sentiment de quiétude et de bien-être.

Il ne s'agit certes pas de dire, pour Carroll, que les émotions que nous inspire la nature ne sont pas d'ordre cognitif, puisque, au contraire, l'auteur défend, ici comme ailleurs [1], la théorie selon laquelle les émotions comportent toujours en tant que telles une composante cognitive, leur conférant une valeur de vérité, mais qu'il n'est pas du tout établi que ces émotions s'enracinent dans les démarches cognitives du type de celles qui sont mises en œuvre en histoire naturelle. Si l'on tient pour valide l'hypothèse fondatrice de l'esthétique évolutionniste [2] – selon laquelle l'origine de l'expérience esthétique de l'environnement naturel renvoie aux rapports tissés avec ce dernier par l'humanité au cours de sa longue évolution, par transfert au plan esthétique des mécanismes de survie qui ont cessé d'avoir un but utilitaire –, alors il devient possible de lier certaines émotions caractéristiques à la perception (et donc : à la connaissance) de certaines propriétés du paysage : ainsi, le paysage expérimenté comme un espace ouvert propice à la surveillance suscitera

---

1. N. Carroll est l'une des figures majeures de l'esthétique nord-américaine, et a été l'un des auteurs les plus prolifiques depuis le début des années 1970. Il est l'auteur de plus d'une quinzaine de livres et d'une centaine d'articles, abordant les thèmes les plus divers, de l'esthétique du cinéma à la littérature populaire en passant par les films d'horreur, les comédies de Buster Keaton et la danse. Voir notamment ses deux recueils d'articles, *Beyond Aesthetics : Philosophical Essays*, Cambridge, Cambridge University Press, 2001, et *Art in Three Dimensions*, Oxford, Oxford University Press, 2010.

2. J. Appleton, dont les travaux sont abondamment cités par N. Carroll dans l'article traduit dans ce volume, est généralement tenu pour le père de l'esthétique évolutionniste à l'époque contemporaine. Sur ce courant de pensée, voir notamment E. Voland, K. Grammer (dir.), *Evolutionary Aesthetics*, Berlin, Springer, 2010.

naturellement un sentiment de sérénité ; ainsi encore la tonnelle sous laquelle se tient un promeneur inspirera naturellement un sentiment de quiétude et de bien-être en tant que la tonnelle est vécue comme offrant un refuge potentiel. En pareil cas, l'expérience esthétique est une expérience cognitive, mais la connaissance mobilisée ne doit rien à une compréhension scientifique – et ne doit pas davantage, ajoute Carroll, être interprétée comme une forme résiduelle de sensibilité religieuse.

Le tort du modèle environnemental naturel de Carlson, pourrait-on dire, est de favoriser le jugement, éclairé par la connaissance de la science, au détriment de l'expérience elle-même, et notamment de sa composante émotive, en ramenant du même coup l'esthétique environnementale à une affaire de spécialistes. En effet, la rigueur propre à toute démarche scientifique, la précision de l'observation, détaillée et consciente, la masse d'informations requises, font du jugement esthétique une expérience complexe, laquelle n'est assurément pas le produit de l'expérience esthétique « courante et spontanée », plus « commune » et plus « traditionnelle », à la faveur de laquelle la nature est pourtant universellement considérée comme belle par l'immense majorité de ses admirateurs.

La critique à laquelle le philosophe néo-zélandais Stan Godlovitch soumet le modèle cognitif de Carlson, dans le second texte de cette section, se veut peut-être plus subversive encore en ce qu'elle suggère que son esthétique environnementale n'est précisément pas autre chose qu'une esthétique de l'environnement et non pas une esthétique de la nature, ne proposant, sous couvert de l'autorité de la science, qu'une représentation anthropocentrique de la nature. L'expression même d'« environnement naturel » (*natural environment*), qu'emploie systématiquement Carlson, est de ce point de vue révélatrice : de fait, il n'est question, chez lui, que d'espaces fortement anthropisés (jardins japonais, œuvres du *Land Art*, édifices architecturaux, etc.), que de sites à forte valeur culturelle, beaucoup plus proches qu'il n'est disposé à l'admettre des « paysages » dont il se méfie pourtant. L'environnement est toujours, littéralement, « ce qui est alentour », alentour d'un centre, alentour de celui qui perçoit.

Retrouvant l'inspiration de la métaphysique de la *deep ecology* d'Arne Naess[1], Stan Godlovitch prône un modèle « acentrique » consistant à évincer, dans le cadre du jugement esthétique, la référence à un sujet supposé central et à l'appareil de perception sensoriel qui est le sien afin d'appréhender la nature telle qu'elle est en elle-même dans sa totalité, et non pas simplement telle qu'elle est susceptible d'être perçue ou conçue en vertu des délimitations spatiales et théoriques arbitraires qui lui sont imposées. Contrairement à ce que pense Carlson, il n'est pas du tout sûr que la science parvienne à surmonter de telles limitations théoriques, car elle n'est jamais elle-même, considérée comme formation d'un ensemble de connaissances historiquement datables offertes à une révision permanente, qu'une manière parmi d'autre d'« encadrer » artificiellement la nature en la mettant à la portée de l'homme. Et quand bien même il apparaîtrait, après coup, que notre appréciation d'un phénomène naturel prenait appui sur une théorie scientifique erronée, cesserons-nous pour autant de nous émerveiller ? La chose est aussi peu probable que souhaitable.

---

1. Pour une présentation cursive de la *deep ecology*, voir H.-S. Afeissa, *Qu'est-ce que l'écologie ?*, Paris, Vrin, 2009, p. 62-67. Sur les implications esthétiques de la *deep ecology*, voir T. Lynch, « Deep Ecology as an Aesthetic Movement », *Environmental Values*, 1996, n°5, p. 147-160, et B. Carruthers, « Call and Response : Deep Aesthetics and the Heart of the World », *in* S. Bergmann, I. Blindow, K. Ott (dir.), *Aest/Ethics in Environmental Change*, München, LIT Verlag, 2013, p. 131-142

Si la référence aux émotions éprouvées par le spectateur ne paraît pas davantage conforme aux exigences d'un acentrisme pleinement réalisé dans la mesure où leur capacité à s'affranchir des limites de l'échelle de perception humaine n'est pas démontrée, quelle autre option demeure ouverte pour réussir à appréhender la nature dans sa totalité – non pas au moyen d'une *représentation* anthropocentrique, découpée et statique de la nature (comme *natura naturata*), mais à la faveur d'une *présentation* de la nature considérée dans son dynamisme, son autonomie et son illimitation (comme *natura naturans*)[1]? Le modèle acentrique de Godlovitch, ne permettant pas l'utilisation de schèmes de perception relatifs à l'homme, science incluse, ne peut que solliciter les ressources d'une expérience qu'il appelle lui-même « mystique », en ce qu'elle renvoie à une indétermination et à une altérité pure, innommable, correspondant à une forme radicale du sublime. La nature apparaît alors comme informe, mystérieuse, sauvage, terrifiante, extérieure à l'homme, échappant aux prises de la connaissance et de l'affection, et ne pouvant dès lors être appréhendée comme telle qu'à la condition de la laisser être ce qu'elle est et de se rapporter à elle selon son mode même d'existence – celui que Godlovitch nomme, de manière quelque peu énigmatique, le « détachement » (*aloofness*).

À la réflexion, il apparaît toutefois que le « modèle du mystère » de Godlovitch soulève deux types de problèmes qui sont tous deux liés au refus principiel de se référer à un point de vue privilégié. Sur le plan épistémologique, s'ensuit-il de la thèse de la relativité des qualités esthétiques à l'appareil de perception humain que ces qualités n'existent pas, que les

---

1. Nous suivons les distinctions éclairantes que propose L. Fel, *L'esthétique verte. De la représentation à la présentation de la nature*, Seyssel, Champ Vallon, 2009, ainsi que les commentaires dédiés au modèle de Godlovitch, p. 276-280.

jugements fondés sur elles sont inappropriés, et que toutes les perspectives se valent ? N'y a-t-il aucun sens à reconnaître que, compte tenu du genre d'êtres que nous sommes et compte tenu des buts légitimes de l'appréciation esthétique, certains choix de perspective, d'échelle et d'appréhension sont préférables à d'autres [1] ? Sur le plan éthique, il faut se demander si la thèse, que semble impliquer l'acentrisme de Godlovitch, selon laquelle tout dans la nature est susceptible d'être apprécié sur le plan esthétique pour peu qu'on l'appréhende dans une perspective globale – thèse caractéristique de ce qui a été appelé le « positivisme esthétique » –, est pleinement recevable, car, comme le note Yuriko Saito dans le troisième article de cette section, certains phénomènes naturels dangereux, tels qu'une éruption volcanique ou un tremblement de terre, nous submergent, rendant non seulement très difficile, mais peut-être aussi fondamentalement indésirable toute appréciation esthétique. Quand bien même nous serions capables de le faire, la question reste en effet entière de savoir si nous devrions le vouloir dans la mesure où les phénomènes naturels considérés se révèlent particulièrement destructeurs en termes de vie humaine.

Il est remarquable que cette critique vaut également, *mutatis mutandis*, à l'encontre du modèle cognitif de Carlson que Yuriko Saito propose de rectifier ou de compléter sur plusieurs points. Car si Saito partage avec Carlson la thèse générale selon laquelle une appréciation esthétique appropriée de la nature exige que l'on apprenne à l'apprécier « selon ses propres termes » [2], ou, comme elle le dit ici-même, en ce que

---

1. Voir la critique qu'adresse en ce sens N. Hettinger aux propositions avancées par Godlovitch dans l'article traduit dans ce volume, p. 340-344.

2. Voir l'article de l'auteure, contemporain de celui qui figure dans ce volume, « Appreciating Nature on Its Own Terms », *Environmental Ethics*, 1998, n°20, p. 135-149.

« chaque partie de la nature revêt une valeur esthétique positive du fait de sa capacité à raconter une histoire », il importe de bien remarquer qu'à ses yeux la connaissance scientifique de l'origine, de l'histoire et de la fonction des entités naturelles, ne peut véritablement se mêler à l'appréciation de la nature de manière significative que *dans la mesure* où elle est ramenée sur le sol de l'expérience sensible qu'en fait le sujet.

Par exemple, la compréhension théorique que nous pouvons avoir du rôle au sein de l'écosystème des asticots dévorant le cadavre d'un élan ne peut pas suffire à offrir ce spectacle à une appréciation esthétique, pour la possibilité de laquelle est requise en complément la considération de *la façon dont* ce rôle s'illustre et s'exprime à travers toutes sortes de qualités sensibles. « Le drame de la vie, la lutte et la fugacité de l'existence, doivent faire l'objet d'une *représentation* sous la forme d'une composition visuelle, mais aussi sous la forme d'une composition olfactive à travers l'odeur et la texture du cadavre de l'animal en décomposition, sans oublier l'agitation des asticots ». Autrement dit, la compréhension théorique que nous avons du fonctionnement de l'écosystème entier, que la perception de la charogne et des asticots a mise en orbite, doit être « ramenée sur le sol » où s'offrent à nous ces différentes entités naturelles dans la plénitude de l'expérience polysensorielle que nous en faisons pour rendre possible une appréciation esthétique proprement dite. De manière corollaire, précisément parce que « dans le processus d'appréciation esthétique, nous remontons toujours, pour ainsi dire, de l'histoire scientifique au sensible », il est impossible de faire abstraction du sujet de l'expérience esthétique, du contexte culturel dans lequel il évolue, de l'éducation esthétique qu'il a reçue, des significations symboliques et littéraires dont une entité naturelle peut être chargée à ses yeux. Par conséquent, le critère d'appréciation cognitif défendu par Carlson se révèle insuffisant et demande à être complété par une « variété de critères » [1] empruntant à des registres très différents, dans le cadre d'une approche plurielle, qui tient compte de la richesse de la tradition folklorique, mythologique, religieuse et littéraire également constitutive de notre expérience de la nature.

L'article qui clôt cette section, écrit par Emily Brady, peut paraître, à certains égards assez proche de l'inspiration de celui de Yuriko Saito en raison de l'accent qu'il met sur le rôle de l'imagination au sein de toute appréciation esthétique de la nature et, par là même, sur l'importance du contexte culturel. Mais il s'en distingue en ceci qu'il accorde à l'imagination non pas seulement un statut auxiliaire ou une fonction complémentaire, mais un rôle déterminant dans le cadre d'une esthétique environnementale qui entend expressément rompre avec l'approche cognitive d'Allen Carlson. Emily Brady estime en effet que le modèle fondé sur la science est irrecevable dans la mesure où on ne voit pas en quoi la *connaissance scientifique* pourrait bien être essentielle pour l'appréciation des *qualités esthétiques* de la nature. Par conséquent, ce modèle demande à être, non pas amendé ou complété, mais purement et simplement écarté au bénéfice d'un autre, dans lequel l'appréciation esthétique repose sur la perception et l'imagination.

Mais comment l'imagination – cette « folle du logis » – pourrait-elle garantir à l'expérience esthétique une quelconque forme d'objectivité étant donné qu'elle se définit comme étant par excellence la faculté de l'arbitraire ? Si, comme le note Brady, « l'imagination conduit inévitablement à une expérience

1. Cette thèse est plus clairement défendue par Y. Saito dans « Is There a Correct Aesthetic Appreciation of Nature ? », *Journal of Aesthetic Education*, 1984, n°4, p. 35-46. A. Carlson lui a répondu longuement dans « Saito on the Correct Aesthetic Appreciation of Nature », *Journal of Aesthetic Education*, 1986, n°20, p. 85-93.

(…) imprévisible, (…) arbitraire, (…) fantaisiste », comment peut-elle « guider de façon appropriée l'appréciation esthétique de la nature » ? L'auteure va s'employer, de manière assez paradoxale, à « couper les ailes de l'imagination » afin de montrer que, si les différentes manières dont nous nous rapportons par l'imagination à la nature ne sont certes pas toutes également appropriées, il en est quelques-unes qui le sont incontestablement. Par exemple, l'imagination portée par un sentimentalisme à l'eau de rose constitue assurément un appauvrissement de l'appréciation de la nature : le fait de se représenter en imagination un agneau emmailloté dans les habits d'un nouveau né réussit sans doute à souligner l'innocence de cette créature, mais constitue une représentation niaisement sentimentale, laquelle, pour cette raison, est inappropriée. En revanche, il existe d'autres modalités d'exercice de l'imagination qui peuvent se révéler tout à fait pertinentes d'un point de vue esthétique. Brady propose de distinguer les modalités exploratrice, projective, ampliative et révélatrice de l'imagination, en indiquant à chaque fois de quelle manière le rôle joué par l'imagination permet de guider l'appréciation esthétique et de mettre au jour ce qu'elle n'hésite pas à appeler la « vérité esthétique » de l'objet naturel considéré.

Cette expression même, ainsi que le projet délibérément assumé par l'auteure de resserrer le spectre des réactions esthétiques légitimes à la nature pour discriminer entre celles qui sont appropriées et celles qui ne le sont pas, attestent, si besoin était, que l'ambition générale d'une esthétique environnementale cognitive – à savoir démontrer que l'appréciation esthétique de la nature est affaire d'objectivité – n'a nullement été abandonnée, et que seuls ses moyens ont été réévalués.

INDICATIONS BIBLIOGRAPHIQUES

BRADY Emily, « Don't Eat the Daisies : Disinterestedness and the Situated Aesthetic », *Environmental Values*, 1998, n°7, p. 97-114.

– « Aesthetic Character and Aesthetic Integrity in Environmental Conservation », *Environmental Ethics*, 2002, n°24, p. 75-91.

– « Aesthetics, Ethics and the Natural Environment », dans A. Berleant (dir.), *Environment and the Arts : Perspectives on Environmental Aesthetics*, Aldershot, Ashgate, 2002, p. 113-126.

– *Aesthetics of the Natural Environment*, Edinburgh, Edinburgh University Press, 2003.

– « The Aesthetics of Agricultural Landscapes and the Relationship Between Humans and Nature », *Ethics, Place and Environment*, 2006, n°9, p. 1-19.

– « Aesthetics in Practice : Valuing the Natural World », *Environmental Values*, 2006, n°15, p. 277-291.

– « The Human-Nature Relationship in Environmental Land Art », dans A. Sigurjónsdottir, D. P. Jónsson (dir.), *Art, Ethics and Environment*, Cambridge, Cambridge University Press, 2006, p. 85-105.

– « Aesthetic Regard for Nature in Environmental Art and Land Art », *Ethics, Place and Environment*, 2007, n°10, p. 287-300.

– « Ugliness and Nature », *Enrahonar : quaderns de filosofia*, 2010, n°45, p. 27-40.

– « Vers une véritable esthétique de l'environnement : l'élimination des frontières et des oppositions dans l'expérience esthétique du paysage », *Cosmopolitiques*, 2007, n°15, p. 65-76.

– « The Ugly Truth : Negative Aesthetics and Environment », dans A. O'Hear (dir.), *Philosophy and Environment*, Cambridge, Cambridge University Press, 2012, p. 83-100.

– *The Sublime in Modern Philosophy : Aesthetics, Ethics, and Nature*, Cambridge, Cambridge University Press, 2013.

CARLSON Allen, « Appreciating Godlovitch », *The Journal of Aesthetics and Art Criticism*, 1997, n°55, p. 55-57.

CARROLL Noël, « Emotion, Appreciation and Nature », dans *Beyond Aesthetics : Philosophical Essays*, Cambridge, Cambridge University Press, 2001, p. 384-394.

GODLOVITCH Stan, « Aesthetic Protectionism », *Journal of Applied Philosophy*, 1989, n°6, p. 171-180.

– « Ontology, Epistemic Access and the Sublime », *Iyyun : The Jerusalem Philosophical Quarterly*, 1995, n°44, p. 55-71.

– « Valuing Nature and the Autonomy of Natural Aesthetics », *British Journal of Aesthetics*, 1998, n°38, p. 180-197.

– « Evaluating Nature Aesthetically », *The Journal of Aesthetics and Art Criticism*, 1998, n°56, p. 113-125.

– « Some Theoretical Aspects of Environmental Aesthetics », *Journal of Aesthetic Education*, 1998, n°32, p. 17-26.

SAITO Yuriko, « Is There a Correct Appreciation of Nature ? », *Journal of Aesthetics Education*, 1984, n°18, p. 35-46.

– « Appreciating Nature on Its Own Terms », *Environmental Ethics*, 1998, n°20, p. 135-149.

– « Environmental Directions for Aesthetics and the Arts », dans A. Berleant (dir.), *Environment and the Arts : Perspectives on Environmental Aesthetics*, Aldershot, Ashgate, 2002, p. 171-185.

– « Environmental Aesthetics : Promises and Challenges », dans S. Knuuttila, E. Sevänen, R. Turunen (dir.), *Aesthetic Culture : Essays in Honour of Yrjö Sepänmaa on His Sixtieth Birthday*, Helsinki, Maahenki, 2005, p. 190-221.

– *Everyday Aesthetics*, Oxford, Oxford University Press, 2007.

– « The Role of Aesthetics in Civic Environmentalism », dans A. Berleant, A. Carlson (dir.), *The Aesthetics of Human Environment*, Peterborough, Broadview Press, 2007, p. 141-155.

– « Future Directions for Environmental Aesthetics », *Environmental Values*, 2010, n°19, p. 373-391.

Noël Carroll

ÊTRE AFFECTÉ PAR LA NATURE : ENTRE LA RELIGION ET L'HISTOIRE NATURELLE *

Introduction

Depuis vingt cinq ans, sous l'impulsion peut-être de l'article séminal si finement conçu de Ronald Hepburn intitulé « L'esthétique contemporaine et la négligence de la beauté naturelle » [1], l'intérêt philosophique pour l'appréciation esthétique de la nature n'a cessé de croître. Parmi les théories qui ont été élaborées au sein de ce domaine de recherche en évolution, l'une des plus cohérentes, des plus puissamment argumentées et des plus philosophiquement exigeantes a été développée par Allen Carlson dans de nombreux articles [2].

---

* Noël Carroll, « On Being Moved by Nature : Between Religion and Natural History », *in* S. Kemal, I. Gaskell (dir.), *Landscape, Natural Beauty and the Arts*, Cambridge, Cambridge University Press, 1993, p. 244-266. Texte traduit par H.-S. Afeissa.

1. R. W. Hepburn, « L'esthétique contemporaine et la négligence de la beauté naturelle », trad. fr. partielle dans ce volume p. 41-54.

2. Voir en particulier A. Carlson, « Appreciation and the Natural Environment », *Journal of Aesthetics and Art Criticism*, 1979, n° 37, p. 267-276, « Formal Qualities in the Natural Environment », *Journal of Aesthetic Education*, 1979, n° 13, p. 99-114, « Nature, Aesthetic Judgment and Objectivity », *Journal of Aesthetics and Art Criticism*, 1981, n° 40, « On Appreciating Agricultural Landscapes », *Journal of Aesthetics and Art*

La subtilité de l'approche de cet auteur, notamment sous le rapport de son style d'argumentation particulièrement soigneux, a immensément élevé le niveau de la discussion philosophique sur l'appréciation esthétique de la nature, en élucidant, pour notre bénéfice à tous, les enjeux logiques et épistémologiques d'une théorie de l'appréciation de la nature. Allen Carlson ne s'est pas contenté de mettre au point une théorie solide de l'appréciation esthétique de la nature ; il a aussi élaboré un modèle méthodologique raffiné et défini un ensemble d'exigences que tout chercheur en esthétique environnementale est tenu de prendre en considération.

Brièvement présentée, la théorie d'Allen Carlson repose sur l'idée que l'appréciation de la nature est affaire de compréhension scientifique ; autrement dit, la forme correcte ou appropriée de toute appréciation de la nature *stricto sensu* est appelée à se régler sur les leçons de l'histoire naturelle ; l'appréciation de la nature implique de pouvoir la comprendre par le truchement des catégories scientifiques adéquates. Par exemple, l'appréciation d'une exploitation agricole moderne implique de comprendre de quelle manière la formation d'un tel paysage procède des objectifs que s'est fixée l'agriculture à grande échelle [1]. De la même manière, l'appréciation de la

Criticism, 1985, n°43, p. 301-312, « Appreciating Art and Appreciating Nature », *in* S. Kemal, I. Gaskell (dir.), *Landscape, Natural Beauty and the Arts*, Cambridge, Cambridge University Press, 1993, p. 199-227, « Saito on the Correct Appreciation of Nature », *Journal of Aesthetic Education*, 1986, n°20, p. 85-93 [tous ces articles, à l'exception du dernier, ont été repris dans *Aesthetics and the Environment : The Appreciation of Nature, Art, and Architecture*, Londres, Routledge, 2000, respectivement p. 41-53, p. 28-40, p. 54-71, p. 175-193, p. 101-125]. Voir aussi, en collaboration avec B. Sadler, « Environmental Aesthetics in Interdisciplinary Perspective », *in* B. Sadler, A. Carlson (dir.), *Environmental Aesthetics : Essays in Interpretation*, Victoria, University of Victoria, 1982, et « Towards Models of Environmental Appreciation », *ibid.*

1. Voir A. Carlson, « Appreciating Agricultural Landscapes », art. cit.

faune et de la flore est censée exiger la connaissance de la théorie de l'évolution [1].

Allen Carlson a baptisé son modèle d'appréciation de la nature du nom de « modèle environnemental naturel » [2]. Il estime que la force de son modèle tient à ce qu'il considère la nature comme (1) un environnement (plutôt que comme un spectacle, par exemple), et (2) comme un milieu naturel, lequel demande à être apprécié pour les qualités qui sont les siennes (qui sont elles-mêmes celles que la science naturelle identifie). Allen Carlson en conclut que « la connaissance et l'expérience du naturaliste jouent un rôle central dans toute appréciation de la nature » [3].

La principale réserve que m'inspire la position d'Allen Carlson tient à ce qu'elle exclut certaines réactions et certaines appréciations très communes de la nature – des réactions d'un type moins cérébral et plus viscéral, lesquelles consistent, pourrait-on dire, à « être affecté par la nature ». Par exemple, il se peut que nous nous tenions à proximité d'une chute d'eau rugissante et que nous soyons affectés par sa puissance ; ou il se peut que nous nous tenions pieds nus sous une tonnelle silencieuse, délicatement tapissée de couches de feuilles mortes, et qu'un sentiment de quiétude et de bien-être s'empare de nous. De telles réactions à la nature sont très fréquentes et sont recherchées même par ceux d'entre nous qui ne sont pas des naturalistes. Ce sont des réactions qui procèdent des émotions que nous inspire la nature. Cela ne signifie bien sûr pas qu'elles ne sont pas d'ordre cognitif, puisque l'affection émotionnelle (*emotional arousal*) comporte une dimension

1. A. Carlson, « Appreciating Art and Appreciating Nature », art. cit.

2. A. Carlson, « Appreciation and the Natural Environment », art. cit, p. 274.

3. A. Carlson, « Nature, Aesthetic Judgment and Objectivity », art. cit.

cognitive [1]. Toutefois, il n'est pas du tout établi que les émotions suscitées par la nature de manière appropriée s'enracinent dans les démarches cognitives du type de celles qui sont mises en œuvre en histoire naturelle.

La thèse que je souhaiterais défendre dans ce qui suit consiste à dire que, pour la plupart d'entre nous, l'appréciation de la nature implique le plus souvent que nous soyons affectés ou touchés émotionnellement par la nature. L'appréciation de la nature peut passer par une certaine façon de s'ouvrir aux stimulations sensorielles qui nous parviennent, et par l'état émotionnel dans lequel nous met le seul fait d'être en sa présence. L'expérience de la nature, ainsi définie, est une façon d'en faire un objet d'appréciation. Ce qui ne veut pas dire qu'il n'y a pas d'autres manières d'apprécier la nature ; l'approche du naturaliste, invoquée par Allen Carlson, en est une autre possible. Il n'entre pas non plus dans mes intentions de nier que le naturaliste ne puisse pas en tant que tel être ému par la nature – et réciproquement : il se peut tout à fait que l'excitation émotionnelle de type non-scientifique dont nous avons parlé gagne en intensité dans certains cas à la lumière des connaissances du naturaliste. Tout ce que je veux dire est qu'il nous arrive parfois d'être émus par la nature indépendamment de toute connaissance scientifique, et que de telles expériences demandent à être prises en compte comme constituant des modalités (légitimes) d'appréciation de la nature.

L'approche d'Allen Carlson en esthétique environnementale est de type réformiste. Selon lui, la plupart des modèles d'appréciation de la nature les plus connus – que l'on peut aisément trouver dans la littérature afférente – sont erronés.

---

1. Voir par exemple W. Lyons, *Emotion*, Cambridge, Cambridge University Press, 1980, notamment le chap. 4.

Par opposition, son modèle d'appréciation informé par la science naturelle est, à l'en croire, celui qui offre l'image la moins problématique et la plus raisonnable de ce que devrait impliquer l'appréciation de la nature. Je souhaiterais montrer ici qu'il existe au moins une autre manière courante et spontanée d'apprécier la nature qui demande à être prise en considération et à laquelle Allen Carlson n'a pas rendu pleinement justice – une autre modalité d'appréciation de la nature que l'on aurait grand tort de négliger sur la seule base des arguments et de la perspective générale dessinée par la théorie de cet auteur. Il est difficile de lire cet auteur sans se laisser gagner par la conviction, qui est manifestement la sienne, que le modèle environnemental naturel est *le* modèle d'appréciation appropriée de la nature. Je crois néanmoins qu'il existe une forme d'appréciation de la nature – consistant à être affecté émotionnellement par la nature – qui (1) constitue une pratique de longue date, (2) n'est pas prise en compte par la théorie d'Allen Carlson, et (3) ne doit pas être négligée comme étant de moindre importance que celle que promeut son modèle environnemental naturel.

Mon but, en défendant la légitimité de cette modalité alternative d'appréciation de la nature, n'est pas de la substituer à celle qu'élabore Allen Carlson dans le cadre de son modèle environnemental. Etre affecté par la nature de diverses manières est une façon de l'apprécier ; le modèle d'Allen Carlson en indique une autre. Les deux peuvent tout à fait coexister. Je *ne* soutiens *en aucune façon* l'idée que, étant donné certaines conceptions traditionnelles de l'*esthétique*, la modalité d'appréciation de la nature consistant à être affecté par elle est celle qui peut le plus légitimement prétendre définir le modèle d'appréciation *esthétique*, le modèle environnemental naturel n'offrant quant à lui – dans la mesure où il implique la subsomption des entités naturelles sous des catégories et des lois scientifiques – aucune modalité d'appréciation *esthétique* de la nature. Il se peut que l'on adresse pareille objection au modèle d'Allen Carlson, mais je le ne ferai pas car j'estime que ce modèle, tel qu'il a été élaboré par son auteur, fournit *une* modalité d'appréciation esthétique de la nature.

Bien que je souhaite, dans ce qui suit, résister à la prétention à l'exclusivité du modèle d'appréciation de la nature d'Allen Carlson, et, par là même, ménager une place à la pratique traditionnelle consistant à être affecté par la nature, je voudrais également m'opposer à la démarche réductionniste, adoptée par exemple par Terry Diffey [1], qui vise à interpréter notre sensibilité à la nature comme une forme résiduelle de sensibilité religieuse. Selon cet auteur, « il n'est pas étonnant, dans une société séculière, qu'il y ait une sorte d'hostilité à l'égard de la vénération religieuse de la beauté naturelle, et que, dans le même temps, la nature devienne un refuge pour des émotions religieuses qui ont perdu leur objet » [2]. Par opposition, je voudrais montrer que les émotions que suscite en moi la nature peuvent être pleinement séculières, et qu'elles ne demandent pas à être critiquées comme une forme substitutive de sensibilité religieuse. Autrement dit, le fait d'être affecté par la nature est une modalité d'appréciation de la nature qui prend place entre la science et la religion.

Dans ce qui suit, je m'emploierai donc principalement à montrer que la perspective d'Allen Carlson n'interdit nullement de considérer que le fait d'être affecté par la nature définit une forme pleinement respectable d'appréciation de la nature. A cette fin, j'examinerai les principales composantes de la

---

1. T. F. Diffey, « Natural Beauty Without Metaphysics », *in* S. Kemal, I. Gaskell (dir.), *Landscape, Natural Beauty and the Arts, op. cit.*, p. 43-64.
    2. T. F. Diffey, « Natural Beauty Without Metaphysics », *op. cit.*

théorie d'Allen Carlson, à savoir : la science par élimination, le défi d'une épistémologie objectiviste, et l'argument de l'appréciation de l'ordre. Tout en procédant à l'examen critique de ces diverses composantes, je tenterai de proposer une caractérisation positive de ce qu'implique le fait d'être affecté par la nature en repoussant la suspicion selon laquelle cette sensibilité ne serait rien d'autre qu'une forme substitutive de sensibilité religieuse (…) [1].

Toute l'argumentation d'Allen Carlson vise à découvrir quelque chose qui puisse guider l'appréciation de la nature et qui fonctionne de manière aussi contraignante que le font les catégories artistiques pour l'appréciation des œuvres d'art. Trois possibilités sont examinée à cette fin : le modèle de l'objet, le modèle du paysage er le modèle environnemental naturel. Le rejet des deux premiers s'explique par ceci qu'ils échouent à prendre en compte de manière compréhensive toutes les qualités et les relations qu'un modèle adéquat pour l'appréciation de la nature est censé pouvoir mettre en valeur. La force du modèle environnemental naturel, de ce point de vue, tient non seulement à ce qu'il donne à voir cela même que les autres modèles occultent, mais encore à ce qu'il fournit les schèmes classificatoires qui constituent l'analogue fonctionnel des genres artistiques dans le domaine des beaux arts, en mettant à notre disposition des catégories naturelles (élaborées par l'histoire naturelle).

Formellement parlant, l'argumentation d'Allen Carlson se ramène à un syllogisme disjonctif :

1) Toute appréciation esthétique requiert de pouvoir fixer les foyers appropriés des actes d'appréciation ;

---

1. Pour éviter les effets de redondance, la partie correspondant à « La science par élimination », dans laquelle Carroll présente les arguments de Carlson, n'a pas été traduite ici. (N.d.T.)

2) Dans la mesure où l'appréciation de la nature est une appréciation de type esthétique, alors il est nécessaire que l'appréciation de la nature dispose d'un moyen de fixer les foyers appropriés des actes d'appréciation ;

3) Lorsqu'il en va de l'appréciation de la nature, les moyens de fixer les foyers appropriés des actes d'appréciation sont au nombre de trois : il s'agit soit du modèle de l'objet, soit du modèle du paysage, soit du modèle environnemental naturel ;

4) Ni le modèle de l'objet ni le modèle du paysage ne sont adéquats pour l'appréciation de la nature ;

5) Donc, le modèle environnemental naturel (recourant à la science comme source de connaissance) fournit le moyen de fixer les foyers des actes d'appréciation lorsqu'il en va de l'appréciation de la nature.

L'angle d'attaque le plus évident que pourrait adopter celui qui voudrait éprouver la solidité de la théorie ici résumée consisterait bien entendu à vérifier que le champ des positions alternatives disponibles a bien été étudié. Tout le sens de la proposition que j'avance dans cet article est que tel n'est précisément pas le cas dans la mesure où notre capacité à être affecté par la nature n'est pas reconnue comme un mode d'appréciation de la nature, et dans la mesure où la possibilité que la détermination des foyers de l'appréciation esthétique de la nature puisse résulter du processus d'affection émotionnelle par la nature n'a pas été examinée.

J'ai évoqué précédemment l'exemple d'une scène au cours de laquelle, nous tenant à proximité d'une immense chute d'eau, les oreilles emplies du grondement des eaux tumultueuses, nous éprouvons un sentiment de saisissement et d'excitation devant la puissance du spectacle. La plupart des gens sont friands d'expériences de ce genre. Ces dernières constituent une forme d'appréciation de la nature antérieure à la théorie. Qui plus est, lorsque nous effectuons ce type d'expériences, notre attention se focalise sur certains aspects de la nature plutôt que d'autres – la force pour ainsi dire tangible de la cascade, sa hauteur, le volume d'eau déplacé, la façon dont elle modifie l'air ambiant, etc.

Nul savoir scientifique spécifique n'est requis à cette fin. Il suffit peut-être d'être un être humain, d'être doué des cinq sens qui sont les nôtres, d'être capable de saisir les phénomènes qui nous dépassent par leur taille et leur puissance, et d'entendre ces trombes d'eau qui s'écrasent avec fracas. Nul besoin non plus du savoir traditionnel déposé dans le sens commun de notre culture. Il se peut que des êtres humains habitant d'autres planètes que la nôtre et n'ayant jamais observé auparavant des chutes d'eau puissent néanmoins communier avec nous dans le même sentiment d'admiration de la puissance de la nature face à ce spectacle. Ce qui ne signifie pas que les réactions émotionnelles à la nature sont comme telles affranchies de toute détermination culturelle, mais seulement qu'il se peut que les composantes sensorielles pertinentes de certaines d'entre elles le soient.

Autrement dit, il se peut que la façon dont nous sommes affectés émotionnellement par la nature soit fonction, non pas de ce que nous sommes individuellement, mais de ce qu'est la nature humaine dans sa relation avec tel ou tel espace naturel. Je peux trouver du plaisir à cheminer le long d'un sentier sinueux parce qu'il me semble vaguement empreint de mystère. A la différence du modèle du paysage d'appréciation de la nature, ce que nous pourrions appeler le modèle de l'affection (*arousal model*) ne nous met pas nécessairement à distance de l'objet de notre appréciation ; il se peut que ce soit précisément la manière dont nous sommes immergés dans la nature qui soit à l'origine du sentiment que nous éprouvons. A la différence du modèle du paysage, le modèle de l'affection ne limite pas non plus notre réaction aux aspects visuels de la nature. La cascade nous affecte à travers son rugissement, son envergure, ses embruns, sa puissance. Le sens du mystère éveillé par les sinuosités du sentier est lié au processus par lequel je mets un pied devant l'autre et vais de l'avant.

L'ambition du modèle de l'affection, pourrait-on dire, est peut-être de poser à nouveaux frais le problème de l'encadrement dont il a été question précédemment. De la même manière que le modèle de l'objet et celui du paysage semblent imposer un cadre à une nature par ailleurs indéterminée, de même le modèle de l'affection semble chercher à projeter des gestalts émotionnels (*emotional gestalts*) sur des étendues naturelles indéterminées. Toutefois, il y a des caractéristiques de la nature, tout particulièrement en liaison avec les organismes humains, dont il est difficile de penser, bien que l'on s'accorde à considérer qu'elles sont le fruit d'une « sélection », qu'elles ont été « projetées » sur la nature.

Certaines étendues naturelles disposent d'un cadre naturel, ou de ce que je préférerais appeler une clôture naturelle : les grottes, les bosquets, les cavernes, les clairières, les tonnelles, les vallées, etc. D'autres, auxquelles manque tout cadre naturel, comportent des caractéristiques qui font naturellement saillie pour un organisme humain, c'est-à-dire qu'elles comportent des caractéristiques telles que de l'eau qui coule, un éclairage vif, etc., qui attirent instinctivement notre attention. Et lorsque notre réaction émotionnelle est corrélée soit à la clôture naturelle soit à ce qui fait saillie naturellement, il y a alors peu de sens à dire qu'elle a consisté à projeter des gestalts sur la nature.

Toute réaction émotionnelle à la nature implique une sorte d'attention sélective à l'étendue naturelle. Si j'éprouve un sentiment de saisissement face à la puissance d'une chute d'eau, alors certaines choses figureront à l'avant-plan de mon attention, au détriment d'autres qui figureront à l'arrière-plan. Etant donné que la puissance du phénomène me frappe particulièrement, il y a de fortes chances pour que je me sois montré sensible à des caractéristiques qui sont liées à l'échelle à laquelle se produit le phénomène observé, laquelle est, en l'occurrence, notoirement grande. Mais l'affection que j'éprouve ne vient pas de nulle part. Le système de perception humain est ainsi fait qu'il réagit aux différences d'échelle auxquelles les phénomènes peuvent se produire, et le fait qu'il m'ait fallu recourir à des exemples où les phénomènes sont de taille imposante ne doit donc pas être interprété comme une manière de projeter sur la nature un point de vue humain.

Imaginons à présent que le spectacle de la puissance de la cascade me rende euphorique. Le sentiment que j'éprouve alors n'est pas inapproprié étant donné que l'objet auquel je réagis affectivement est imposant, c'est-à-dire qu'il satisfait le critère d'échelle définissant les phénomènes de grande taille – la grandeur d'échelle à laquelle les phénomènes se produisent étant elle-même l'une des sources possibles du sentiment d'euphorie. Dans ce cas, notre système perceptif oriente immédiatement notre attention vers certaines caractéristiques de l'étendue naturelle, d'où procède un état d'affection émotionnel, lequel, enfin, par une sorte de choc en retour, consolide le gestalt sélectif initial de l'expérience affective. Le modèle de l'affection de l'appréciation de la nature rend compte par conséquent de la manière dont nous isolons certains aspects de la nature, et de la raison pour laquelle ils sont les objets appropriés de notre attention – de la raison pour laquelle ils sont *émotionnellement* appropriés.

Peut-être Carlson répondrait-il à cette argumentation que les réactions émotionnelles à la nature, du type de celles que j'envisage ici, ne sont pas des réactions à la nature en tant que telle. Mais ce n'est pas sûr car Carlson, à l'instar de Francis Sparshott, tient à ce que nous nous représentions le spectateur de la nature comme un moi (*self*) situé dans un milieu – remarque que j'interprète, pour ma part, comme valant avertissement de ne pas séparer la nature humaine de la nature elle-même [1]. Ce qui ne veut pas dire que toutes nos réactions à la nature doivent être conçues comme procédant de la nature humaine (indépendamment des différences socio-culturelles), mais que nous n'avons aucune raison de penser que, parmi ces affections émotionnelles à la nature, certaines sont proprement viscérales (*bred in the bone*).

Le fait d'accorder, comme nous venons de le faire, qu'il n'est question ici que de *quelques-unes* de nos réactions affectives à la nature pourrait suggérer une autre série de critiques à l'encontre de la théorie de Carlson. En effet, même si cette dernière ne le dit pas explicitement, il est manifeste que l'objectif qu'elle se donne est d'identifier l'unique forme valable d'appréciation de la nature, et c'est cet emploi qu'est censé remplir le modèle environnemental naturel largement fondé sur les sciences naturelles. J'ai déjà indiqué précédemment que ce modèle n'était pas le seul à pouvoir prétendre proposer une alternative crédible au modèle de l'objet et à celui du paysage, mais le point qui m'intéresse à présent est quelque peu différent : pourquoi devrait-on supposer qu'il n'existe qu'un seul modèle valable d'appréciation de la nature et, corrélativement, qu'une seule source de connaissance (en l'occurrence : l'histoire naturelle) permettant de fournir les catégories pertinentes d'appréciation ? Pourquoi devrait-on

---

1. F. Sparshott, « Figuring the Ground : Notes on Some Theoretical Problems of the Aesthetic Environment », *Journal of Aesthetic Education*, 1972, n°6, p. 11-23.

supposer qu'il n'existe qu'un seul modèle d'appréciation appropriée de la nature susceptible d'être appliqué à tous les cas ?

Le fait que l'appréciation de la nature puisse parfois impliquer une affection émotionnelle, séparée de toute connaissance scientifique et de toute connaissance de sens commun, n'interdit pas de penser que, en d'autres circonstances, l'appréciation de la nature repose sur le modèle environnemental naturel. Il en va certainement de la même manière dans le domaine de l'appréciation artistique. Il arrive parfois que nous soyons affectés émotionnellement – et même de manière appropriée – à la vue d'une œuvre d'art sans savoir pour autant à quel genre elle appartient et en ignorant tout du style qui est le sien. Songez par exemple à la façon dont les enfants s'esclaffent en assistant à une représentation d'une œuvre de la *Comedia dell'arte* sans rien savoir de la tradition théâtrale et de la place de ce type de comédie dans les genres, les styles et les catégories artistiques. La possibilité de ce type de réaction n'exclut nullement qu'il soit également possible de se rapporter au même spectacle en adoptant cette fois-ci la position du connaisseur bien informé, capable de distinguer les caractéristiques de l'œuvre conformément aux catégories artistiques du genre théâtral.

Pourquoi la même chose ne vaudrait-elle pas dans le domaine de l'appréciation de la nature ? Il se peut que l'appréciation de la nature se conforme tantôt au modèle de l'affection, et tantôt au modèle environnemental naturel. Il se peut aussi que les deux modèles se combinent – et que nos émotions soient suscitées par le savoir écologique qui est le nôtre. Mais inversement, il se peut qu'il y ait des cas où les deux s'excluent. Qui plus est, je ne vois aucune raison de supposer que ces deux modèles sont les seuls susceptibles de rendre compte de l'appréciation appropriée de la nature. Dans certains cas, eu égard à la clôture naturelle et à la façon dont certains éléments font saillie par eux-mêmes dans la nature, il se pourrait bien que le modèle de l'objet ne soit pas sans pertinence car, les limites et les structures de nos capacités perceptives étant ce qu'elles sont, la nature peut tout à fait ne pas nous frapper comme étant formellement indéterminée.

La principale objection que j'adresserai à Carlson consiste à dire que l'affection émotionnelle éprouvée face à la nature peut être tenue pour une forme appropriée d'appréciation de la nature, et que la composante cognitive de notre réaction émotionnelle assume la tâche de déterminer les aspects de la nature offerts à l'appréciation. Et cette réaction émotionnelle, même considérée dans sa dimension cognitive, ne procède pas de catégories élaborées par la science.

Mais cette objection ne néglige-t-elle pas de prendre en compte la distinction que fait Carlson entre les deux sources de connaissance sur lesquelles repose l'appréciation esthétique appropriée de la nature, à savoir la connaissance scientifique et la connaissance de sens commun ? Ne suffirait-il pas de dire que, dans le cas de l'affection émotionnelle éprouvée face à la nature, les opérations de connaissance qui sont impliquées dérivent de la connaissance de sens commun pour repousser cette objection ?

Tout dépend ici de ce que l'on inclut dans la connaissance de la nature déposée dans le sens commun. Si j'interprète correctement la pensée de Carlson, il me semble que cette connaissance inclut un savoir plus ou moins distinct de la façon dont fonctionne la nature ; elle implique, par exemple, un savoir préscientifique, peut-être même populaire, du fonctionnement des systèmes écologiques. Mais dans l'exemple que je donnais précédemment du spectacle d'une chute d'eau, la distinction entre la connaissance de sens commun et la connaissance scientifique est inopérante car je ne dois ni à l'une ni à l'autre de savoir que c'est bien de l'eau qui s'écoule et chute devant mes yeux, et non pas tel ou tel autre élément naturel. Je n'ai nul besoin pour le savoir d'avoir une quelconque connaissance scientifique ou populaire de la façon dont fonctionne la nature. Si tel est le cas, alors il s'ensuit que nous pouvons être affectés émotionnellement par la nature sans que les opérations cognitives qui jouent un rôle crucial dans notre réaction procèdent de la connaissance scientifique et/ou de la connaissance de sens commun dont parle Carlson, et dont il prétend qu'elles sont requises pour toute appréciation esthétique de la nature. Pour le dire de manière plus concise : nous pouvons être affectés par la nature sans que les opérations de connaissance impliquées mobilisent le système abscons et bien trop formel de la connaissance élaborée en sciences et en histoire naturelles.

LE DÉFI D'UNE ÉPISTÉMOLOGIE OBJECTIVISTE

Ainsi que nous l'avons vu, la raison pour laquelle Carlson désigne l'histoire naturelle au titre de guide approprié pour l'appréciation de la nature tient à ce qu'elle semble nous fournir le seul modèle alternatif satisfaisant. J'ai soumis à la critique cet argument. Mais Carlson a d'autres raisons de privilégier ce type d'appréciation de la nature, et notamment une raison d'ordre épistémologique à laquelle il a déjà été fait allusion dans ce qui précède, et à laquelle je souhaiterais à présent consacrer toute mon attention.

Dans un article remarquable intitulé « La nature, le jugement esthétique et l'objectivité », lequel semble faire écho à l'essai de David Hume intitulé « De la règle du goût » [1],

1. Voir D. Hume, « De la règle du goût », trad. fr. M. Malherbe dans *Essais sur l'art et le goût*, Paris, Vrin, 2010. (N.d.T.)

Carlson fait valoir l'idée que certains jugements esthétiques sur la nature – tels que par exemple : « le parc naturel de Grand Teton est majestueux » – sont ou peuvent être appropriés, corrects ou vrais. Autrement dit, certains jugements esthétiques sont ou peuvent être objectifs. Si d'aventure quelqu'un déclarait devant nous que « le parc naturel de Grand Teton est ridicule », sans fournir d'explication supplémentaire, nous nous accorderions tous à considérer que ce jugement est erroné.

Toutefois, bien que l'idée selon laquelle certains jugements esthétiques sur la nature peuvent être objectifs semble juste, il apparaît difficile de la justifier si l'on se réfère aux modèles disponibles visant à élucider l'objectivité des jugements esthétiques en matière d'art. En effet, à s'en tenir aux meilleurs modèles existants, il apparaît que nous devons bien plutôt reconnaître que les jugements esthétiques sur la nature sont relatifs à chacun ou subjectifs, contredisant ainsi notre conviction initiale, laquelle nous portait à croire que les jugements sur la nature peuvent être objectifs. Aussi la question est-elle de savoir si pareille conviction est susceptible d'être justifiée – question difficile, s'il en est, car la tradition philosophique y a massivement répondu par la négative.

Pour réussir à y voir plus clair, il importe de comprendre pourquoi les théories de l'appréciation de l'art ont généralement considéré que l'appréciation de la nature était subjective ou relative. Parmi ces dernières, Carlson accorde une primauté à la théorie avancée par Kendall Walton, laquelle est elle-même un exemple d'une classe plus large de théories incluant les théories institutionnelles de l'art et, plus largement encore, les théories culturelles. Pour le dire rapidement, les théories culturelles de l'art justifient l'objectivité des jugements artistiques en les fondant sur les pratiques et les formes culturelles – telles que les genres, les styles et les mouvements artistiques – dans lesquelles et à travers lesquelles les œuvres d'art sont créées et diffusées.

Selon Kendall Walton [1], un jugement esthétique sur une œuvre d'art peut être évalué comme étant vrai ou faux. La valeur de vérité de ces jugements est fonction de deux facteurs : les propriétés perceptives non esthétiques de l'œuvre d'art (par exemple, les petites taches de peinture), et le statut des propriétés d'une œuvre d'art lorsqu'elle est perçue dans la catégorie artistique dont elle relève (par exemple, le pointillisme). Sur le plan psychologique, tous les jugements esthétiques sur l'art, qu'ils soient subjectifs ou objectifs, exigent que l'on perçoive les propriétés perceptives non esthétiques de l'œuvre d'art dans une catégorie ou dans une autre. Par exemple, si un observateur non informé juge horriblement confuse la représentation que propose un tableau cubiste, c'est probablement parce qu'il se sert de catégories inadéquates empruntées à la représentation réaliste et à la vision perspective.

Toutefois, d'un point de vue logique, si un jugement esthétique est vrai ou approprié, c'est parce que les propriétés perceptives non esthétiques de l'œuvre d'art ont été perçues *correctement* dans les catégories qui leur correspondent – c'est-à-dire, pour reprendre l'exemple précédent, c'est parce que le tableau a été perçu correctement dans la catégorie de la peinture cubiste. Par conséquent, l'objectivité des jugements artistiques en matière d'art dépend de la capacité à identifier correctement la catégorie dans laquelle l'œuvre d'art demande à être perçue.

---

1. Voir K. Walton, « Catégories de l'art » (1970), trad. fr. C. Harry-Schaeffer dans G. Genette (dir.), *Esthétique et poétique*, Paris, Seuil, 1992, p. 83-129. (N.d.T.)

De nombreuses circonstances peuvent influer sur la détermination de la catégorie artistique en référence à laquelle un jugement esthétique sur une œuvre d'art doit être formulé. Mais les plus importantes ont trait à l'origine de l'œuvre elle-même, c'est-à-dire : la catégorie (le genre, le style, le mouvement) dans laquelle l'artiste souhaitait inscrire son œuvre, et certains facteurs culturels (tels que ceux relatifs à la reconnaissance publique dont jouissait cette catégorie à l'époque de la création de l'œuvre d'art). Ces considérations ne sont pas les seules que nous utilisions pour déterminer la catégorie dans laquelle une œuvre demande à être perçue, mais elles jouent un rôle crucial.

Mais que valent ces mêmes considérations lorsqu'il en va de l'appréciation de la nature ? Car la nature, à la différence de l'art, n'a pas été produite par des créateurs dont les intentions pourraient faire autorité afin d'isoler la catégorie dans laquelle une étendue naturelle demande à être perçue ; la nature n'a pas non plus été créée en relation avec des catégories culturelles reconnues publiquement. Si donc il n'est pas possible de référer nos jugements esthétiques sur la nature aux catégories dans lesquelles les phénomènes naturels demanderaient à être perçus, alors ils ne peuvent prétendre être vrais ou faux. Qui plus est, étant donné que la façon dont nous déterminons la catégorie dans laquelle un objet naturel ou une étendue naturelle va être perçu ne répond à aucune règle bien précise, il s'ensuit que les jugements esthétiques sur la nature sont marqués au coin de subjectivité, c'est-à-dire qu'ils ne semblent pas pouvoir prétendre à une quelconque objectivité, contrairement à notre conviction initiale selon laquelle certains jugements sont ou peuvent être objectifs.

La stratégie de Carlson consiste à élucider la structure d'un paradoxe pour pouvoir mieux le dissoudre. Nous sommes partis de la conviction que certains jugements esthétiques sur la nature peuvent être objectifs, mais la tentative esquissée en vue d'en rendre compte à la lumière de l'un des meilleurs modèles d'objectivité esthétique élaborée pour les œuvres d'art s'est conclue par un échec puisqu'il est apparu qu'aucun jugement esthétique sur la nature ne pouvait être objectif (en l'absence de toute catégorie correcte d'appréciation de la nature). Il est clair que, pour dissoudre ce paradoxe, il suffirait de prouver qu'il existe bel et bien des catégories correctes d'appréciation de la nature, et que ce sont elles qui sont opératoires dans tous les jugements objectifs sur la nature. Le propos de Carlson est de montrer que ces catégories existent, et que ce sont précisément celles que les sciences et l'histoire naturelles ont mises au jour.

Par exemple, nous savons, grâce aux avancées de la recherche scientifique, que la catégorie correcte dans laquelle une baleine demande à être appréciée sur le plan esthétique est celle des mammifères plutôt que celle des poissons. Qui plus est, ces catégories scientifiques fonctionnent formellement et logiquement de la même manière pour l'appréciation de la nature que le font les catégories artistiques pour l'appréciation de l'art. Par conséquent, la forme logique (et non pas le contenu) de l'appréciation de la nature correspond à celle de l'appréciation de l'art. Or cette dernière étant susceptible de donner lieu à des jugements objectifs, il s'ensuit que la première aussi.

On pourrait présenter cette argumentation en disant qu'elle est de type transcendantal. Elle tient pour acquis que l'appréciation de la nature peut être objective, et s'interroge ensuite sur les conditions de possibilité de cet état de fait – tout le problème étant alors de savoir ce qui peut tenir lieu des catégories artistiques qui fondent l'objectivité des jugements en matière d'art, question à laquelle il est répondu en désignant à ce rôle les catégories élaborées par les sciences et l'histoire naturelles. Par conséquent, nous sommes invités à considérer, pour des raisons épistémologiques, que l'appréciation de la nature est une espèce du genre de l'histoire naturelle, dans la mesure où seule cette dernière est capable de justifier notre intuition initiale selon laquelle certains jugements esthétiques sur la nature peuvent être objectifs. Tout autre modèle d'appréciation de la nature qui serait avancé devrait, pour être pris au sérieux, pouvoir résoudre de manière aussi efficace que le fait le modèle environnemental naturel le problème de l'objectivité de l'appréciation de la nature.

Comme je l'ai déjà dit, il n'entre nullement dans mes intentions de dire que le modèle de l'affection que je propose peut se substituer au modèle environnemental naturel, mais plutôt que les deux peuvent coexister ensemble. Toutefois, cette coexistence n'a de sens que si le modèle de l'affection est capable d'apporter une solution au problème de l'objectivité de l'appréciation de la nature. Or je prétends qu'il en est capable pour peu que l'on comprenne bien ce que signifie « être affecté émotionnellement par la nature ». En effet, les émotions que suscite la nature sont une espèce d'un genre plus large : celui des affections émotionnelles, lesquelles, ainsi que j'ai eu l'occasion de le dire ailleurs (avec quelques-autres), sont susceptibles d'être évaluées comme étant appropriées ou inappropriées. Par exemple, pour pouvoir être effrayé, il faut que je le sois par *quelque chose*, disons, par l'approche d'un tank. Mon émotion (en l'occurrence : la peur) a un corrélat intentionnel et est orientée dans une certaine direction. Qui plus est, pour que ma peur dans tel ou tel cas particulier puisse être dite appropriée, il faut que le corrélat intentionnel de mon état émotionnel satisfasse certains critères, et qu'il réponde à la description de ce que l'on appelle parfois un « objet formel ». Par exemple, l'objet formel de la peur est le « dangereux », ou pour s'exprimer plus simplement :

pour que ma peur du tank (le corrélat intentionnel de mon émotion) soit appropriée, il faut qu'elle satisfasse le critère en vertu duquel l'objet est formellement revêtu pour moi du caractère de ce qui est dangereux, c'est-à-dire que je dois croire en son caractère dangereux. Si je dis par exemple que je suis effrayé par la vue d'une soupe au poulet, et que je ne crois pas en sa dangerosité, alors ma peur est inappropriée. Charles Dunbar Broad écrit à ce sujet qu'« il est approprié d'observer avec une certaine crainte ce que l'on considère être un objet dangereux. Il est inapproprié d'observer avec un sentiment de satisfaction ou avec amusement la douleur imméritée ou la détresse qu'endure ce que l'on considère être un compagnon d'humanité » [1].

Si les émotions peuvent être jugées plus ou moins appropriées, alors il s'ensuit bien sûr qu'elles s'offrent à être évaluées sur le plan cognitif. Ronald deSousa déclare en ce sens que « l'appropriation est la vérité des émotions » [2]. Nous pouvons évaluer l'appropriation de l'émotion de la peur par rapport à celui qui l'éprouve en fonction de la croyance qui est la sienne quant au caractère dangereux du corrélat intentionnel de son émotion. Nous pouvons en outre déterminer la mesure selon laquelle l'émotion que cette personne éprouve doit être partagée par d'autres (et donc : déterminer l'objectivité de son émotion) en examinant la question de savoir si les croyances, les pensées et les schèmes d'attention qui sous-tendent cette émotion peuvent être raisonnablement partagés par d'autres – en l'occurrence, en examinant la question de savoir s'il est raisonnable ou non de partager ses croyances quant à la dangerosité du tank.

---

1. C. D. Broad, « Emotion and Sentiment », *in* C. D. Broad, *Critical Essays in Moral Philosophy*, Londres, Allen & Unwin, 1971, p. 293.
2. R. deSousa, « Self-Deceptive Emotions », *in* A. O. Rorty (dir.), *Explaining Emotions*, Berkeley, University of California Press, 1980, p. 285.

Reprenons à présent le fil de la réflexion sur les émotions éprouvées face à la nature, et, pour reprendre l'exemple du spectacle de la chute d'eau, sur les émotions éprouvées devant la puissance du phénomène. Toutes choses égales par ailleurs, l'on pourrait dire que le fait d'être impressionné par la puissance de ce que l'on croit être un phénomène se produisant à grande échelle constitue une réaction émotionnelle appropriée. Si, en outre, il apparaît que la croyance concernant l'échelle à laquelle se produit le phénomène peut être partagée par d'autres, alors il s'ensuit que la réaction émotionnelle consistant à être impressionné par la puissance de la cascade est objective. Il n'y a là rien qui soit subjectif, biaisé ou capricieux. Si d'aventure quelqu'un niait être impressionné par la cascade tout en reconnaissant que ce phénomène se produit à grande échelle, et sans apporter de justification supplémentaire, nous serions en droit d'estimer que sa réaction ainsi que tous les jugements formés sur cette base affective sont inappropriés. S'il n'accorde pas que la cascade est un phénomène de grande échelle sans s'expliquer sur ce point, nous serions en droit de penser, soit qu'il ne comprend pas ce que veulent dire les mots « grande échelle », soit qu'il n'a pas toute sa raison. S'il déclare que la cascade n'est pas un phénomène de grande échelle au motif que la galaxie est bien plus immense encore, nous serions en droit de lui faire remarquer qu'il n'utilise pas les bons termes de comparaison, en l'invitant à apprécier la cascade, non pas par rapport à la taille de la galaxie, mais par rapport à la taille d'un être humain.

On m'objectera peut-être qu'en parlant des « bons termes de comparaison », je fais entrer par la fenêtre la thèse de Carlson des « catégories correctes d'appréciation », mais il n'en est rien car je ne prétends pas que pour déterminer le bon terme de comparaison d'une réaction émotionnelle à la nature il faille recourir à des catégories scientifiques. Par exemple, il se peut que nous soyons frappés par la grandeur d'une baleine bleue. Son envergure, sa puissance, la quantité considérable d'eau qu'elle déplace, etc., peuvent m'impressionner, tout en pensant qu'il s'agit d'un poisson. Ma réaction n'en est pas pour autant inappropriée. Il se peut que nous soyons frappés par le squelette d'un *Tyrannosaurus rex* sans savoir s'il s'agit du squelette d'un reptile, d'un oiseau ou d'un mammifère. Dans tous ces cas, l'ignorance de l'histoire naturelle ne nous empêche nullement d'éprouver une émotion appropriée, valable pour d'autres que nous. Les jugements fondés sur de telles réactions émotionnelles – tels que : « cette baleine inspire un sentiment de saisissement », ou « le parc de Grand Teton est majestueux » – peuvent être objectifs. Dans la mesure où le fait d'être affecté par la nature constitue une forme coutumière d'appréciation de la nature, cette dernière peut rendre compte de l'objectivité de certains jugements esthétiques sur la nature, et ainsi apporter une solution au problème épistémologique de l'objectivité de l'appréciation de la nature que seul le modèle environnemental naturel, à en croire Carlson, est capable de dénouer. Le modèle de l'affection fournit un mode d'appréciation de la nature pouvant coexister avec celui que fournit le modèle environnemental naturel.

Il arrive de temps à autre à Carlson de concéder que nous pouvons nous contenter de jouir de la nature :

> Nous pouvons bien entendu nous rapporter à la nature comme nous nous rapportons parfois à l'art, c'est-à-dire en nous contentant de nous *délecter* des couleurs et des formes ou en trouvant du *plaisir* à percevoir l'œuvre, quelle que soit la façon dont nous nous y prenons [1].

---

1. A. Carlson, « Nature, Aesthetic Judgment and Objectivity », art. cit., p. 25.

Mais il ne cache pas qu'il s'agit là pour lui d'un niveau assez superficiel d'appréciation, et que la profondeur exige l'objectivité. A ses yeux, les affections émotionnelles que la nature peut inspirer, dont il a été question jusqu'ici, tomberaient probablement dans la catégorie de ces émotions consistant à *simplement* jouir de la nature, et se signaleraient donc à ce titre par leur superficialité.

Sans doute le fait d'être affecté par la nature constitue-t-il une manière d'en jouir. Mais dans la mesure où les affections éprouvées peuvent être évaluées en fonction de leur appropriation à leur corrélat intentionnel, il s'ensuit que certaines sont plus appropriées que d'autres et qu'il n'est pas possible de jouir de la nature de n'importe quelle manière. Qui plus est, si la pierre de touche de la profondeur à laquelle atteint notre appréciation de la nature est déterminée par la capacité des jugements que nous formons à son sujet à satisfaire le critère de l'objectivité cognitive, alors je pense avoir démontré qu'il est des cas où les affections éprouvées sont capables de passer ce test avec succès. Avons-nous une quelconque raison de penser que le fait d'être affecté par la nature doit nécessairement constituer une réaction plus superficielle que celle qui consiste à poser sur elle un regard de naturaliste ?

Toute réponse positive à cette dernière question me paraîtrait bien suspecte. Ce qui complique particulièrement le problème que nous examinons tient bien sûr à ce que nul ne sait exactement en quoi consiste la profondeur ou la superficialité d'une réaction à la nature. Il est vrai que l'appréciation du naturaliste peut être dite profonde en ce qu'elle peut toujours se poursuivre indéfiniment au fur et à mesure qu'il en en apprend plus sur la nature, tandis que l'appréciation affective de la nature paraît plus superficielle en ce qu'elle se concentre tout entière dans l'acte instantané de jouissance du sujet qui en fait l'expérience. Mais celle-ci est-elle vraiment plus superficielle que celle-là? Les deux sont-elles commensurables? Le temps ne constitue manifestement pas à lui tout seul une mesure de la profondeur. Comment convient-il de comparer sous le rapport de la profondeur des actes d'appréciation?

Il se peut que la chose soit impossible. Si la profondeur d'une réaction est présentée dans les termes de l'intensité de notre engagement et de la « poursuite indéfinie » [1] de l'acte d'appréciation, alors il n'y a aucune raison de supposer que le fait d'être affecté par la nature constitue une forme d'appréciation plus superficielle que la forme d'appréciation scientifique. L'appréhension kantienne du sublime [2] – et les jugements esthétiques qui lui correspondent – peut bien ne durer que quelques instants, il n'est pas pour autant plus superficiel qu'un jugement téléologique prolongé.

Comme je l'ai dit à plusieurs reprises, mon objectif ici n'est pas de nier la pertinence du modèle d'appréciation élaboré par Carlson sous le nom de modèle environnemental naturel. Je cherche seulement à défendre la légitimité d'un autre mode d'appréciation de la nature, déjà bien établie dans les habitudes de chacun, consistant à être affecté par la nature. La force de ce modèle tient à ce qu'il est capable de relever le défi épistémologique que Carlson fixe à tout modèle d'appréciation de la nature, à savoir de rendre compte de l'objectivité de certains jugements esthétiques sur la nature. Le modèle que je propose, qui fait l'économie de tout recours à une appréciation de type scientifique, n'est pas pour autant plus superficiel que le modèle environnemental naturel.

---

1. L'expression est de R. Solomon dans « On Kitsch and Sentimentality », *Journal of Aesthetics and Art Criticism*, 1981, n°49, p. 9.

2. Voir E. Kant, *Critique de la faculté de juger*, notamment la section consacrée à l'Analytique du sublime.

On fera sans doute remarquer qu'il est tout de même étrange que nous puissions apprécier objectivement la nature de cette manière, alors que cette possibilité ne nous est pas donnée en art. Mais cette étrangeté s'évanouit lorsque l'on réalise que cette possibilité nous est offerte en art aussi, et que nous sommes capables dans une certaine mesure d'apprécier l'art et de former des jugements esthétiques objectifs sur des œuvres d'art sans nous référer à des catégories artistiques précises. Il se peut par exemple que l'on soit particulièrement ému en entendant une fanfare dans une pièce musicale et qu'on la juge objectivement émouvante sans rien savoir de l'histoire de la musique et de ses catégories. Il en va parfois de même lorsque nous sommes affectés émotionnellement par la nature.

Carlson se demandera peut-être si le fait d'être affecté émotionnellement par la nature constitue vraiment une façon de réagir à la nature en tant que telle. Il estimera peut-être que, dans le cadre de notre culture occidentale, c'est pour ainsi dire une vérité conceptuelle que le seul rapport à la nature en tant que telle passe par la science. Mais pourquoi devrais-je considérer que je ne me rapporte pas à la nature en tant que telle lorsque, par exemple, j'observe avec émerveillement un troupeau de cerfs bondissant au-dessus d'un cours d'eau ? N'est-ce pas à proprement parler une pétition de principe que de déterminer les critères d'une appréciation appropriée de la nature de telle sorte à ce que seule l'appréciation scientifique puisse satisfaire la définition ?

L'APPRÉCIATION DE L'ORDRE

L'argument le plus récent que Carlson ait avancé en faveur du modèle d'appréciation environnemental naturel pourrait être appelé l'argument de l'ordre [1]. A certains égards, il s'apparente aux arguments qu'il a déjà avancés par le passé, mais il apporte certaines considérations nouvelles qui méritent d'être examinées. A l'instar des autres arguments, l'argument de l'ordre s'appuie sur une comparaison serrée entre le mode d'appréciation de la nature et celui de l'art.

L'appréciation de la forme (*design*) est l'une des modalités paradigmatiques de l'appréciation de l'art. Cette dernière présuppose que le créateur de l'œuvre d'art ait configuré l'objet ou l'acte qu'il accomplit (s'il s'agit d'une performance) d'une certaine manière, et c'est en se réglant sur ce geste d'imposition de la forme que nous sommes appelés à juger l'œuvre. Toutefois, il est clair que ce modèle d'appréciation est inapproprié pour l'appréciation de la nature dans la mesure où la nature n'a pas de concepteur.

Il existe néanmoins une autre sorte d'appréciation de l'art qui a été avancée en vue de comprendre une partie des œuvres qui ont été réalisées par l'avant-garde du XXe siècle. Carlson appelle ce type d'appréciation « l'appréciation de l'ordre ». Lorsque, par exemple, nous observons une œuvre telle que la *Fontaine* de Marcel Duchamp, la forme de l'objet ne nous dit pas de quelle façon nous devons la juger ou l'apprécier. Nous devons bien plutôt pour y parvenir prêter l'oreille aux histoires qui circulent quant à la façon dont l'artiste a travaillé pour sélectionner les objets avant de retenir celui-là. Nous devons nous instruire de ce qu'ont pu être les idées et les convictions de l'artiste qui a réalisé cette œuvre d'art. Forts de ce que nous aurons pu recueillir de cette manière, nous pourrons nous rapporter de façon appropriée à l'objet et l'apprécier comme il demande à l'être ; nous saurons comment sélectionner les traits significatifs de l'œuvre en vue de la

---

1. Voir A. Carlson, « Appreciating Art and Appreciating Nature », art. cit.

soumettre à appréciation. Les connaissances que nous pourrons réunir sur ce point jouent pour l'art non conventionnel et expérimental le même rôle que celui que joue la forme pour l'art traditionnel. Par exemple, seule la connaissance de ce qu'a pu être l'intérêt des surréalistes pour la mise au jour des processus inconscients peut nous aider à apprécier comme elles demandent à l'être les juxtapositions oniriques incongrues qui remplissent les tableaux de Dali.

Aux yeux de Carlson, l'appréciation de la forme est inadaptée à l'appréciation de la nature, tandis que l'appréciation de l'ordre remplit bien mieux cette fonction. En effet, nous pouvons apprécier la nature dans les termes des forces (géologiques et autres) qui ont donné à la nature la configuration qui est la sienne, et nous pouvons isoler les traits significatifs de la nature en nous informant sur la façon dont ces forces ont agi dans le temps. Mais d'où tenons-nous ces informations? A un âge reculé de notre culture, c'est la mythologie qui prenait en charge de raconter l'histoire de la formation de la Terre et de ses péripéties. Mais de nos jours, cette tâche appartient aux sciences, en y incluant l'astronomie, la physique, la chimie, la biologie, la génétique, la météorologie, la géologie, etc. Ces sciences, et les diverses histoires de la nature qu'elles alimentent, orientent notre attention en direction des forces qui ont joué un rôle crucial dans la détermination des caractéristiques de la nature qui valent d'être examinées.

Fondamentalement, cet argument revient à dire que l'appréciation de l'art fournit à l'appréciation de la nature deux modèles possibles : l'appréciation de la forme et l'appréciation de l'ordre. Le premier n'est clairement pas recevable; seul le second mérite d'être retenu, mais il ne peut être appliqué à l'appréciation de la nature qu'à la condition de bien prendre en note que la source d'information qui permet de guider l'appréciation vers les caractéristiques pertinentes n'est pas la même dans les deux cas, puisque dans le cas de l'appréciation de la nature ce n'est pas l'histoire de l'art qui compte mais l'histoire naturelle.

Il y a fort à craindre, une fois encore, que l'argument de Carlson prête le flanc à l'objection selon laquelle le champ des positions alternatives n'a pas été correctement examiné. Il n'est pas nécessaire que l'appréciation de l'art tombe dans l'une ou l'autre catégorie précédemment distinguées. Il se peut que nous puissions parfois apprécier l'art de façon appropriée en étant affecté par lui, et cette possibilité est ouverte aussi bien pour les œuvres d'avant-garde que cite Carlson que pour les œuvres de facture plus traditionnelle.

Par exemple, le *Cadeau* de Man Ray est un fer à repasser ordinaire garni de clous sur la semelle. Même si l'on ignore que cette œuvre est caractéristique du courant Dada, et même si l'on ne dispose pas des informations historiques et artistiques nécessaires pour comprendre les idées qui étaient celles des artistes de ce courant, on ne manquera pas de s'apercevoir que cet objet ne répond pas à la fonction pour laquelle il a été conçu, puisqu'il est impossible de repasser quoi que ce soit avec un tel fer, et le décalage entre ce que l'objet est devenu entre les mains de l'artiste et ce à quoi il était destiné initialement fait de l'œuvre un chef d'œuvre de l'humour noir. De la même manière, il se peut que l'on soit sensible à la provocation contenue dans la *Fontaine* de Duchamp sans rien savoir des arcanes de l'histoire de l'art, tout comme il se peut que l'on soit hanté par certains tableaux surréalistes sans rien savoir des objectifs métaphysiques, psychologiques et politiques que s'était fixés le mouvement surréaliste.

Il en va parfois de notre rapport à la nature comme il en va de notre rapport à l'art. Dans les deux cas, il se peut que nous soyons affectés par ce que nous observons sans disposer d'une quelconque information en histoire de l'art ou en histoire naturelle. Que ce soit dans notre rapport à l'art ou dans notre rapport à la nature, l'affection émotionnelle peut être un mode d'appréciation, et il est possible, dans un grand nombre de cas, de déterminer si l'affection éprouvée est appropriée ou inappropriée sans avoir à se référer à des histoires spécifiques, que ce soit l'histoire de l'art ou l'histoire naturelle.

Imaginons que nous soyons touchés par la vue d'une parade ou d'un coucher de soleil. Pourquoi faudrait-il que ce type de réaction, qui ne date pas d'hier et que chacun a pu expérimenter, soit réduit soit à un mode d'appréciation de la forme soit à un mode d'appréciation de l'ordre ? Pourquoi faudrait-il qu'elle soit guidée par l'histoire de l'art ou l'histoire naturelle ? L'approche que défend Carlson, s'agissant aussi bien de notre rapport à l'art que de notre rapport à la nature, étant indissociable de la promotion d'un certain genre de savoir « professionnel » au rang de prérequis de toute appréciation, on s'explique mieux que cet auteur puisse être constamment tenté d'occulter certaines formes traditionnelles d'appréciation esthétique. Ce qui ne signifie pas qu'il faille repousser le type d'appréciation informée que promeut Carlson, mais seulement qu'il convient de reconnaître toute la légitimité de certaines formes d'appréciation émotionnelle plus naïves [1].

1. A la fin de son article intitulé « Appreciating Art and Appreciating Nature », art. cit., Carlson se réfère en fait à certaines réactions à la nature, telles que l'admiration et l'émerveillement, qui ressemblent à celles que j'ai évoquées ici. Il estime que le modèle environnemental naturel non seulement n'empêche pas d'être sensible à ce qu'il y a de mystérieux pour nous et pour les autres dans la nature, mais ouvre au contraire la voie aux sentiments d'admiration et d'émerveillement. Je ne doute pas que la chose soit possible, mais je me demande si la voie qu'indique Carlson pour éprouver ces sentiments est la seule qui nous soit ouverte. Il se peut par exemple que nous soyons frappés par la taille de la nature sans se référer le moins du monde à des catégories scientifiques, et être saisi d'admiration. Il y a bien des manières d'éprouver ce sentiment en faisant l'économie des connaissances fournies par l'histoire naturelle. Par conséquent, la façon dont Carlson rend compte

SENSIBILITÉ À LA NATURE ET SENSIBILITÉ RELIGIEUSE

J'ai fait valoir précédemment qu'il est une forme d'appréciation de la nature qui consiste à être affecté émotionnellement par les objets naturels appropriés. Il se pourrait toutefois que cette invocation des émotions éveille la suspicion de quelques-uns. Est-il raisonnable, demandera-t-on, de se laisser affecter émotionnellement par la nature? Éprouver un sentiment de sécurité en observant une étendue naturelle ne confine-t-il pas à une expérience mystique? Notre sensibilité à la nature n'est-elle pas, comme l'a dit Terry Diffey, une forme substitutive de la sensibilité religieuse? Celui qui se sent touché par la nature n'est-il pas la proie d'une illusion, digne d'être soumise à la lumière crue de la psychanalyse, et demandant comme telle à être dissipée?

Il n'est pas douteux que toutes les réactions émotionnelles à la nature – telles que la peur éprouvée à la vue d'un tigre – ne sont pas d'ordre mystique. Mais il semblerait que certaines autres – en particulier celles que l'on considère traditionnellement comme caractéristiques de l'appréciation esthétique, telles que celle qui consiste à trouver qu'un paysage est empreint de sérénité – soient plus insaisissables et peut-être plus liées qu'on ne le croit à des schèmes de perception dérivés de la religion. Toutefois, je pense que, pour peu que l'on examine de près les phénomènes, il apparaît que nos réactions émotionnelles à la nature reposent dans une large mesure sur des fondements séculiers.

Dans son livre désormais classique intitulé *L'expérience du paysage*, ainsi que dans quelques articles consécutifs, Jay Appleton attribue l'origine de l'expérience esthétique des

---

du sentiment d'admiration ne se substitue pas au modèle de l'affection que je propose.

paysages aux rapports tissés avec l'environnement pendant une longue évolution de l'humanité, par transfert au plan esthétique des mécanismes de survie qui ont cessé d'avoir un but utilitaire. Selon lui, deux principes déterminent la façon dont les paysages sont perçus : la « vision » (*prospect*) (le paysage est expérimenté comme un espace ouvert propice à la surveillance) et le « refuge » (*refuge*) (le paysage est expérimenté comme un environnement propice aux cachettes)[1].

Autrement dit, étant donné le genre d'animaux que nous sommes, les caractéristiques des paysages revêtent pour nous une valeur stratégique en ce qu'ils peuvent permettre d'assurer notre survie : les larges panoramiques nous donnent un sentiment de sécurité dans la mesure où nous pouvons voir qu'il n'y a aucune menace alentour, tandis que les espaces clos nous rassurent en ce qu'ils nous offrent des lieux où nous cacher. Sans doute la théorie d'Appleton a-t-elle tort de fonder la perception du paysage sur des bases biologiques trop systématiquement réduites, ce qui le conduit à faire résider la valeur d'un paysage exclusivement dans la combinaison de ces composants capables d'assurer la surveillance et la cachette. Mais il se pourrait qu'il ait raison de dire que c'est cette valeur stratégique du paysage compris comme théâtre de notre survie qui continue d'être perçue au niveau esthétique et qui suscite nos réactions émotionnelles en éveillant des intérêts vitaux profondément enfouis en nous, et devenus peut-être imperceptibles.

---

1. Voir J. Appleton, *The Experience of Landscape*, New York, Wiley, 1975, « Prospects and Refuge Revisited », *in* J. L. Nasar (dir.), *Environmental Aesthetics : Theory, Research and Applications*, Cambridge, Cambridge University Press, 1988, p. 27-44, et « Pleasure and the Perception of Habitat : A Conceptual Framework », *in* B. Sadler, A. Carlson (dir.), *Environmental Aesthetics : Essays in Interpretation*, op. cit., p. 27-45.

La cause du sentiment de sérénité que nous éprouvons en contemplant un environnement naturel provient ainsi en partie du fait que nous nous situons au sein d'un espace ouvert, où rien ni personne ne peut venir à notre rencontre sans que nous nous en apercevions. Une telle réaction n'a donc rien de mystique, et elle n'est pas non plus l'expression d'une forme substitutive de sensibilité religieuse ; elle est bien plutôt liée à des mécanismes de survie issus de la longue histoire de l'évolution de l'espèce humaine.

D'autres chercheurs se sont employés à isoler de nouvelles caractéristiques du paysage – telles que son caractère mystérieux ou son caractère lisible [1] – qui influencent la façon dont nous réagissons aux étendues naturelles en nous faisant éprouver (de manière inconsciente et toute intuitive) les sentiments correspondants aux expériences que nous pourrions avoir au sein d'un tel environnement (comme l'expérience de s'y mouvoir, de s'y orienter, de l'explorer, etc.). Autrement dit, il se pourrait que le sens peut-être instinctif de ce que pourrait signifier pour nous que de vivre au sein d'un tel environnement naturel soit en partie la cause de l'affection émotionnelle que nous éprouvons à son contact. Si un paysage au plus haut point lisible – comportant des subdivisions bien nettes – nous apparaît comme étant accueillant et séduisant, c'est en partie parce que nous sentons que nous pourrions nous y mouvoir et nous y orienter avec aisance.

J'ai évoqué précédemment l'exemple d'une scène où nous nous tiendrions sous une tonnelle tapissée de feuilles mortes et de mousse. J'imaginai alors que, dans une telle situation,

---

1. S. Kaplan, « Perception and Landscape : Conceptions and Misconceptions », *in* J. L. Nasar (dir.), *Environmental Aesthetics : Theory, Research and Applications, op. cit.*, p. 49-51. Voir aussi du même auteur « Where Cognitions and Affect Meet : Theoretical Analysis of Preference », *ibid.*, p. 56-63.

nous éprouverions des sentiments de réconfort, de repos et de bien-être. Un tel état émotionnel pourrait bien être causé par le fait que nous identifions la tonnelle comme offrant un refuge potentiel. Comprenons bien : je ne prétends pas que nous percevions consciemment la tonnelle comme un refuge convenable et que nous l'apprécions en tant que tel. Je dis plutôt que le fait qu'elle constitue un refuge convenable, en raison de la clôture du milieu et de la lumière tamisée qui nous plonge dans l'ombre, provoque une réaction émotionnelle qui prend la tonnelle comme son corrélat intentionnel, en y répondant par des sentiments de repos et de bien-être.

Notre sensibilité n'est pas un avatar d'une sensibilité mystique ou religieuse, elle s'enracine bien plutôt dans des mécanismes de survie et est fondée sur une base d'instincts. Si une telle explication apparaît plausible pour rendre compte d'au moins quelques-unes de nos réactions émotionnelles à la nature, alors cela suffit à démontrer que le fait d'être affecté par la nature ne constitue pas une forme substitutive de sensibilité religieuse. Il se peut que certaines réactions de certains observateurs soient liées à la pensée que la Nature est l'œuvre de Dieu. Mais il est d'autres réactions émotionnelles – et des plus appropriées – dont il est possible de rendre compte de manière parfaitement séculière, à la lumière d'une explication de type naturaliste, telle que celle que Jay Appleton et quelques-autres ont avancée.

Admettre que nos réactions émotionnelles à la nature peuvent être expliquées en termes naturalistes n'implique toutefois pas, on l'aura compris, de renverser le modèle environnemental naturel d'appréciation de la nature. Car l'objectif de ce type d'explication est d'élucider la façon dont nos réactions émotionnelles sont causées. Lorsque je fais l'expérience d'une étendue naturelle en étant affecté par elle, il n'est pas nécessaire que je reconnaisse consciemment que l'objet de mon état émotionnel est lié à la façon dont j'interprète instinctivement la valeur stratégique de l'environnement. On pourrait envisager de combiner le modèle environnemental naturel de Carlson avec la théorie « vision-refuge » du paysage, en comprenant les émotions qu'inspire l'environnement à la lumière de la théorie de l'évolution. Mais ce n'est pas à cela que l'on songe d'ordinaire lorsque l'on parle d'être affecté par la nature.

En conclusion, je dirai que le fait d'être affecté par la nature signifie que l'on réagit à des caractéristiques des étendues naturelles – telles que l'échelle de grandeur ou la texture – en éprouvant les émotions appropriées. C'est là une façon traditionnelle de réagir à la nature. Elle n'a nul besoin de prendre appui sur l'histoire naturelle, et elle n'est pas non plus une forme résiduelle de mysticisme. Elle est l'une des formes les plus caractéristiques d'appréciation de la nature – irréductible en tant que telle à la science et à la religion.

STAN GODLOVITCH

LES BRISEURS DE GLACE
L'ENVIRONNEMENTALISME
ET L'ESTHÉTIQUE NATURELLE [*]

L'Alberta est une province où il fait plutôt froid. Mieux vaut apprécier la glace. A chaque hiver, notre rivière locale – la rivière Bow, dont la source se trouve dans les Montagnes Rocheuses – gèle presque de bout en bout. Bordant la rivière de chaque côté, la glace compte le plus souvent plusieurs centimètres d'épaisseur. Au début du printemps, la croûte gelée de la rivière se fissure et de larges blocs de glace s'empilent sur les rives. Au bout d'à peu près un mois, ils fondent au soleil, puis disparaissent complètement.

Celles et ceux que le spectacle du monde continue d'enchanter peuvent difficilement rester insensibles à ce spectacle. Forts de la conviction que la nature doit s'animer sous notre regard, ils verront dans l'empilement de ces blocs de glace l'esquisse d'une sculpture. Et pour peu qu'ils ne soient pas trop au fait des dernières péripéties du monde de l'art et qu'ils considèrent le monde tel qu'il se donne, ils estimeront que cet enchevêtrement de glace pourrait bien se voir décerner le premier prix dans un concours artistique.

[*] Stan Godlovitch, « Icebreakers : Environmentalism and Natural Aesthetics », *Journal of Applied Philosophy*, 1994, n°11, p. 15-30. Texte traduit par H.-S. Afeissa.

J'aime à me promener le long des berges, tout particulièrement à l'époque où la croûte commence à se fissurer. Je n'ai alors aucune peine à convaincre mon fils Daniel de m'accompagner. L'alternance du jour et de la nuit, des rayons du soleil se réfléchissant sur les eaux de la rivière gelée et du froid des premières nuits de printemps, les contractions et les expansions auxquelles la glace est soumise produisent d'innombrables fêlures internes. Ce qui semble, vu de l'extérieur, aussi solide que de la roche est en fait transi de part en part par un lent processus de dissolution dont les effets ne tarderont pas à se manifester au-dehors. Passé un certain seuil, la glace finit par perdre sa cohésion, et des morceaux commencent à se détacher en formant une myriade d'échardes fichées dans le bloc comme des flèches dans une botte de paille. Le dégel fait craquer la glace en faisant entendre les sifflements d'un verre qui se brise.

Laissez la nature agir, et vous verrez bientôt ces ruptures de seuil se répéter un peu partout, et les blocs de glace s'effriter majestueusement, à l'instar des buttes de grès situées au Sud de l'Utah. Mais, ainsi que chaque enfant ne manque pas de l'apprendre rapidement, si vous le voulez, vous pouvez accélérer le processus de manière spectaculaire en exerçant une pression aux endroits les plus fragilisés. Il suffit, pour ce faire, de jeter de lourdes pierres ou de sauter à pieds joints aux endroits stratégiques. De tels chocs suffisent à relâcher les forces de cohésion, lesquelles, en se brisant simultanément, font gronder la glace et provoquent une pluie de stalactites. C'est là un spectacle dont on ne se lasse pas quand on est enfant, et même lorsqu'on a vieilli.

Après avoir réduit en miettes quelques blocs de glace de la rivière Bow, les vandales s'en retournent à la maison, bien décidés à ne pas faire de quartier de l'Arctique le dimanche suivant.

Quelle est la morale de cette histoire ? Quels sont les principes moraux en jeu ? Pour le dire avec un peu d'emphase : le massacre de la rivière Bow soulève des questions au sujet de la beauté, du temps et de la nature. Le fait que certaines choses comportant une valeur esthétique se révèlent n'avoir d'existence qu'à titre temporaire revêt-il une importance quelconque ? Une appréciation esthétique de la nature devrait-elle exiger de notre part de tenir compte des échelles spatio-temporelles selon lesquelles se produisent les phénomènes observés, alors même que celles-ci peuvent se révéler relativement insignifiantes dans une perspective humaine ? Ne serait-il pas pour le moins étrange qu'il nous faille faire l'effort de passer outre les limites de la perception humaine lorsque nous appréhendons des objets naturels, alors même que la dimension esthétique est solidement enracinée (et ce de manière nécessaire, comme le diront certains) dans la réalité de l'appareil sensoriel ? Devrions-nous adopter une autre perspective ? En existe-t-il une autre ?

(…) Même lorsqu'aucun habitat naturel n'est menacé, la destruction aveugle de l'environnement inspire toujours une sorte d'indignation esthétique. Imaginons des bulldozers au pied des buttes de grès emblématiques de Monument Valley. Jusqu'où irait notre indignation ? Jusqu'à quel point notre sensibilité se montrerait-elle sélective ? Qu'en est-il des blocs de glace qui s'empilent sur les berges de la rivière Bow ? Leur destruction serait-elle moins scandaleuse que celle des buttes de grès ? Nous serions enclins à répondre que oui étant donné que la glace est destinée à fondre de toute manière, et qu'elle est appelée en outre à se reformer chaque année. Mais les buttes de grès elles aussi sont appelées à s'effondrer tôt ou tard et à se reformer un jour prochain à la faveur des mouvements des plaques tectoniques qui feront émerger un nouveau massif, lequel sera à son tour la proie des forces d'érosion, etc. Certes, dira-t-on, mais la vie d'un être humain n'est pas assez longue pour apprécier un tel renouveau géologique…

Cela signifie-t-il que notre esthétique naturelle, dans sa version la plus commune, est gouvernée par notre finitude temporelle ? Il est probable qu'il en aille ainsi, et, à la réflexion, la chose n'a rien d'étonnant. La dimension esthétique s'édifie sur le fondement culturel de l'échelle de perception humaine, elle ne fait sens que par rapport à elle et elle n'est recevable que dans les limites de notre appareil de perception et d'appréhension. C'est cette esthétique – opératoire au sein des limites sensorielles qui sont les nôtres, et relativement aux objets typiques qui sont susceptibles d'être appréhendés par nos sens – que j'appelle l'esthétique de type centrique. Plus les choses transcendent cette échelle de perception (soit parce qu'elles se situent en- dessous, soit au-dessus de sa mesure) et plus nos pouvoirs d'appréciation ont tendance à les laisser s'échapper, et moins nous nous montrons capables de nous indigner devant leur destruction. Mais pareil état de fait n'est-il pas au plus haut point arbitraire ?

Une esthétique naturelle de type centrique doit-elle être dite nécessairement arbitraire pour le seul motif qu'elle est liée à nos limites biologiques ? Je le pense. Si nous étions des géants, il ne serait pas plus choquant sur le plan esthétique d'écraser du pied une montagne de grès, ou même un météorite tombé du ciel, que de piétiner un château de sable. Si nos vies se mesuraient en secondes, briser des blocs de glace nous paraîtrait constituer un gâchis aussi lamentable que de se servir du parc national de Bryce Canyon comme d'une décharge à ciel ouvert pour nos déchets.

Mais s'il apparaît que notre souci pour la nature est marqué au coin d'une sorte d'anthropocentrisme sensoriel (*sensorily parochial*), ne devrions-nous pas vouloir le dépasser ? Dans ce cas là, ne nous retrouvons-nous pas, esthétiquement parlant, face à un plan s'étirant indéfiniment dans toutes les directions à la fois ? Entreprendre d'élaborer une esthétique naturelle acentrique, c'est au moins travailler à évaluer sur le plan esthétique ce dont la valeur ne dérive pas de notre expérience sensorielle ordinaire.

Notre esthétique naturelle est, naturellement, tout aussi anthropocentrique que nous sommes humains. La belle affaire, dira-t-on ! L'accusation consistant à pointer le caractère arbitraire de notre esthétique est triviale parce que, à ce compte, il faudrait dire que l'arbitraire imprègne toutes les perspectives anthropocentriques, y compris la moralité. Admettons par exemple que nous soyons faits de telle sorte que nous n'éprouvions aucune sensibilité à la douleur. Le fait d'arracher les ongles de quelqu'un ne serait alors ni plus ni moins vicieux que le fait de lui couper une mèche de cheveux, mais cela ne signifie pas pour autant que le premier geste soit en lui-même sans importance. Il n'est nul besoin de renoncer à une perspective anthropocentrique pour comprendre qu'il peut être plus prudent de réserver son jugement sur ce peuvent être les mondes étrangers jusqu'à plus ample informé. L'anthropocentrisme a pour lui d'être la perspective qui s'impose par défaut : quelle autre perspective sensorielle pourrait entrer en compétition avec elle ?

Mais c'est aller trop vite en besogne que de répondre de cette manière parce que c'est faire fi à bon compte de l'arbitraire inhérent à nos limites actuelles. Certains par exemple considèrent comme dénuée de tout fondement la différence de traitement que nous réservons aux êtres humains et aux animaux. Suffit-il, pour justifier moralement le traitement infligé à un animal autonome condamné à vivre dans des conditions de captivité, et destiné à mourir sitôt atteint le poids idéal pour finir en broche, – suffit-il donc de dire :

« mais quoi ! ce n'est qu'un poulet » ? Il n'est pas difficile de voir que notre esthétique naturelle actuelle n'est pas moins dissonante puisque coexistent en son sein l'indifférence la plus complète à l'égard de la destruction des blocs de glace, et l'opposition la plus farouche au projet de construction d'un barrage hydroélectrique sur la rivière Oldman.

Quoi qu'il en soit, même s'il nous faut bien vivre avec ce que nous avons et tels que nous sommes, cela ne signifie pas pour autant que nous devions nous rapporter au monde dans une perspective exclusivement sensorielle au sens ordinaire du mot. C'est cette suggestion qu'avance une esthétique de type acentrique, témoignant par là de son originalité. Nous nous efforcerons dans ce qui suit d'examiner deux types d'expérience non sensorielle permettant d'appréhender la nature : (1) l'expérience intellectuelle ou cognitive, et (2) l'expérience affective ou respectueuse. Toutes deux offrent un modèle alternatif d'une grande richesse, mais ni l'une ni l'autre ne sont adéquates. C'est pourquoi je leur adjoindrai un autre type d'expérience, que j'appellerai l'expérience objective ou mystique, laquelle conduit à dépasser radicalement le point de vue de tout spectateur (…) [1].

Un modèle d'esthétique acentrique : scientisme et esthétique naturelle — le cognitivisme d'Allen Carlson

La science est cette entreprise familière qui nous permet de dépasser les limites de l'échelle de perception humaine, et de triompher de la superficialité du subjectivisme. Afin de pouvoir apprécier la nature dans toute son ampleur – tâche

---

1. La partie consacrée à l'expérience affective ou respectueuse n'a pas été traduite ici. (N.d.T.)

pour laquelle nos moyens perceptifs se révèlent bien insuffisants
– et de parvenir à se hisser à un certain niveau d'objectivité,
à ce que Thomas Nagel a une fois magnifiquement appelé
« le point de vue de nulle part », une esthétique naturelle
soucieuse de transcender les limites de l'anthropocentrisme
sensoriel se doit d'embrasser non pas seulement toutes les
créatures, qu'elle soient grandes ou petites, mais encore tous
les processus, qu'ils soient de courte ou de longue durée [1].
Comment se rapporter à la nature telle qu'elle est si ce n'est
en la considérant comme une totalité ? Et comment mieux y
parvenir si ce n'est dans le cadre d'une esthétique naturelle
fondée sur la science ?

Carlson s'est efforcé d'élaborer un modèle, non seulement
en vue de conférer une forme d'objectivité à l'esthétique
naturelle, mais encore en vue de lui fournir des catégories
descriptives *sui generis*, qui puissent jouer dans le domaine
de l'esthétique de la nature un rôle analogue à celles que l'on
trouve dans le domaine de l'esthétique des œuvres d'art.
Carlson prétend également qu'il est possible de dépasser les
limites de l'expérience immédiate pour peu que notre
appréciation de la nature se règle sur les leçons de la science,
ou du moins pour peu qu'elle s'en inspire. Ce modèle
d'esthétique naturelle, appelé le « modèle environnemental
naturel », repose sur la compréhension scientifique que nous
avons de la nature :

> Afin d'apprécier la nature sur le plan esthétique, nous devons
> avoir connaissance des divers environnements naturels et
> des systèmes et des éléments dont ils se composent. De la
> même manière que l'on peut dire des critiques d'art et des
> historiens qu'ils disposent des connaissances nécessaires

---

1. T. Nagel, *Le point de vue de nulle part*, trad. fr. S. Kronlund, Paris,
Éditions de l'éclat, 1993.

pour apprécier de manière appropriée une œuvre d'art sur le plan esthétique, de même l'on peut dire des naturalistes et des écologues qu'ils disposent des connaissances nécessaires pour apprécier de manière appropriée la nature sur le plan esthétique. (...) Cette connaissance [que nous avons de la nature], laquelle est essentiellement celle que nous fournit la science ainsi que le sens commun, m'apparaît comme étant le seul candidat crédible pour jouer, dans le domaine de l'appréciation de la nature, le rôle que joue la connaissance que nous avons des genres d'art, des traditions artistiques, etc., dans le domaine de l'appréciation de l'art[1].

Le grand Richard Feynman à la fin de sa vie ne disait pas autre chose :

Même si je n'ai pas une sensibilité aussi raffinée que celle d'un artiste, je suis capable d'apprécier à sa juste valeur la beauté d'une fleur. Mais, dans le même temps, je vois bien plus de choses dans cette fleur que lui. Je peux imaginer les cellules de la fleur, lesquelles ont elles aussi une beauté. La beauté ne se manifeste pas seulement à l'échelle d'un centimètre ; il y a aussi de la beauté à une échelle bien inférieure. (...) La connaissance de la science suscite des questions bien étranges, et, en rendant plus mystérieuses la fleur, elle augmente notre ébahissement et notre respect. Elle les augmente, ai-je dit. Je ne vois pas comment elle pourrait les diminuer[2].

1. A. Carlson, « Appreciation and the Natural Environment », art. cit., p. 276. Voir aussi du même auteur « Nature and Positive Aesthetics », *Environmental Ethics*, 1984, n°6, notamment p. 30-32 [repris dans *Aesthetics and the Environment*, *op. cit*, p. 72-101] : « L'esthétique positive [c'est-à-dire l'idée selon laquelle la nature vierge est essentiellement belle] n'est justifiée que pour autant qu'elle repose sur les interprétations de la science » [p. 94].

2. R. P. Feynman, *What Do You Care What Other People Think ?*, New York, Norton, 1988, p. 11.

Il est clair que ce dont parle Feynman n'est pas d'une « perception » au sens ordinaire du mot. Il en va plutôt ici d'une révélation acentrique allant au-delà de l'apparence phénoménale : la science, comme guide impersonnel menant sur la route de la beauté du Réel, est à la fois ce qui sous-tend et ce qui dépasse la perception dont un artiste est capable. Alfred North Whitehead semble partager ce platonisme à peine remanié lorsqu'il déclare que la perception sensorielle « ne révèle que très superficiellement la nature véritable des choses ». De ce point de vue, il faut dire que l'artiste n'a pas d'autre mérite que de fournir les premiers éléments d'une appréciation appropriée de la nature [1].

Dans la mesure où la science n'accorde aucun privilège à la perception effectuée au moyen d'instruments techniques par comparaison à celle effectuée à l'aide des organes de sens, et dans la mesure où elle accorde autant d'attention (si ce n'est plus) aux phénomènes de très grande ou de très petite envergure, se produisant dans un laps de temps très court ou s'étendant sur des millénaires, elle ne permet pas de justifier la préférence ou l'appréciation esthétique qui serait fondée sur la considération de l'échelle à laquelle les phénomènes se manifestent. Par conséquent, la perspective esthétique du savant va au-delà de la surface sensible du monde perceptif ordinaire – mieux : elle la transcende. Les préférences esthétiques que nous témoignons aux phénomènes que les limites de notre appareil sensoriel nous permettent de saisir ignorent superbement les remarquables pouvoirs dont la science nous a dotés, lesquels nous rendent capables de

---

1. A. N. Whitehead, « La nature et la vie », septième conférence, trad. fr. H. Vaillant dans *Modes de pensée*, Paris, Vrin, 2004.

pénétrer dans le monde de l'infiniment petit comme de l'infiniment grand, et même de le manipuler[1].

Il n'est bien sûr pas nécessaire qu'une esthétique cognitive soit fondée sur des recherches empiriques portant sur le monde concret. L'esthétique du mathématicien et même celle du joueur d'échecs montrent de quelle manière une perspective acentrique – repoussant la base sensorielle du jugement esthétique – peut émerger. Il serait inexact de prétendre que l'esthétique purement formelle du mathématicien dérive dans une large mesure et qu'elle s'inspire d'une esthétique sensorielle de type centrique. La preuve d'une telle dépendance demanderait à être faite.

L'esthétique naturelle fondée sur le cognitivisme scientifique paraît bien plus consistante que ne peut l'être celle qui se réfère à la surface phénoménale des objets considérés. Ce qu'elle a gagné par rapport à cette dernière se mesure en degrés d'objectivité, d'impersonnalité, de distance et de franchissement des limites de l'échelle de perception humaine. Le fait de soustraire notre appréciation aux limitations anthropocentriques confère à l'esthétique cognitive un aspect acentrique. En outre, s'il est vrai que la connaissance scientifique de la nature conduit à l'appréciation esthétique la plus approfondie, la plus authentique et la plus pertinente de la nature telle qu'elle est réellement, peut-on rêver meilleur fondement pour un environnementalisme de type acentrique pleinement compréhensif?

Malheureusement, j'ai quelques réserves à faire valoir. Quelque grande que puisse être notre confiance dans la sûreté de la démarche scientifique, je me demande s'il est bien prudent de faire dépendre de cette dernière les principes mêmes d'un esthétique naturelle.

---

1. Voir I. Hacking, *Concevoir et expérimenter*, Paris, Bourgois, 1989.

Notons tout d'abord que si l'esthétique cognitive parie sur la possibilité d'atteindre une vérité indubitable en science, alors il lui faut faire face aux objections provenant des antiréalistes, des réalistes internes et des relativistes [1]. Et même s'il apparaît que ces objections n'ont en elles-mêmes rien d'insurmontable, elles suffisent tout de même à rendre sujette à caution l'idée selon laquelle la science serait la voie royale menant à la découverte de la Réalité, mettant au jour, pour l'appréciation esthétique, des propriétés du Réel autrement plus profondes que ce que n'importe quel artiste peut saisir à l'aide des sens.

Il faut noter ensuite que l'histoire des sciences est en partie une histoire faite d'essais et d'erreurs, d'espoirs déçus et de superbes chimères. Les catégories scientifiques les plus solidement établies ont été réfutées ; certains genres naturels, auxquels aucune réalité ne correspondait, ont disparu des taxinomies modernes ; le langage de la science n'a cessé de se départir d'un certain nombre de termes et de concepts dépourvus de référents assignables ; de vastes théories ont cessé de trouver créance. Imaginons que votre appréciation d'un phénomène naturel repose sur ce qui, après coup, apparaîtra comme étant une théorie scientifique erronée. Que se passera-t-il alors ? Votre appréciation en sera-t-elle affectée de manière négative ? Cesserez-vous de vous émerveiller ? J'espère bien que non. (On songe ici au sophisme naturaliste.)

Notons pour finir qu'on ne voit pas bien pour quelle raison l'on devrait limiter de manière servile notre appréciation

---

1. Voir B. Van Frassen, *The Scientific Image*, Oxford, Oxford University Press, 1980, H. Putnam, *Raison, vérité et histoire*, trad. fr. A. Gerschenfeld, Paris, Minuit, 1981, T. S. Kuhn, *La structure des révolutions scientifiques*, trad. fr. L. Meyer, Paris, Flammarion, 1983, P. Feyerabend, *Contre la méthode. Esquisse d'une théorie anarchiste de la connaissance*, trad. fr. B. Jurdant, A. Schlumberger, Paris, Seuil, 1979.

esthétique de la nature aux genres naturels mis au jour par la science. Sans même parler du fait que la science est faillible, n'est-ce pas manquer de tout esprit d'initiative que de se mettre à la remorque de la science en veillant à ne pas faire un pas hors des sentiers éclairés de la connaissance ? Pourquoi ne pas laisser les choses se « combiner » comme elles le veulent, comme le suggère George Dickie[1] ? Pourquoi devrions-nous appréhender les objets naturels de la même manière que nous appréhendons d'ordinaire les œuvres d'art, en essayant de reconduire le lourd appareil des types, des genres et des styles artistiques ?

Il se pourrait également que nous soyons floués, non pas par les limites de l'explication scientifique, mais, paradoxalement, par son succès même. En effet, le but que se fixe la science – découvrir ce que le monde est réellement – et le projet de découverte même qu'elle poursuit comportent un certain nombre de contraintes, telles que la cohérence entre les diverses théories complémentaires et avec tout ce qui est également admis par ailleurs, la capacité à subir le contrôle de l'expérience, et quelques autres exigences de conformité institutionnelle. N'est scientifiquement pertinent que ce qui peut faire l'objet d'une appréhension scientifique, c'est-à-dire que ce qui peut faire l'objet d'une élaboration théorique et d'une expérimentation, d'une description et d'une mesure dans des conditions bien définies. La science vise à produire un certain type d'intelligibilité.

Or cette intelligibilité a un coût. En la catégorisant, en la quantifiant et en la modélisant, la science démystifie la nature. Cette grille de lecture permet à la science de rendre intelligible la nature, qu'elle divise, conquiert et recrée en théorie, jusqu'à

---

1. G. Dickie, *Art and the Aesthetic*, Ithaca, Cornell University Press, 1974, p. 169.

faire apparaître les objets dans la nature comme autant d'artefacts complexes découpés sur le fond d'une confusion indescriptible.

Ce thème du « coût » de l'intelligibilité produite en science a trouvé une expression classique sous la plume de Kant parlant de la « finalité de la nature », du principe subjectif *a priori* qui nous conduit à « découvrir en elle un ordre saisissable (…), une expérience cohérente (…) parce que nous ne pouvons progresser dans l'expérience et acquérir une connaissance grâce à l'usage de notre entendement que dans la mesure où ce principe est effectif »[1]. On trouve encore un écho de ce thème chez Whitehead :

> On ne peut parler vaguement de la Nature en général. On doit s'arrêter à des détails au sein de la Nature et débattre de leurs essences et de leurs types d'interconnexion. Le monde qui nous entoure est complexe et composé de détails. Nous devons établir quels sont les types premiers de détails en fonction desquels nous tenterons d'exprimer notre compréhension de la Nature. Nous devons analyser et abstraire, et comprendre le statut naturel de nos abstractions. (…) Chaque époque s'arrange pour trouver des modes de classification qui semblent être des points de départ fondamentaux pour les recherches des sciences particulières. Chaque époque successive découvre que les classifications primaires de l'époque précédente ne conviennent plus[2].

Si la science déçoit au final le partisan d'une théorie acentrique, c'est parce qu'elle n'offre fondamentalement qu'une galerie de nos propres représentations articulées. Cet état de fait constitue un motif de contrariété non seulement pour ceux qui sont à la recherche de conceptions alternatives

---

1. E. Kant, *Critique de la faculté de juger*, trad. fr. A. Philonenko, Paris, Vrin, 1989, p. 33.

2. A. N. Whitehead, « La nature et la vie », *op. cit.*, p. 147-148.

de la nature, mais encore pour les épistémologues qui se demandent de quoi nous parlent au juste les sciences, et tout particulièrement les mathématiques :

> Les lois fondamentales ne gouvernent pas la réalité. Ce qu'elles gouvernent n'a que l'apparence de la réalité, et l'apparence est bien plus claire et bien plus susceptible de se laisser ordonner que la réalité elle-même. (…) Nous construisons aussi bien les théories que les objets auxquels elles s'appliquent, puis nous les projetons sur les situations réelles en nous efforçant de capter (…) une partie de ce qui se produit [1].

Ce qui est toujours mis de côté n'est rien d'autre que le côté mystérieux de la nature, son caractère ineffable et miraculeux. Aux yeux de Richard Feynman, la science enrichit et même approfondit notre sens du mystère. Mais il s'agit là d'un mystère auquel la science et elle seule donne un accès – pour mieux le dissiper, ce qui est profondément insatisfaisant sur le plan esthétique.

Contrairement à ce que l'on aurait pu croire, une esthétique naturelle fondée sur la science reste implicitement solidaire d'un certain nombre de limites fonctionnelles. L'activité scientifique n'est ni plus ni moins anthropocentrique que toute autre activité humaine. Si nous attendons de la science qu'elle nous livre les catégories en fonction desquelles régler notre appréciation, alors il y a fort à craindre que nous ne fassions jamais qu'échanger une forme de pensée anthropocentrique contre une autre.

---

1. N. Cartwright, *How the Laws of Physics Lie*, Oxford, Oxford University Press, 1983, p. 162. Cartwright estime que l'on peut se représenter les théories scientifiques comme des œillères épistémologiques. Voir aussi A. O'Hear, *Philosophy of Science*, Oxford, Oxford University Press, 1989, p. 129 *sq.*

L'appréciation esthétique de la nature dépend autant de ce que nous ne savons pas et ne pourrons jamais savoir sur la nature que de tout ce que nous avons déjà appris à son sujet. L'objectif de découverte, de révélation et, par là, de démystification que se fixe la science entre en conflit avec la perspective d'une esthétique acentrique, laquelle s'efforce de cultiver un sens de ce qu'il y a d'intrinsèquement mystérieux dans la nature, des merveilles que nul modèle explicatif ne pourra jamais réduire. Une esthétique naturelle se doit de respecter ce qui est de l'ordre de l'inarticulable, lequel est, après tout, la voix spontanée de l'étonnement.

La science, en quête d'une élucidation ultime de la nature, repousse l'idée d'une explication qui demeurerait systématiquement incomplète. La recherche même des particules dites « élémentaires », d'une réponse définitive à la question « De quoi le monde est-il fait ? », attestent de la foi dans le caractère intelligible de la structure profonde de l'univers. Comparez cette représentation des choses à celle des mondes innombrables infiniment emboîtés les uns dans les autres qui a cours par exemple dans cette branche de la physique qui étudie les structures fractales où chaque niveau se révèle tout aussi complexe que le précédent, où il n'y nul constituant ultime et nul élément simple. Une telle profondeur sans fond n'est pas pleinement compatible avec la vision du monde de Richard Feynman. Bien que la géométrie fractale soit elle aussi, comme toute science, intéressée par la complexité interne des choses et que sa contribution spécifique consiste à rendre plus complexe encore le réel, il n'est pas sûr qu'un savant pourra reprendre à son compte sans sourciller ce type d'approche qui considère que la science, aussi loin qu'elle pousse son explication du réel, ne parviendra jamais à une explication ultime.

Le poète Louis MacNeice exprime fort bien ce sentiment d'une plénitude irréductiblement confuse :

> Le monde est bien plus fou et plus encore que nous ne le pensons,
> Incorrigiblement pluriel. J'épluche et je partage
> Une mandarine et je crache les pépins et je ressens
> L'ivresse profonde des choses si diverses [1].

UN DERNIER MODÈLE D'ESTHÉTIQUE ACENTRIQUE : MYSTÈRE ET INSIGNIFIANCE

Mais comment y parvenir ? (…) Le modèle alternatif que je propose, malheureusement quelque peu obscur, s'inspire de ce qu'il y a de mystérieux dans la nature pour élaborer une esthétique acentrique. C'est en relation à cette esthétique que j'avance le concept de « détachement esthétique » (*aesthetic aloofness)* et celui d'« insignifiance » (*insignificance*), lesquels ne font pleinement sens que dans une perspective acentrique. L'adoption de cette perspective conduit à expérimenter le monde selon une infinité de points de vue, depuis lesquels l'observateur apparaît comme n'ayant aucune importance. Une telle perspective fait également apparaître la nature comme étant catégoriquement différente de nous-mêmes, une nature dont nous n'avons jamais fait partie, une nature dont il suffit de faire un objet d'appréciation pour éprouver qu'elle est radicalement indépendante de nous et pleinement autonome.

Si la nature comme totalité échappe aux prises de la connaissance et de l'affection, la seule approche esthétique qui nous reste est celle qui consiste à cultiver dans notre rapport à la nature le sens du mystère. Or le sens du mystère

---

1. F. L. MacNeice, « Snow », in *The Collected Poems of Louis MacNeice*, Oxford, Oxford University Press, 1967, p. 30. (N.d.T.)

est lui-même assez mystérieux, en sorte qu'il ne faut pas s'attendre ici à ce que nous livrions des « recettes ». Apprécier la nature en tant qu'elle est mystérieuse, c'est l'appréhender dans une perspective acentrique caractérisée par l'absence de tout point de vue privilégié. Nous saisissons le caractère mystérieux de la nature dans un état d'incompréhension appréciatif, dans la reconnaissance des limites de l'échelle de perception humaine, par quoi chacun éprouve justement le besoin de s'émanciper de la perspective anthropocentrique sensorielle et catégorielle. Par conséquent, la capacité à saisir le caractère mystérieux de la nature implique au préalable d'avoir pris conscience de la nature fondamentalement perspectiviste (*parochial*) de l'expérience, et tout particulièrement du caractère anthropocentrique de notre expérience.

Le mystère ne peut donc être appréhendé depuis le point de vue cognitivo-scientifique parce que cette approche cherche par principe des réponses et non pas des énigmes. La science entreprend de connaître la nature, en s'armant de la conviction que cet objectif peut être atteint. Certes la science ne peut être une entreprise de résolution des problèmes que si d'abord certains problèmes ont été posés, mais ces derniers sont posés par la science et dans les limites de son système de compréhension. La science ne pose que les questions auxquelles elle est susceptible d'apporter des éléments de réponse.

Le mystère ne peut pas non plus reposer sur le respect, la vénération, l'amour ou l'affection. Cette dernière approche présuppose que nous ayons le pouvoir et que l'opportunité nous soit donnée d'entrer en contact plus étroit avec la nature, et même d'obtenir de sa part une forme de réciprocité – ou en tout cas, de pouvoir espérer qu'une telle chose soit possible, comme le font ceux qui rêvent de pouvoir vivre en harmonie avec la nature. Nous pouvons vénérer et respecter les autres formes de vie : une telle attitude peut aisément être adoptée, et il est moralement nécessaire qu'elle le soit. Mais la nature – la grande Insensée (*Insensate*) – se situe bien au-delà de nous ; la seule image claire que nous ayons de ses voies impénétrables est filtrée par la grille de lecture nomologique que nous plaquons sur elle, ne laissant apparaître que des processus, des répétitions de phénomènes et le règne de la nécessité. L'art émerge en partie comme une tentative visant à mieux satisfaire notre besoin de nouer un contact plus étroit avec la nature.

Le mystère dont il est question n'est pas celui de la Vie – laquelle, après tout, pour autant que nous le sachions, ne s'est jamais manifestée ailleurs que sur Terre, par rapport à laquelle elle constitue, semble-t-il, un phénomène de surface (pour ne pas dire : un phénomène superficiel). La vie n'a en fait rien de mystérieux, et il est même peu de chose que nous connaissions de façon plus intime. Bien que nous n'ayons malheureusement pas accès au monde de l'expérience des autres espèces, ce monde ne nous est pas non plus complètement étranger, et il nous est possible d'entrer un peu en contact avec lui. Nous pouvons comprendre la faim, la douleur et la peur qu'éprouvent les êtres sensibles – assez en tout cas pour vouloir ne pas empiéter sur leur vie. Nous partageons les mêmes intérêts qu'eux en tant que nous sommes doués nous aussi de sensibilité, et pouvons par là même aisément comprendre, parce que nos intérêts respectifs sont toujours naturellement biaisés, tout ce qui nous sépare les uns des autres. Mais cela ne nous rapproche pas le moins du monde du vide silencieux des vagues, des rochers et du feu. Nous sommes particulièrement mal équipés pour comprendre les choses dénuées de besoins, qui ne peuvent ni être blessées ni subir de préjudice à la façon dont nous en faisons immédiatement l'expérience. Il n'est pas douteux que les milieux écologiques peuvent subir des préjudices, mais alors nécessairement en relation avec ceux qui y vivent, un milieu étant défini par les êtres qui y évoluent. Un milieu renvoie inévitablement à une perspective centrique. Le territoire, quant à lui, se situe au-delà de toutes ces vaines agitations.

Nul ne peut prouver que les autres espèces sont plus proches de la nature que nous ne le sommes. Et pourtant, je ne peux m'empêcher de penser qu'il en est bien ainsi, car je n'imagine pas espèce plus distante de la nature que la nôtre. Nous avons conquis de haute lutte cette distance en réussissant à soustraire notre existence à l'immédiateté brutale et à la vulnérabilité qui semblent caractériser la vie dans le monde extérieur – une vie que nous ne pouvons mener et que nous n'avons sans doute jamais menée, si ce n'est dans les cauchemars de Hobbes. C'est dans la mort que nous nous en rapprochons le plus, mais alors l'acteur disparaît en même temps que la pièce qu'il interprète, et son auditoire avec lui.

Il se pourrait que ce soit dans le contexte religieux que le mystère dont nous parlons se développe le mieux, à condition toutefois de préciser qu'il ne se conforme pas à certaines conceptions de l'intuition mystique. C'est le cas de toutes les formes de mysticisme religieux ou quasi-religieux qui portent à leur dernière limite des attitudes épistémiques et affectives. Bertrand Russell, par exemple, évoque l'une de ces formes lorsqu'il attribue à l'intuition mystique une fonction épistémologique, menant à ce qu'il appelle des « croyances définies » au terme d'un parcours qui « commence par le sentiment d'un mystère dévoilé, d'une sagesse cachée brusquement devenue certaine au-delà de tout doute possible »[1]. Le théologien Rudolf Otto, quant à lui, a cherché à mettre

1. B. Russell, « Mysticisme et logique », trad. fr. D. Vernant dans *Mysticisme et logique*, Paris, Vrin, 2007, p. 37.

l'accent sur l'existence d'une puissante veine quasi-affective
« commune à tous les types de mysticisme », laquelle consiste
en une « identification du moi personnel avec la Réalité
transcendante » [1]. L'une et l'autre m'apparaissent comme des
prolongements thématiques de la recherche scientifique du
secret de l'univers et du puissant sentiment de sollicitude
(*caring*) pour la Nature.

Il se pourrait que le sens du mystère ne soit qu'un ersatz
de la religion. Si tel est le cas, alors il conviendrait de soumettre
à une nouvelle appréciation l'étoile déchue de la Sublimité,
laquelle est, selon les mots de Thomas Weiskel, « une
transposition massive de la transcendance [religieuse] dans
un registre naturaliste » [2]. Mais, à bien y regarder, il apparaît
que le concept bien défini du sublime est d'un maigre secours.
Les définitions traditionnelles du sublime mentionnent les
sentiments de peur éprouvés par le spectateur, ou le sentiment
d'être dépassé, ou encore la découverte de la noblesse et de
la complexité de l'esprit humain. Le mystère, en revanche,
ne suppose ni effroi ni plaisir débordant, ni sentiment de
puissance, ni immensité océanique. Il ne contient pas davantage
la promesse d'une élévation de la conscience morale, et ne
se propose pas comme guide pour explorer l'infinité de l'espace
mental intérieur. Bien qu'il puisse y avoir quelques
recoupements ponctuels de sentiments analogues – songez à
ceux qui sont liés à ce que Rudolf Otto a appelé le *mysterium
tremendum* –, ils demeurent fort éloignés des sentiments de
détachement (*aloofness*) et d'impersonnalité. En tout état de
cause, le concept du sublime a été trop surdéterminé par la

1. R. Otto, *The Idea of the Holy* (1917), trad. angl. J. W. Harvey,
Harmondsworth, Penguin Books, 1959, p. 36.
2. T. Weiskel, *The Romantic Sublime*, Baltimore, Johns Hopkins University
Press, 1946, p. 4. « Le sublime émerge à mesure que Dieu se retire de toute
participation immédiate dans l'expérience des hommes » (p. 3).

tradition pour pouvoir être réellement utilisable dans notre perspective [1].

Le sens du mystère n'implique pas nécessairement l'admiration et l'étonnement. Ces deux derniers appartiennent à la même famille de concepts que l'amour et le respect dont il a été question précédemment, et ils partagent avec eux la même faiblesse congénitale causée par l'arbitraire de l'échelle de perception humaine. Si un environnementalisme acentrique est possible, alors il exige de pouvoir jeter sur le monde un regard de considération bien plus uniforme que ne le permet ces sortes d'affects, un regard qui justement s'est détaché de toute perspective humaine, où le point de vue de chacun vaut celui de tous les autres et peuvent être ramenés tous ensemble

---

1. Il semble que le sublime, lequel constituait hier encore un thème majeur de recherche, se soit enlisé dans un marais d'obscurité. M. Mothersill notait qu'« il fut un temps où le sublime réunissait une constellation de sentiments, d'expressions, de styles et de sensibilités entre lesquels chacun reconnaissait l'existence d'affinités. Puis (…) les uns et les autres en sont venus à se séparer. (…) Certains éléments demeurent. La nature à l'état sauvage, continue d'inspirer un certain enthousiasme et une certaine admiration, mais n'évoque plus dans l'esprit de personne l'idée d'un impératif catégorique. Sa signification morale est limitée à l'"éthique environnementale" ». Voir M. Mothersill, compte rendu du livre de P. Crowther, *The Kantian Sublime*, *Mind*, 1992, n°101, p. 156-160. Parmi les ouvrages classiques sur ce sujet, voir E. Burke, *Recherche philosophique sur l'origine de nos idées du beau et du sublime* (1757), trad. fr. B. Saint Girons, Paris, Vrin, 2009, et la très néoromantique *Critique faculté de juger* (1790) de Kant. Le mérite revient à Wordsworth d'avoir porté le sublime romantique à sa pleine expression. Voir T. Weiskel, *The Romantic Sublime*, *op. cit.*, M. H. Abrams, *Nature Supernaturalism*, New York, Norton, 1971. Le comble de la confusion est analysé avec élégance et tact dans E. F. Carritt, *The Theory of Beauty* (1949), Londres, Methuen, 1962, chap. 9. Parmi les études récentes les plus importantes, voir G. Sircello, *A New Theory of Beauty*, Princeton, Princeton University Press, 1975, sec. 28, et « How Is a Theory of the Sublime Possible ? », *Journal of Aesthetics and Art Criticism*, 1993, n°51, p. 381-389. Voir aussi P. Crowther, « The Aesthetic Domain : Locating the Sublime », *British Journal of Aesthetics*, 1989, n°29, p. 21-32, et *The Kantian Sublime*, Oxford, Oxford University Press, 1989.

à un même point d'indifférence et d'anonymat (d'uniformité).
Par là, tous les observateurs et tous les points de vue sont
effectivement rendus indiscernables, de sorte à susciter le
sentiment d'une insignifiance universelle, lequel se distingue
du sentiment positif de l'infinité de la nature. L'admiration,
volens nolens, demeure inévitablement autocentrée.
L'appréciation de la nature dans une perspective acentrique
exige au contraire que l'on évite de se laisser impressionner
ou de se sentir dépassé par le spectacle de la nature. Le
sentiment d'admiration suppose toujours que l'on apporte au
sein de l'expérience une image humaine de soi-même :
l'homme qui admire est la mesure de toute chose, même des
plus incroyables.

Quel type de considération, par conséquent, pouvons-nous
avoir pour la nature ? En quoi consiste une esthétique
acentrique ? Le concept de mystère qui lui correspond doit
avoir un sens aussi bien pour qualifier le sujet que pour qualifier
l'objet : l'attitude esthétique appropriée à l'objet esthétique.
Le seul moyen d'adopter l'attitude esthétique adéquate est
de développer un sentiment d'extériorité ou de non-
appartenance par rapport à la nature. Or notre nature sensorielle
est ainsi faite que nous sommes contraints et forcés d'adopter
une perspective, de nous situer par rapport aux choses
environnantes depuis un poste d'observation privilégié, qui
nous donne une position dans l'espace et dans le temps, et
nous conduit à penser que la spatio-temporalité doit être cette
sorte de glue ultime qui fait tenir ensemble toutes les choses.
Cette pseudo-nécessité de la localisation est précisément la
limitation que les créatures sensibles subissent, et qui les met
dans l'incapacité de saisir la nature dans ses caractéristiques
les plus fondamentales – l'impersonnalité, l'indifférence et
l'autonomie. La localisation définit l'humanité et la façon
dont elle assure sa propre survie en transformant rigoureusement

tout ce qui se donne dans le monde extérieur en éléments manipulables d'une expérience maîtrisée.

Il y a une infinité de points de vue par rapport auxquels notre existence apparaît insignifiante. Appréhender la nature dans une perspective acentrique, c'est adopter un tel point de vue et par là même réaliser le détachement esthétique (*aesthetic aloofness*). Il n'est donc nullement requis, pour y parvenir, de prendre sur la nature le point de vue de Dieu. Si nous pouvions jeter sur le monde le « regard » d'un coléoptère, nous aurions déjà fait l'essentiel, car alors le monde qui nous apparaîtrait ne serait pas pour nous [1]. Pareille perspective est distincte de l'impartialité scientifique parce qu'elle ne se fixe pas pour objectif de produire une quelconque intelligibilité ou de s'ajuster à celle que les sciences ont rendu disponible. Le détachement (*aloofness*) ne doit pas davantage être confondu avec le désintérêt, même si le premier présuppose le second. Le détachement exige non seulement que l'on fasse abstraction de toutes considérations fonctionnelles et personnelles concernant l'objet, mais encore que l'on dépasse toutes les limites sensorielles liées à l'échelle de perception humaine. Adopter une attitude de détachement esthétique (*aesthetic aloofness*) implique de ne plus accorder de privilège esthétique à la perception ordinaire de la surface, parce qu'un tel mode d'appréhension dépend clairement des limites de notre échelle de perception, et constitue une expression emphatique de la

---

1. Gregor Samsa, dans le célèbre roman de Kafka, est condamné à subir une métamorphose aliénante, sans jamais y parvenir tout à fait. Le personnage qui rétrécit incroyablement dans le film intitulé *L'homme qui rétrécit* (1957) réalisé par J. Arnold et scénarisé par R. Matheson, se rapproche de ce dont nous parlons lorsqu'il touche aux limites de l'infiniment petit, lui offrant le point de vue de tous les points de vue, ou encore le point de vue de partout. Plus modestement et de manière moins spectaculaire, il est encore possible pour un adulte d'apprendre à voir le monde un peu différemment en se mettant à la hauteur d'un enfant et en regardant ce qu'il voit.

culture. Certes, rien n'est plus contraire à notre nature humaine qu'une telle perspective acentrique étrangère à toute échelle de perception. Nous ne voyons et ne sentons jamais que peu de choses, et la vie est courte.

Cet état de fait pourrait faire croire qu'une esthétique naturelle acentrique est impossible et paradoxale. Elle ne devient possible qu'à la condition de libérer un espace pour le mystère, sans proposer de solution. La reconnaissance de ce mystère est ce qui permettra à l'appréciation esthétique de se développer, sans rien devoir aux formes d'appréhension cognitives ni rien emprunter aux formes affectives de l'amour et du respect. La nature est détachée (*aloof*), et nous la rejoignons dans ce détachement (*aloofness*), non pas dans le but de la comprendre ou de la vénérer, mais plutôt dans le but de nous ajuster à elle, et par là de la saisir sans la capturer.

Le fait que le détachement (*aloofness*) soit lié au désintérêt, et qu'il s'impose comme étant l'attitude adéquate envers la nature considérée dans sa totalité, confirme que l'acentrisme est bel et bien une perspective *esthétique* sur la nature et non pas *morale* ou *religieuse*, bien que les limites entre ces différentes façons de voir puissent paraître obscures ou triviales. En tout état de cause, l'acentrisme, compris comme perspective esthétique, ambitionne de se tenir à distance de toute approche culturelle, laquelle met au centre de son attention ces produits typiques de la culture que sont les œuvres d'art – artefacts par excellence, choses fabriquées, choses humaines trop humaines.

YURIKO SAITO

L'ESTHÉTIQUE DE LA NATURE ORDINAIRE *

POUR DÉFENDRE LA NATURE ORDINAIRE

Une révolution se produit dans l'esthétique de la nature lorsque l'on commence à apprécier les parties de la nature autrefois considérées comme esthétiquement négatives. Le bouleversement qui a affecté l'esthétique des montagnes au début du XVIIIᵉ siècle en fournit un exemple. Nous sommes actuellement témoins d'une révolution analogue qui a débuté il y a un siècle. Son principal objectif est de dépasser l'appréciation picturale (*pictorial*) de l'environnement naturel – un héritage que nous a légué l'esthétique du pittoresque remontant à la dernière moitié du XVIIIᵉ siècle. L'accent mis sur le « pittoresque » comme objet de l'appréciation de l'environnement naturel nous a conduits à regarder la nature comme une série de scènes bidimensionnelles. Cette approche de la nature nous a également encouragés à chercher et à apprécier principalement les parties *picturalement* (*scenically*)

* Yuriko Saito, « The Aesthetics of Unscenic Nature », *The Journal of Aesthetics and Art Criticism*, 1998, vol. 56, n° 2, p. 101-111. Texte traduit par Y. Lafolie avec l'aimable autorisation de l'auteure.

intéressantes et belles de notre environnement naturel. Ainsi,
les environnements exempts de réelle composition picturale,
n'inspirant pas d'émotions fortes et dénués de charme (c'est-
à-dire les environnements indignes d'être représentés dans
un tableau) ont été considérés comme n'ayant pas de valeur
esthétique [1].

Songeons, par exemple, à l'expérience dont John Muir
fait le récit de la rencontre de deux artistes sur le mont Ritter
dans la Sierra Nevada. Seuls les points de vue panoramiques
offrant une vue spectaculaire et surprenante trouvaient grâce
à leurs yeux, au détriment des autres composantes de la nature
– auxquelles John Muir, quant à lui, accordait une grande
attention – telles que les couleurs d'automne des prairies
avoisinantes et des tourbières, que les artistes déclarèrent
« tristement décevantes » au motif qu'elles ne constituaient
pas des « tableaux saisissants » [2].

Un demi-siècle plus tard, Aldo Leopold se fera l'écho de
la plainte de John Muir. Il note ainsi que nombreux sont ceux
qui, « intéressés la plupart du temps par les joyaux naturels
(*show pieces*), (…) aiment à être conduits en foule dans des
sites 'pittoresques'» et qui « trouvent que les montagnes sont
grandioses à condition qu'elles ressemblent bien à des
montagnes, avec des cascades, des falaises et des lacs ».
Désirant être divertis et charmés par les espaces naturels
grandioses et spectaculaires (tels que ceux que nous offrent

---

1. Le remède pittoresque typique pour « améliorer » ces paysages
picturalement inférieurs consistait à les reconfigurer (*redesign*), que ce soit
en imagination ou à l'aide de croquis et de dessins.

2. J. Muir, « Vue rapprochée de la Grande Sierra », trad. fr. A. Fayot dans
Célébrations de la nature, Paris, J. Corti, 2011, p. 152-155. On trouvera une
analyse intéressante de cet épisode dans l'article de P. G. Terrie, « John Muir
on Mount Ritter : A New Wilderness Aesthetic », *Pacific Historian*, 1987,
n°31, p. 135-144.

les parcs nationaux), ils estiment « pénibles » les plaines du Kansas, et « ennuyeuses » les prairies de l'Iowa et du sud du Wisconsin. Au rebours de cette tendance très commune, Aldo Leopold nous rappelle qu'il en va des paysages que donne à voir la campagne (*country*) comme de certaines personnes : « une apparence ordinaire abrite souvent des richesses cachées ». Aussi nous invite-t-il à développer notre sensibilité esthétique de sorte à pouvoir dépasser la simple apparence pour atteindre les richesses cachées [1].

Le même sentiment est exprimé par un peintre contemporain, Alan Gussow. Tout en ne s'opposant pas à l'appréciation populaire des « joyaux de la couronne » que constitue le réseau des parcs nationaux, il recommande de « cultiver une capacité à voir la beauté dans les milieux plus modestes, moins accrocheurs », tels que les marais et la nature sauvage. Selon Alan Gussow, leur beauté est fondée principalement sur la santé et la durabilité. Celle-ci est plus subtile et moins visible que la splendeur grandiose du Grand Canyon, de Yellowstone ou du mont Rainier [2].

Holmes Rolston III – théoricien d'éthique environnementale – déplore lui aussi la fâcheuse habitude, communément partagée, de déprécier les parties de la nature ordinaire. Défendant la valeur esthétique positive d'un cadavre d'élan en putréfaction où grouillent des asticots (lequel ne constitue pas précisément un modèle de beauté pittoresque !), il met

---

1. A. Leopold, *The Round River* (1953) Minocqua, NorthWord Press, 1991, p. 32-33 et p. 53. Pour une analyse intéressante de l'esthétique de la terre d'A. Leopold, voir J. B. Callicott, « L'esthétique de la terre », trad. fr. P. Madelin dans A. Leopold, *La conscience écologique*, textes réunis par J.-C. Génot, D. Vallauri, Marseille, Wildproject, 2013, p. 213-226.

2. A. Gussow, « Beauty in the Landscape : An Ecological Viewpoint », *in* G. F. Thompson (dir.), *Landscape in America*, Austin, University of Texas Press, 1995, p. 230-231.

en garde contre la tendance à chercher de jolis objets et des scènes pittoresques dignes d'une carte postale :

> Au début, écrit Holmes Rolston, nous cherchons quelque chose de joli ou de coloré, de la beauté spectaculaire, du pittoresque. Les paysages en procurent régulièrement mais quand ils ne le font pas, nous *ne devons pas* penser pour autant qu'ils n'ont pas de propriétés esthétiques [1].

Dans ses écrits récents sur l'esthétique de la nature, Allen Carlson conteste également la pertinence de l'approche picturale de la nature. Selon lui, considérer la nature comme une série de peintures de paysage est inapproprié dans la mesure où cela revient à la prendre pour ce qu'elle n'est pas. Ce modèle d'appréciation de la nature (qu'il appelle le « modèle du paysage ») « exige que nous voyions l'environnement comme une représentation statique essentiellement 'bidimensionnelle'. Cela implique la réduction de l'environnement à une scène (*scene*) ou une vue ». Pour Allen Carlson, il ne suffit pas de dire que la représentation de la nature à la façon d'une scène statique de type bidimensionnel est réductrice en ce qu'elle « limite indûment notre appréciation », il faut encore dire qu'elle est proprement « égarante » [2]. Allen Carlson fait valoir que pour peu que l'on se donne une approche plus appropriée de la nature (sur laquelle nous reviendrons ultérieurement), alors même les objets naturels jugés picturalement indignes apparaîtront doués d'une valeur esthétique positive – comme l'atteste le

---

1. H. Rolston, *Environmental Ethics : Duties to and Values in the Natural World*, Philadelphia, Temple University Press, 1988, p. 342. Je souligne.

2. A. Carlson, « Appreciation and the Natural Environment », *The Journal of Aesthetics and Art Criticism*, 1979, n°37, p. 271 [repris dans *Aesthetics and the Environment : The Appreciation of Nature, Art, and Architecture*, Londres, Routledge, 2000, p. 41-53].

changement d'attitude qui a permis la revalorisation des montagnes, des jungles, des insectes et des reptiles [1].

Pourquoi défendre la valeur esthétique positive de la nature ordinaire ?

Les auteurs cités précédemment s'accordent tous pour critiquer l'appréciation picturale de la nature, et ils partagent le même intérêt général pour les aspects de la nature ordinaire. Mais pourquoi importe-t-il de parvenir à surmonter la tendance qui est la nôtre à privilégier la dimension paysagère de la nature ? Est-ce parce qu'un tel mode d'appréciation néglige la nature ordinaire, et parce que notre expérience des objets visuellement agréables a quelque chose de trop limité, voire de franchement égarant ? Mais cette réponse ne se contente-t-elle pas de déplacer le problème sans le résoudre ? En effet, au nom de quoi ne pourrions-nous pas tout simplement jouir du spectacle qui s'offre à nous, en laissant de côté les paysages dénués de tout attrait, ainsi que les cadavres d'animaux fétides grouillant d'asticots ? Comme Allen Carlson lui-même le fait remarquer (sans toutefois estimer que cette attitude est recevable), « nous pouvons, bien sûr, aborder la nature comme nous abordons parfois l'art, c'est-à-dire en nous contentant simplement de *jouir* de ses formes et de ses couleurs, ou de *jouir* de la perception de ce qui se présente à nous » [2]. Au nom de quoi, donc, devrions-nous bouder notre plaisir et refuser

1. A. Carlson, « Nature and Positive Aesthetics », *Environmental Ethics*, 1984, n°6, p. 33 [repris dans *Aesthetics and the Environment*, op. cit., p. 72-101].
2. A. Carlson, « Nature, Aesthetic Judgment, and Objectivity », *The Journal of Aesthetics and Art Criticism*, 1981, n°40, p. 25 [repris dans *Aesthetics and the Environment*, op. cit., p. 54-71]. Je soutiendrai toutefois plus loin l'idée qu'un tel mode d'appréciation de l'art peut aussi être considéré comme inapproprié pour des raisons morales.

d'agir de la même manière lorsqu'il en va de l'appréciation de la nature ?

La réponse d'Allen Carlson repose, en grande partie, sur un argument d'ordre cognitif. Il affirme que « *si* nous voulons faire des jugements esthétiques qui soient susceptibles d'être *vrais* », c'est-à-dire des jugements qui évitent à la fois les « omissions esthétiques » et les « illusions esthétiques »[1], nous devons interpréter et apprécier l'objet naturel dans la catégorie scientifique qui lui est appropriée, plutôt que comme une œuvre picturale. Holmes Rolston recourt lui aussi à l'occasion à ce type de raisonnement cognitif : « S'efforcer de comprendre la beauté du sauvage (*wildness*) en voyant en lui un ensemble de ressources à exploiter, ou à l'aide de critères picturaux, revient inévitablement à ne pas le *comprendre* », à telle enseigne qu'il voit dans une expérience de ce type l'illustration d'une « terrible erreur de catégorie »[2].

Toutefois, cet argument à lui seul ne suffit pas à expliquer pourquoi ni de quelle manière l'approche cognitive devrait nécessairement l'emporter sur les autres approches esthétiques de la nature (censément inappropriées), consistant à trouver du plaisir à la contempler ou à s'y divertir. Dans le cas de l'art, il se peut que l'appréciation la plus appropriée d'une œuvre (laquelle requiert la compétence de l'historien) ne soit

---

1. A. Carlson, « Nature, Aesthetic Judgment, and Objectivity », *op. cit.*, p. 25, nous soulignons, et p. 23. Carlson laisse entrevoir – sans toutefois développer ce point – l'importance morale qu'il convient de reconnaître à l'appréciation de la nature selon ses propres critères, « s'il est vrai que notre appréciation doit pouvoir atteindre un niveau plus *profond* », en disant qu'une telle appréciation est « importante non seulement pour des raisons esthétiques mais également pour des raisons morales et écologiques ». La première citation provient de l'article « Nature, Aesthetic Judgment, and Objectivity », art. cit., p. 25, je souligne, et la seconde de l'article « Appreciation and the Natural Environment », art. cit., p. 274.

2. H. Rolston, *Environmental Ethics*, *op. cit.*, p. 243, je souligne.

pas celle qui procure le plus de plaisir. Il se peut par exemple que l'appréciation d'une peinture figurative selon un modèle non-figuratif rende l'expérience plus agréable, en ce que précisément elle permet de faire l'économie de la tâche parfois longue et ardue de détermination du contenu symbolique et des références. Il se peut aussi qu'une interprétation incorrecte rende « passionnant » et « ingénieux » un objet qui, sans cela, apparaîtrait « terne, stéréotypé, prosaïque », et permette par là même de le considérer comme un « chef-d'œuvre »[1]. Il se peut que la lecture d'une œuvre littéraire commettant un « anachronisme délibéré » et se rendant coupable d'« attributions erronées » puisse « peuple[r] d'aventures les livres les plus paisibles »[2].

De la même manière, on pourrait soutenir qu'il se peut qu'une interprétation erronée rende notre expérience esthétique d'un objet naturel plus agréable. La longévité et la popularité de l'appréciation picturale de la nature attestent sans doute que cette approche (censément inappropriée) a quelque chose de séduisant, probablement parce qu'une telle approche ne demande que bien peu d'efforts de notre part. L'arbre qui se dresse devant ma maison a tout à gagner à mes yeux à m'apparaître comme étant, non pas un simple chêne ordinaire, mais un érable : le voilà bien plus intéressant et bien plus attrayant ! Dans ce cas, on aura raison de dire que cet arbre n'a gagné ses caractéristiques nouvelles et singulières qu'à la faveur d'une attribution « erronée » et « incorrecte ». Mais, en l'absence d'autres contraintes, de telles préoccupations cognitives ne peuvent rien *par elles-mêmes* contre ceux qui trouvent pleinement satisfaisante cette façon d'apprécier

1. K. L. Walton, « Catégories de l'art » trad. fr. Harry-Schaeffer dans G. Genette (dir.), *Esthétique et poétique*, Paris, Seuil, 1992, p. 83-129.
2. J. L. Borges, « Pierre Ménard, auteur du Quichotte », trad. fr. P. Verdevoye, dans *Fictions*, Paris, Gallimard, 2012, p. 51-52.

esthétiquement la nature, quelque erronée ou égarante que puisse être une telle approche.

Je pense qu'une considération d'ordre moral est requise pour défendre la légitimité de l'appréciation appropriée de la nature. Examinons d'abord la raison pour laquelle il est inapproprié de faire l'expérience d'une œuvre d'art de manière incorrecte, quand bien même une telle expérience procurerait le plus grand plaisir et le plus grand divertissement. Notre refus de faire l'expérience d'une œuvre d'art selon ses propres critères, c'est-à-dire en se référant aussi bien à son contexte historique et culturel d'origine qu'à l'intention de l'artiste, signifie que nous ne sommes pas disposés à faire abstraction (au moins dans une certaine mesure) des façons de voir qui nous sont propres – lesquelles peuvent être propres à une culture ou idiosyncrasiques, ou bien encore être l'expression d'un goût pour les plaisirs faciles et le divertissement. Comme le dit John Dewey, la fonction morale de l'art est « d'extirper les préjugés, de faire tomber les écailles qui empêchent l'œil de voir, de déchirer les voiles déposés par les habitudes et les traditions, de perfectionner la faculté de percevoir ». L'art nous invite à découvrir un monde souvent inconnu et parfois inconfortable, créé par l'artiste, nous encourageant à entrer « par l'imagination et les émotions que [les œuvres d'art] suscitent, dans d'autres formes de relations et de participations que les nôtres » [1]. Certes, notre expérience peut s'avérer décevante et notre volonté n'être pas suffisamment récompensée en raison de la mauvaise qualité de l'œuvre. Toutefois, cette possibilité ne devrait pas nous décourager d'aborder chaque œuvre d'art avec le respect qui lui est dû, afin de lui donner une chance.

---

1. J. Dewey, *L'art comme expérience*, trad. fr. coordonnée par J.-P. Cometti, Paris, Gallimard, 2010, p. 520 et p. 533.

De la même manière, dans le cas de la nature, l'effort que nous effectuons pour comprendre son origine, sa structure et sa fonction de manière correcte, atteste que nous sommes disposés à reconnaître sa réalité propre, laquelle se tient indépendamment de nous, et que nous sommes capables de chercher autre chose dans la nature qu'une occasion de nous divertir. Plutôt que d'imposer notre propre critère de valeur esthétique (par exemple la cohérence picturale), nous prouvons par là même que nous sommes disposés à reconnaître et à apprécier les diverses façons dont la nature s'exprime, même si certaines ne sont pas immédiatement compréhensibles.

Il est remarquable que Holmes Rolston – pourtant lui aussi partisan d'une esthétique cognitive, à l'instar d'Allen Carlson – éprouve le besoin de faire valoir l'importance morale de l'appréciation correcte de la nature. Exiger que la nature nous plaise picturalement, dit-il, c'est la traiter « comme si elle n'était qu'un matériau à récolter pour une carte postale illustrée ». Mais « l'éthique environnementale s'éloigne de nos perspectives individualistes et égocentriques pour considérer la beauté systémique ». En conséquence, « nous *ne devrions pas* visiter le Parc National de Glacier uniquement pour la vue » en faisant « comme s'il fallait que les éléments de la nature qui ne peuvent pas nous servir puissent au moins nous plaire »[1]. La raison ultime pour laquelle il convient de défendre l'appréciation esthétique de la nature ordinaire tient à l'importance morale qu'il y a à surmonter la perception de la nature comprise comme l'ensemble des ressources (visuelles) offertes à notre bon plaisir.

---

1. Sur la référence à la carte postale, voir H. Rolston, *Environmental Ethics...*, *op. cit.*, p. 243, sur la référence à l'éthique environnementale, p. 241, et sur le parc national de Glacier, p. 243, je souligne.

Aldo Leopold se montre encore plus clair et plus explicite sur le point de l'importance morale de l'appréciation esthétique des parties dévaluées de la nature. Il s'inquiète du fait que « la préservation américaine de la nature ne soit [...] la plupart du temps encore concernée que par les *joyaux naturels* (*show pieces*) » et que « nous n'ayons pas encore appris à penser en termes de mécanismes et petits rouages ». Ces éléments sont souvent ordinaires, comme la flore et la faune d'une prairie, mais nécessaires pour soutenir le fonctionnement du milieu naturel. Mais la connaissance de ces mécanismes et petits rouages doit être complétée par « un goût raffiné pour les objets naturels ». Un tel goût raffiné suppose que la perception soit informée par une connaissance des faits scientifiques pertinents et non simplement par ce que rencontre l'œil inculte, car « la plupart des dommages infligés à la terre sont quasiment invisibles pour les profanes »[1]. Grâce à une telle perception, Aldo Leopold espère que nous parviendrons à apprécier sur le plan esthétique la nature ordinaire, en franchissant ainsi une étape en direction de l'élaboration d'une attitude écologiquement plus responsable envers la nature.

Je ne pense pas que nous devions dresser un portait trop moraliste de l'appréciation appropriée de la nature en condamnant sans restriction l'appréciation picturale de celle-ci. L'appréciation de la nature, tout comme l'appréciation de l'art, doit commencer par quelque chose, comme l'a reconnu Aldo Leopold lui-même : « Notre faculté de percevoir la qualité dans la nature commence, comme en art, par le plaisir

---

1. A. Leopold, *La conscience écologique*, trad. fr. P. Madelin, Marseille, Wildproject. Pour les références aux mécanismes et aux petits rouages, à la flore et la faune des prairies ainsi qu'au goût raffiné, voir p. 136-137, et sur les dommages, p. 133. Sur la question de la perception, voir *Almanach d'un comté des sables*, trad. fr. A. Gibson, Paris, GF-Flammarion, 2000, p. 221, je souligne.

des yeux[1] ». J'invoque la dimension morale de l'appréciation de la nature décrite dans cette section pour indiquer la direction que doit suivre notre éducation esthétique de la nature.

COMMENT APPRÉCIER LA NATURE ORDINAIRE

Il s'est agi, dans la section précédente, d'établir pour quelle raison l'esthétique de la nature ordinaire devait être défendue. Je souhaiterais à présent montrer de quelle manière nous pouvons tenir compte de la valeur esthétique positive des parties picturalement insatisfaisantes de la nature.

Commençons par considérer le remède que propose Holmes Rolston pour lutter contre notre appréciation picturale de la nature. Selon lui, la raison pour laquelle nous attribuons une valeur esthétique négative à l'élan mort infesté d'asticots tient au fait que nous isolons ces entités naturelles du contexte plus large où elles s'inscrivent :

> Chaque élément *doit* être considéré non pas isolement mais dans son environnement, et le cadre environnemental où chaque élément prend place devient à son tour une partie du tableau plus grand que nous *avons* à apprécier – non pas un « cadre » : mieux, une pièce de théâtre[2].

Chaque entité ou phénomène naturel devrait être considéré dans son contexte propre, qu'il soit spatial ou temporel, afin que nous puissions comprendre le rôle qu'il joue dans le drame du cycle de la vie sur terre ou dans le fonctionnement et le maintien d'un écosystème. Bref, « nous *devrions* frissonner de joie devant le spectacle des écosystèmes, pour la mise en scène duquel la Nature échoue rarement ». Il en résulte, comme

---

1. A. Leopold, *Almanach d'un comté des sables*, *op. cit.*, p. 128.
2. H. Rolston, *Environmental Ethics…*, *op. cit.*, p. 239, je souligne.

le dit encore Holmes Rolston, que « les paysages naturels possèdent *presque tous* une beauté essentielle »[1].

Il me semble toutefois que cette proposition prête le flanc à plusieurs critiques. Premièrement, le fait d'inscrire les entités naturelles (en l'occurrence : la charogne et ses asticots) dans le cadre plus large de l'ensemble de l'écosystème rend difficile de savoir en quoi consiste l'objet de l'appréciation esthétique. S'agit-il de l'ensemble de l'écosystème ou seulement d'un objet individuel (comme la charogne) ? Si cette partie apparemment laide n'est « qu'un plan fixe extrait d'un film en cours », une pièce au sein d'un puzzle, ou bien encore un acteur dans le drame d'« un écosystème évolutionnaire dynamique »[2], alors l'objet esthétique n'est-il pas le film *dans son ensemble*, le puzzle avec toutes ses pièces, ou encore l'écosystème, et non pas la charogne et ses asticots ? En

---

1. H. Rolston, *Environmental Ethics...*, *op. cit.*, p. 243-244, je souligne. La raison pour laquelle Rolston utilise l'expression « presque tous » tient à ce qu'il estime pour le moins équivoque la valeur esthétique des grandes catastrophes naturelles ayant un pouvoir destructif. Je reviendrai sur ce problème dans la dernière section (voir la note 2, p. 220). Bien que « écosystème » et « évolution » soient des termes relativement récents, il est intéressant de noter que l'idée de justifier la valeur esthétique d'un élément naturel n'est pas entièrement nouvelle. De telles considérations étaient fréquemment faites par de célèbres théoriciens de l'esthétique et philosophes du XVIIIe siècle, lesquels ont essentiellement donné une version esthétique de l'argument du dessein (*design argument*). Voir l'examen de cette question dans *The Critical Works of John Dennis*, E. N. Hooker (éd.), Baltimore, Johns Hopkins Press, 1939, vol. I ; Lord Shaftesbury, « The Moralists, a Philosophical Rhapsody. Being a Recital of Certain Conversation on Natural and Moral Subjects » (1709), dans *Characteristics of Men, Manners, Opinions, Times* (1725) ; G. Berkeley, *Trois dialogues entre Hylas et Philonous* (1713), trad. fr. G. Brykman, R. Dégremont, Paris, GF-Flammarion, 1999 ; D. Hume, *Dialogues sur la religion naturelle* (1779), trad. fr. M. Malherbe, Paris, Vrin, 1987 ; T. Reid, *Essays on the Intellectual Powers of Man* (1785), repris dans *Philosophical Works*, Hildesheim, Georg Olms, 1967.

2. H. Rolston, *Environmental Ethics...*, *op. cit.*, p. 239 et p. 241.

admettant que le tout comporte une valeur esthétique positive, la beauté de l'ensemble n'implique pas la beauté de ses parties.

On pourrait répondre qu'en effet l'objet esthétique dans la nature n'est pas un objet individuel, mais toujours l'ensemble de l'écosystème constitué par des entités individuelles. Cependant, cette réponse crée davantage de problèmes encore. Tout d'abord, si Holmes Rolston prétend (et d'autres scientifiques semblent être également d'accord avec lui sur ce point) que l'écosystème particulier qui contient le cadavre d'élan et ses asticots « devient à son tour une partie du tableau plus grand que nous avons à apprécier », alors l'objet ultime de l'appréciation n'est pas l'environnement local situé dans la proximité immédiate de ces objets, mais plutôt l'environnement global[1]. Mais si nous devons apprécier la nature en la considérant dans sa plus large extension, alors il en résulte paradoxalement que l'expérience esthétique de la nature a pour unique objet légitime l'écosphère planétaire elle-même.

Deuxièmement, même en admettant qu'il y ait de la beauté au sein d'un écosystème (en raison de son harmonie, de l'unité et de l'interdépendance des parties), cette connaissance reste très abstraite et n'est accessible à la plupart d'entre nous que par le biais de descriptions verbales ou de schémas. Sauf à être soi-même un écologue de terrain, n'ignorant rien de la composition des écosystèmes et de la façon dont se comportent ceux qui y vivent sur une longue période, une telle beauté se situe au-delà de notre expérience perceptive ordinaire. Par

1. D. W. Ehrenfeld, par exemple, considère que la terre entière est un grand écosystème, et propose le terme d'« écosphère », en entendant par là le plus grand écosystème possible, c'est-à-dire « la somme totale de la vie sur terre ainsi que l'environnement global et la totalité des ressources de la terre ». Voir D. W. Ehrenfeld, *Biological Conservation*, New York, Holt, Rinehart & Winston, 1970, p. 205.

contraste, un cadavre en putréfaction et ses asticots *sont* facilement accessibles à notre perception. En insistant sur la valeur esthétique de l'ensemble de l'écosystème, l'expérience perceptive réelle de l'objet individuel semble perdre toute importance. En effet, si la beauté d'un écosystème détermine la beauté de chacun de ses membres, la valeur esthétique positive de chacun d'eux est prédéterminée, retirant par là même toute pertinence à l'expérience réelle que nous faisons de leurs couleurs, de leurs formes, de leurs odeurs, de leurs textures et de leurs mouvements.

Or il importe de souligner que la valeur *esthétique* de l'élan avec ses asticots ne tient pas simplement à la compréhension théorique que nous avons du rôle qui est le sien au sein de l'écosystème, mais bien de *la façon dont* ce rôle s'illustre et s'exprime à travers les qualités sensibles diverses que donne à voir l'élan aux prises avec les asticots. Le drame de la vie, la lutte et la fugacité de l'existence, doivent faire l'objet d'une *représentation* sous la forme d'une composition visuelle, mais aussi sous la forme d'une composition olfactive à travers l'odeur et la texture du cadavre de l'animal en décomposition, sans oublier l'agitation des asticots. La compréhension théorique que nous avons du fonctionnement de l'écosystème entier, que la perception de la charogne et des asticots a mise en orbite, doit être ramenée sur le sol où s'offrent à nous ces différentes entités naturelles.

Quoi qu'il en soit, j'estime qu'Allen Carlson a raison de dire que l'élucidation scientifique de la nature contribue grandement à la mettre en lumière. L'importance des connaissances scientifiques pour l'appréciation esthétique appropriée de la nature est une thèse récurrente dans les écrits de Carlson. Selon lui, de même que la juste appréciation de l'art exige la connaissance adéquate de l'histoire de l'œuvre, de même l'appréciation appropriée de la nature doit reposer sur des informations correctes à son sujet. Ces informations devront être fournies par la nature elle-même, indépendamment de nos propres façons de voir, parce que « la nature est naturelle, et n'est pas notre création », ce qui signifie que « nous pouvons découvrir des choses au sujet des objets de la nature qui sont indépendantes de toute implication de notre part dans leur création »[1]. La connaissance scientifique de la structure d'une entité naturelle, de son histoire et de la fonction qui est la sienne, permettra de l'apprécier de la manière la plus appropriée et également de la manière la plus enrichissante pour celui qui en fait l'expérience, en proposant à chaque fois la meilleure approche qui soit pour aborder chacun des divers environnements qui composent la nature. Qui plus est, le propre de l'élucidation scientifique de la nature est qu'elle « met en lumière la nature comme étant un ensemble ordonné – soit en rendant son ordre visible et intelligible, soit en lui en imposant un »[2].

Plus précisément, nous *voyons* et nous *sentons* le drame du cycle de la vie sur terre dans le cadavre de l'élan (dont l'immobilité s'oppose aux bonds gracieux dont il était capable lorsqu'il était en vie, et dont nous avons été témoins ou que nous pouvons imaginer), exhalant la texture et l'odeur de la décomposition, vibrant sous le coup de l'agitation des asticots dont les mouvements incessants font signe en direction du travail peu glorieux, mais néanmoins crucial, qui s'effectue en coulisses. A l'instar de John Muir, nous admirons *la façon dont* « les poèmes de la Nature [sont] gravés sur les tables de

1. A. Carlson, « Appreciation and the Natural Environment », art. cit., p. 273.
2. A. Carlson, « Appreciating Art and Appreciating Nature » in S. Kemal, I. Gaskell (dir), *Landscape, Natural Beauty and the Arts*, Cambridge, Cambridge University Press, 1993, p. 221 [repris dans *Aesthetics and the Environment*, *op. cit.*, p. 102-126].

pierres » du Mont Ritter, et nous nous plaisons à lire « les traces qu'elle a gravées sur les rochers »[1]. Comme le dit de son côté Aldo Leopold, la valeur esthétique des grues s'incarne dans leur appel, s'apprécie « à mesure du lent déroulement de l'histoire terrestre » symbolisée par « des titres de noblesse paléontologiques[2] ». La formation à l'« observation de la nature », en particulier celle que rendent possibles la théorie de l'évolution et l'écologie, va « promouvoir la perception » non plus simplement de la surface sensible de la nature, mais encore de la façon dont ses origines, ses fonctions et ses mécanismes se manifestent extérieurement. Bien qu'« invisibles » et « incompréhensibles » dans un premier temps, les propriétés naturelles que révèlent les connaissances scientifiques apportent un « changement » du « regard intérieur », nous permettant de déchiffrer et d'apprécier « le chœur des marais », « le chant d'une rivière », « le langage des collines », c'est-à-dire de cette « vaste pulsation harmonique (…) dont la partition s'inscrit sur un millier de collines, dont les notes sont la vie et la mort des animaux et des plantes, dont les rythmes englobent les secondes et les siècles », et « l'incroyable complexité de la communauté formée par la faune et la flore – la beauté intrinsèque de l'organisme "Amérique" »[3].

1. J. Muir, « Vue rapprochée de la Grande Sierra », art. cit., p. 169-170.

2. A. Leopold, *Almanach d'un comté des sables*, *op. cit.*, p. 129.

3. A. Leopold, *Almanach d'un comté des sables*, *op. cit.*, pour la référence à l'observation de la nature et à la promotion de la perception, voir p. 221, sur l'invisibilité, l'incompréhension et le changement de regard intérieur, p. 222, sur le chœur du marais, p. 207, sur le chant de la rivière, le langage des collines et sur la vaste pulsation harmonique, pp. 192-193, et sur l'Amérique, p. 222. Leopold affirme que Daniel Boone (qu'il tient pour l'exemple d'un homme à qui cette connaissance de la nature a fait défaut) « ne voyait que la

Ce qui importe dans toutes ces descriptions d'appréciation de la nature, c'est tout d'abord le fait qu'elles s'enracinent dans une connaissance scientifique de l'origine, de histoire et de la fonction des entités naturelles, et ensuite qu'une telle compréhension scientifique ne peut véritablement se mêler à l'appréciation de la nature de manière significative que *dans la mesure* où elle met en lumière la surface sensible (*sensuous*) de l'objet immédiat. Je pense que l'appréciation *esthétique* commence et se termine avec le sensible, bien que ce dernier puisse être – comme c'est souvent le cas – modifié ou affecté par le regard théorique que l'on jette sur lui. Il est remarquable qu'Aldo Leopold ait cherché à attirer l'attention sur la primauté du sensible dans son appréciation personnelle de la nature en déclarant que « [s]es premières impressions de la faune et de la flore sauvages conservent une acuité de forme, de couleur et de sensation qu'un demi-siècle d'expérience professionnelle de la nature n'a pas réussi à effacer, ni à surpasser » [1].

Si l'on considère l'appréciation esthétique de la nature comme l'appréciation de *la façon dont* la nature raconte sa propre histoire à travers ses qualités sensibles, nous pouvons justifier l'asymétrie entre l'art et la nature en ce qui concerne leurs valeurs esthétiques respectives. Lorsque nous contemplons une œuvre d'art, et même si nous tenons compte des conseils de John Dewey et faisons un effort pour apprécier l'œuvre selon ses propres critères, il se peut que nous ne soyons guère récompensés de nos efforts pour les deux raisons suivantes.

Tout d'abord, si nous considérons qu'une œuvre d'art est indissociable d'une histoire que celle-ci raconterait, il se peut que nous soyons déçus parce que l'histoire – aussi brillamment

---

surface des choses » et était incapable de pleinement apprécier la beauté intrinsèque et complexe de l'organisme « Amérique » (p. 222).

1. A. Leopold, *Almanach d'un comté des sables, op. cit.*, p. 128.

racontée soit-elle – peut se révéler tout simplement répugnante ou écœurante. On admettra par exemple qu'il serait pour le moins difficile de considérer d'un point de vue strictement esthétique une œuvre d'art célébrant le troisième Reich ou glorifiant le viol et la maltraitance des enfants [1].

À l'inverse, il se peut que, même si nous n'avons rien à objecter à l'histoire que nous raconte un objet d'art, celle-ci nous soit relatée de manière si inefficace que nous soyons incapables de reconnaître une quelconque valeur esthétique à l'objet. Dans ce cas, nous dénigrerons les objets en question comme étant des œuvres d'art médiocres ou ratées. Ainsi, en ce qui concerne l'art, il existe des cas où les valeurs esthétiques font défaut, en dépit même des efforts les plus déterminés que nous effectuons pour établir le cadre nécessaire et le contexte d'appréciation appropriée.

En revanche, les précédentes considérations ne s'appliquent pas à notre appréciation esthétique de la nature, rendant par là même plausible la thèse selon laquelle chaque partie de la nature peut se voir reconnaître une valeur esthétique positive. La nature étant amorale, il n'y aurait guère de sens à considérer certains des discours scientifiques tenus à son sujet (sur son origine, sa structure et sa fonction écologique) comme

---

1. On peut affirmer la même chose concernant les artefacts non artistiques et les environnements anthropiques. Qu'une machine conçue pour torturer les êtres humains réponde plus ou moins parfaitement à sa fonction – telle que celle que décrit Kafka dans *La colonie pénitentiaire* – ne nous empêchera pas de ne pas la tenir pour un objet d'appréciation esthétique. De même, quelle meilleure expression du désespoir et de la pauvreté qu'un ghetto avec ses immeubles en flamme, ses fenêtres cassées, ses maisons murées, ses trottoirs jonchés de détritus où trainent des toxicomanes et des dealers, et ses lotissements où l'herbe n'est plus tondue ? Cependant, s'émerveiller et tirer une satisfaction esthétique de ces expressions si éloquentes du désespoir semblerait moralement inacceptable.

moralement répréhensibles ou inacceptables[1]. Qui plus est, je ne vois pas bien ce que pourrait être un discours sur la nature qui serait en tant que tel dénué d'intérêt ou insignifiant. Comme le dit fort justement Aldo Leopold, « les mauvaises herbes dans un lotissement urbain sont porteuses du même enseignement que les séquoias »[2]. Il est tout aussi passionnant de comprendre de quelle façon les asticots ont pour fonction de décomposer la chair animale pour se nourrir et de comprendre le rôle crucial qu'ils jouent dans le fonctionnement de l'écosystème global, que de découvrir de quelle manière le Grand Canyon s'est formé au cours des millénaires. Peu importe le fait que cela nous apparaisse insignifiant, inintéressant ou répugnant à première vue : l'histoire naturelle et les sciences écologiques révèlent le travail merveilleux qu'effectue chaque entité naturelle.

Même s'il est vrai que le discours scientifique réussit à mettre en lumière les différentes parties de la nature avec plus ou moins d'habilité, il est remarquable qu'aucune ne reste muette. Du seul fait de présenter diverses caractéristiques d'ordre perceptif, elles portent toutes témoignage de leurs origines, de leurs structures et de leurs fonctions, lesquelles font ensuite l'objet de nos discours scientifiques. C'est parce qu'il existe des caractéristiques observables de la nature qu'il y a un discours scientifique. En ce sens, Allen Carlson a raison de déclarer que :

---

1. Je n'ignore pas à quel point l'idée selon laquelle la nature est amorale est sujette à controverse, mais, eu égard aux objectifs que je me suis fixés dans cet article, il n'est pas nécessaire d'entrer dans ce débat. Voir sur ce sujet l'intéressant essai de J. S. Mill, *La nature* (1873), trad. fr. E. Reus, Paris, La Découverte, 2003. Dans cet essai, Mill s'efforce de soumettre à la critique la représentation de la Nature qui l'érige en modèle à suivre en soulignant, entre autres choses, que la nature peut être considérée comme une meurtrière à très grande échelle du fait qu'elle cause toutes sortes de phénomènes destructifs.

2. A. Leopold, *Almanach d'un comté des sables*, *op. cit.*, p. 222.

> Toute la nature révèle nécessairement l'ordre naturel. Bien
> qu'il soit plus facile à percevoir et à comprendre dans certains
> cas que dans d'autres, il est toujours présent dans tous les
> cas et peut être apprécié dès que notre connaissance et notre
> compréhension des forces qui le produisent et de l'histoire
> qui l'illumine sont suffisamment développées. En ce sens,
> toute la nature est appréciable de manière égale [1].

Pour dire la même chose autrement : chaque partie de la
nature revêt une valeur esthétique positive du fait de sa capacité
à raconter une histoire. Dans le processus d'appréciation
esthétique, nous remontons toujours, pour ainsi dire, de
l'histoire scientifique au sensible, car le sensible est ce que
le scientifique prend en compte en premier lieu.

TOUT DANS LA NATURE EST-IL SUSCEPTIBLE D'ÊTRE APPRÉCIÉ SUR LE PLAN ESTHÉTIQUE ?

Cependant, tout dans la nature est-il vraiment susceptible
d'être apprécié sur le plan esthétique ? Voyons ce qu'il en est
dans notre expérience quotidienne. Il semblerait que, en dépit
de nos efforts visant à prêter attention aux discours tenus sur
la nature, certaines choses demeurent répugnantes, ennuyeuses
ou sans attrait, à telle enseigne que nous ne parvenons pas à
leur reconnaître une valeur esthétique positive. Les puces, les
mouches, les cafards et les moustiques, aussi intéressants
qu'ils puissent être sous le rapport de leurs structures
anatomiques et des rôles écologiques qu'ils assurent, ne sont
que des nuisibles : seul un entomologiste sera en mesure
d'adopter une position objective envers eux. Les chauves-
souris, les serpents, les limaces, les vers, les mille-pattes et

---

1. A. Carlson, « Appreciating Art, Appreciating Nature », art. cit.,
p. 220-221.

les araignées nous donnent tout simplement la chair de poule et nous font frémir. Les pissenlits, les digitaires et autres « mauvaises herbes » sont tout bonnement hideux. La réaction négative que nous adoptons à l'égard de ces choses l'emporte sur la considération de la valeur esthétique positive telle que le discours scientifique est susceptible de la mettre au jour.

Il est possible de répondre de plusieurs manières à cette objection. Il faut souligner tout d'abord que, parmi les réactions négatives précédemment citées, certaines peuvent résulter du fait que nous n'avons pas fait l'expérience de l'entité considérée dans son environnement propre. Les pissenlits et autres « mauvaises herbes » sont décriés lorsqu'ils apparaissent sur la pelouse que nous nous sommes donnés tant de mal à entretenir ou sur un terrain de golf[1]. Mais ils cessent de l'être lorsqu'ils apparaissent dans une prairie sauvage. De la même manière, il se peut que je sois horrifiée par la vue d'un serpent rampant sur mon plancher, mais ma réaction sera probablement moins négative si je le vois se faufiler dans une forêt, car dans ce dernier cas la présence d'un serpent dans la forêt fait partie intégrante de mon expérience de ce milieu.

Plus avant, il se peut que certaines de nos réactions négatives soient en partie culturellement conditionnées. Le serpent symbolise le mal en Occident. Les chauves-souris – animaux nocturnes au pelage noir piqueté de blanc – sont associées aux ténèbres et au mal. La définition de ce qui est

---

1. Le gazon verdoyant, velouté, lisse et dénué de toutes mauvaises herbes, symbole de la quintessence américaine de la vie de famille et de la richesse, a récemment été sous le feu de la critique en raison de son lien avec les herbicides et les pesticides écologiquement nuisibles aussi bien que de son insensibilité aux plantes indigènes et au climat local. Voir, par exemple F. H. Bormann, D. Balmori, G. T. Geballe, *Redesigning the American Lawn : A Search for Environmental Harmony*, New Haven, Yale University Press, 1993.

considéré comme une « mauvaise herbe » semble également être culturellement et historiquement déterminée [1]. Les jeunes enfants sont généralement fascinés par les créatures visqueuses et les choses rampantes, et ce n'est que plus tard qu'ils développent une attitude de dégoût envers elles. Certaines de nos réponses négatives envers ces entités semblent pouvoir être surmontées, pour peu que nous fassions l'effort de rompre la chaîne de ces associations et de nous affranchir des présupposés culturels. L'adoption d'un point de vue scientifique et objectif peut assurément nous aider aussi à nous libérer de tout ce qui nous empêche de leur reconnaître une valeur esthétique positive [2].

La distanciation ainsi acquise peut nous aider à surmonter certaines de nos réactions négatives fondées sur des considérations d'ordre pratique. Par exemple, c'est parce que nous les jugeons nuisibles pour notre santé que n'aimons guère certaines espèces animales que l'on appelle justement les « nuisibles ». Les chauves-souris peuvent porter la rage, les mouches et les moustiques diverses maladies, certains serpents et certaines araignées sont venimeux. Nous craignons aussi pour notre sécurité lorsque nous sommes confrontés à d'autres créatures puissantes et/ou de taille énorme comme les requins, les lions ou les ours. Cependant, si nous parvenions à mettre entre parenthèses le souci que nous avons de notre

1. Le concept de « mauvaises herbes », en tant qu'il est culturellement et historiquement déterminé, est abordé par V. Papanek dans *The Green Imperative : Natural Design for the Real World*, New York, Thames and Hudson, 1995, p. 190. Voir également K. Thomas, *Dans le jardin de la nature. La mutation des sensibilités en Angleterre à l'époque moderne (1500-1800)*, trad. fr. C. Malamoud, Paris, Gallimard, 1985.

2. Il est certain, en outre, que l'amélioration de nos connaissances au sujet de ces créatures nous aide à développer une attitude plus positive envers eux. Voir sur ce sujet D. Kennedy, *Nature's Out-casts : A New Look at Living Things We Love to Hate*, Pownal, Storey Communications, 1993.

sécurité, la maîtrise de soi que nous recouvrerions alors pourrait nous permettre d'observer et d'apprécier la valeur esthétique de ces créatures dangereuses. Ce résultat peut aisément être obtenu par l'insertion d'une barrière physique (une vitre en plexiglas, des douves ou des barreaux métalliques), ou encore en en faisant des spécimens de leur propre espèce. Une bonne partie du charme des zoos ou des aquariums tient à ce qu'ils donnent la possibilité de se tenir en face de ces créatures dangereuses tout en maintenant entre elles et nous une distance de sécurité, à la fois physique et psychologique, que la rencontre avec ces mêmes créatures dans la nature sauvage abolirait.

Cependant, même si ce dispositif rend possible notre appréciation esthétique, il importe de bien voir qu'une telle distanciation se paie d'un lourd tribut, d'une part en ce que notre expérience passera à côté de certaines des qualités sensibles de l'objet (par exemple, les mouvements de l'animal, s'il est confiné ou s'il est un spécimen de zoo), et d'autre part en ce que la privation de l'environnement propre de l'animal ne permet pas de déterminer convenablement les qualités esthétiques qui lui appartiennent. Comme le souligne Allen Carlson, un objet naturel soutient avec son environnement propre une relation intégrale, à la différence de nombreuses œuvres d'art pour lesquelles « ni l'environnement de création, ni l'environnement d'exposition ne sont esthétiquement pertinents »[1]. Le même cri exprimant la dignité majestueuse du rugissement d'un lion entendu dans la nature sauvage peut

1. A. Carlson, « Appreciation and the Natural Environment », art. cit., p. 269. C'est sans doute pour ces raisons, et en vue également de mieux prendre en compte le bien-être des animaux, que les concepteurs de zoos les plus récents ont tenu à supprimer ces barrières explicites (comme les barreaux métalliques), lesquelles tendent à nous mettre en situation de spectateurs et à transformer les animaux en objets de spectacle, ou à supprimer les cages et

se transformer en un grognement pitoyable lorsqu'il est émis par un lion en captivité [1].

Toutefois, le prix de loin le plus coûteux que nous payons pour mettre en spectacle la nature dans ces dispositifs muséifiés tient à ce qu'une telle démarche, en rendant impossible toute participation active dans l'appréciation de la nature, nous transforme en simples spectateurs se tenant à distance de ce qu'ils observent. La tentative visant à exorciser l'aspect menaçant de la nature et à en faire un objet de contemplation nous prive de toute expérience affective de la nature. Arnold Berleant a justement souligné que l'expérience esthétique se définissait bien plus comme un engagement que comme une mise à distance. Selon lui, contempler un objet naturel en adoptant une attitude distante et une posture désintéressée revient à le considérer abstraction faite des effets qu'il produit sur nous, rendant par là même pratiquement impossible une expérience *esthétique* de la nature dans la mesure où « la plus grande partie de notre expérience esthétique de la nature dépasse sans doute de beaucoup les limites de l'objet à contempler et refuse d'être circonscrite à l'intérieur de bornes étroites » [2]. La tentative d'objectiver, de contenir et de contrôler

les espaces réduits au profit d'espaces ouverts visant à reproduire autant que possible l'habitat originel de l'animal.

1. On trouve sous la plume d'un auteur de la fin du XVIII e siècle, A. Alison, des remarques intéressantes sur la relation entre la qualité esthétique de l'objet naturel et son environnement d'exposition : « Le cri de l'aigle est simplement désagréable lorsque l'oiseau est apprivoisé ou en captivité ; il est sublime en revanche lorsqu'il est entendu au milieu des Rocheuses ou des déserts, et lorsqu'il exprime la Liberté, l'Indépendance et la Majesté sauvage. L'appel d'une chèvre parmi les rochers est d'une beauté saisissante, exprimant la vie sauvage et l'indépendance. Mais entendu dans une basse-cour ou dans un enclos, il est très loin d'en être ainsi ». *Essays on the Nature and Principles of Taste*, Dublin, 1790, p. 147-148.

2. A. Berleant, « L'esthétique de l'art et de la nature », dans ce volume p. 97.

la nature, qui a conduit à l'aménagement de zoos, a certes permis de nous rendre insensibles au sentiment de crainte que nous inspirent notre propre impuissance et notre fragilité, mais elle a du même coup rendu impossible une véritable rencontre avec les créatures dangereuses qui y sont exposées, car le sentiment de crainte, étant un effet direct de notre engagement avec elles, devrait faire partie intégrante de notre appréciation esthétique. En résumé, la mise à distance présente un dilemme : elle est à la fois *nécessaire* en ce qu'elle rend possible notre appréciation esthétique d'une créature naturelle dangereuse, et *réductrice* en ce qu'elle nous prive de la possibilité d'avoir une expérience esthétique pleinement engagée de celle-ci [1].

Ce paradoxe devient encore plus profond lorsqu'il en va des catastrophes dites naturelles de grande ampleur et de grande puissance, comme un ouragan, un tremblement de terre, une tornade, une avalanche, un raz-de-marée, une éruption volcanique, une inondation, etc. Bien que je ne puisse

---

1. Il vaut d'être noté ici que ce problème est directement lié à l'appréciation esthétique du sublime. On souligne d'ordinaire l'importance qu'il y a à se tenir suffisamment à distance du spectacle observé pour réussir à éprouver le sentiment du sublime. E. Burke, par exemple, considère que la crainte et le danger sont constitutifs du sublime, et il souligne que « lorsque le danger ou la douleur serrent de trop près, ils ne peuvent donner aucun délice et sont simplement terribles », ou « elles sont simplement douloureuses quand leurs causes nous affectent immédiatement ». Mais « à distance [elles] peuvent être délicieu[ses] » ; ainsi, « elles sont délicieuses quand nous avons une idée de douleur et de danger, sans y être actuellement exposés », *Recherche philosophique sur l'origine de nos idées du sublime et du beau*, trad. fr. B. Saint Girons, Paris, Vrin, 2009, p. 97 et p. 113. De la même façon, E. Kant affirme, parlant des phénomènes sublimes, que « si nous nous trouvons en sécurité, le spectacle est d'autant plus attrayant qu'il est plus propre à susciter la peur » ; ainsi, dans notre appréciation du sublime, « il nous [faut] nous voir en sécurité », *Critique de la faculté de juger*, trad. fr. A. Philonenko, Paris, Vrin, 1989, p. 99, je souligne.

pas en juger *a priori*, la manière imminente et dramatique par laquelle ces phénomènes englobent et menacent notre existence rend extrêmement difficile l'appréciation esthétique de leur sublimité. Lequel d'entre nous, si d'aventure il se trouvait au milieu d'une tornade ou face à un écoulement de lave s'approchant à grande vitesse, serait capable d'apprécier de tels phénomènes sur le plan esthétique [1] ?

Plusieurs propositions sont envisageables pour permettre l'appréciation esthétique de ces catastrophes naturelles mais je reste incertaine quant à leur succès et à leur attrait. La première stratégie est d'induire une distanciation psychique en regardant une catastrophe naturelle de loin (par l'intermédiaire de jumelles ou depuis un avion par exemple). Nous pouvons aussi connaître le frisson et la terrifiante sublimité d'un drame de la nature en le regardant à la télévision ou sur un écran de cinéma.

Cependant, le prix esthétique que nous payons du fait d'une telle distanciation est encore plus élevé ici que dans le cas des animaux dangereux. Une chose est d'apprécier à distance le spectacle d'une tornade ou d'une éruption volcanique, autre chose est de juger ces phénomènes de l'intérieur. Comme nous le rappelle Arnold Berleant, « en percevant l'environnement pour ainsi dire de l'intérieur, non pas en jetant un regard *sur* lui mais en étant présent *en* lui, la nature devient quelque chose de très différent. Elle se

---

1. E. Bullough dirait qu'une distance psychique reste possible si, par exemple, nous nous trouvons à bord d'un bateau évoluant au sein d'épaisses nappes de brouillard qui nous dissimulent le danger immédiat. Mais je pense qu'il y a une différence entre le brouillard en mer et les autres catastrophes naturelles que j'évoque, à savoir le degré de dynamisme et de rapidité impliqué dans le phénomène, qui lui confère son aspect dangereux. Voir E. Bullough, « Psychical Distance as a Factor in Art and Aesthetic Principle », *British Journal of Psychology*, 1912, n°5, p. 87-117.

transforme en un domaine dans lequel nous vivons non pas au titre de spectateurs mais au titre de participants »[1]. La vue d'une montagne, comme élément d'un paysage, est surtout expérimentée visuellement, tandis que son appréciation de l'intérieur enveloppe et affecte notre corps tout entier. De la même manière, l'expérience vécue par procuration d'une catastrophe naturelle depuis un point de vue lointain nous laisse relativement intacts : nous restons spectateurs de ce drame naturel. Cependant, l'expérience réelle des catastrophes naturelles affecte tout notre être à travers la troublante secousse du sol, la pluie de roches volcaniques et de cendres qui s'abat sur nous, ou le grondement et la vibration d'une avalanche en approche. En outre, la douloureuse prise de conscience de notre vulnérabilité et de notre fragilité, dont nous faisons l'expérience immédiate du fait d'être situés au milieu de ces phénomènes naturels, joue un rôle essentiel dans l'expérience esthétique que nous en faisons (si tant est bien sûr que nous parvenions à faire une telle expérience esthétique[2]).

Parvenus à ce stade, on pourrait tenter de proposer une autre manière d'apprécier esthétiquement ces catastrophes naturelles, laquelle aurait pour mérite de dépasser l'anthropocentrisme implicite dans la crainte que nous éprouvons envers ces phénomènes. Considérons, par exemple,

---

1. A. Berleant, « L'esthétique de l'art et de la nature », dans ce volume p. 104.

2. Je m'accorde sur ce point avec A. Berleant lorsque ce dernier fait remarquer que « nul ne peut se tenir à distance de tels événements car l'épreuve que nous faisons de notre propre vulnérabilité joue un rôle déterminant dans l'expérience esthétique. Le souci de notre survie et de notre sécurité supplante nettement la dimension esthétique lorsqu'un danger réel menace, mais le fait que nous soyons personnellement impliqués dans la situation ajoute quelque chose à son intensité perceptive ». Voir A. Berleant, « L'esthétique de l'art et de la nature », dans ce volume p. 105.

la remarque suivante, faite par Jean-Paul Sartre (en dehors de tout contexte de réflexion esthétique) :

> L'homme est le seul être par qui une destruction peut être accomplie. Un plissement géologique, un orage ne détruisent pas – ou du moins, ils ne détruisent pas *directement* : ils modifient simplement la répartition des masses d'êtres. Il n'y a pas *moins* après l'orage qu'avant [1].

Autrement dit, les effets de ces catastrophes naturelles sont neutres en soi. La réaction négative que nous avons à leur égard dépend entièrement de notre point de vue humain, trop humain. La nature elle-même fonctionne sans aucun égard pour les besoins humains.

Cette perspective transhumaine est également partagée par Satish Kumar, qui s'efforce de rendre compte de la vision indienne du monde dans les termes suivants :

> Si une chose est naturelle, alors elle est belle. En Inde, même une épine ou un ver, même un tremblement de terre sont sacrés parce qu'il se passe quelque chose où la terre se maintient elle-même, se corrige elle-même, s'équilibre elle-même [2].

1. J.-P. Sartre, *L'Être et le néant* (1945), Paris, Gallimard, 1976, p. 42.
2. Extrait de l'entretien entre S. Kumar et S. Gablik, dans S. Gablik, *Conversations Before the End of Time*, Londres, Thames and Hudson, 1995, p. 139-140. Rolston se montre parfois hésitant sur le point de savoir comment il convient de considérer les catastrophes naturelles dans l'appréciation de l'écosystème. Certaines sont « si gigantesques et si rares », dit-il, « que l'écosystème se montre incapable de s'y adapter ». C'est pourquoi il est enclin à mettre de côté ces phénomènes en les tenant pour « des anomalies défiant le paradigme général selon lequel les paysages naturels ont presque tous une beauté essentielle ». Voir H. Rolston, *Environmental Ethics...*, *op. cit.*, p. 242-243.

Un tremblement de terre n'est qu'une façon pour la terre d'indiquer une collision, un déchirement ou le bousculement de ses plaques. Une éruption volcanique illustre la façon dont le magma bouillant remonte à la surface et s'écoule par une fissure au sein de l'écorce terrestre. D'autres phénomènes météorologiques ont également des causes explicables, ce qui les rend compréhensibles. Dans le grand schéma global des choses, ils deviennent les éléments nécessaires au bon fonctionnement de la terre. De la même manière qu'un objet apparemment laid, tel qu'un cadavre d'animal, trouve une justification esthétique dès lors qu'on l'inscrit dans un cadre environnemental plus large, de même ces catastrophes naturelles peuvent se justifier en ce que, elles aussi, ont une place qui leur revient au sein de la nature.

Il me semble toutefois que cette tentative visant à situer les catastrophes naturelles dans une perspective transhumaine a quelque chose de problématique. En effet, il y a fort à craindre que l'adoption d'une telle approche ne parvienne à conférer une valeur esthétique aux catastrophes dites naturelles qu'à la condition de les considérer du point de vue des intérêts humains. Cette affirmation semblera paradoxale si l'on se souvient que la perspective transhumaine prétendait précisément mettre entre parenthèses le souci que chacun a de son propre bien-être. Mais, par un autre détour, l'intérêt humain continue de se manifester en ce que l'on considère que chaque aspect de la nature, y compris en ce qu'elle de plus menaçant et de plus gigantesque, relève encore de notre saisie conceptuelle. La critique qu'Arnold Berleant adresse à la théorie kantienne du sublime peut ici contribuer à éclairer le présent problème. Selon Kant, la source de plaisir de notre expérience du sublime, lorsque nous sommes confrontés à ce qu'il y a en elle de plus menaçant et de plus gigantesque, se trouve dans la reconnaissance de la suprématie ultime de nos capacités conceptuelles. Comme le note Arnold Berleant, « le cartésianisme commode de la tradition occidentale vient à la rescousse pour nous sauver de la terreur des gigantesques forces de la nature par l'ordre de la pensée ». Mais, poursuit-il, « ce stratagème ne fonctionne plus », parce que « la nature ne restera pas dans les limites prescrites mais éclate déjà de toutes parts et menace de nous engloutir » ; « nous ne pouvons plus contenir le monde naturel dans les limites des constructions de l'esprit » [1]. Contrairement aux apparences, loin de rompre avec l'approche anthropocentrique, la vision indienne expliquée et défendue par Satish Kumar se laisse ainsi interpréter comme un effort visant à contenir et à comprendre les phénomènes naturels extrêmes dans un schéma conceptuel humain.

Le défaut de cette perspective est encore d'être trop éloignée de la réalité de la sensibilité humaine. Il faut se souvenir ici de ce qui a été dit précédemment au sujet de la primauté des qualités perceptives d'un élan mort dans notre expérience esthétique, laquelle compose avec la reconnaissance de la pertinence et de la nécessité d'inscrire ces qualités dans un cadre environnemental plus large (l'écosystème). La possibilité de cette intégration de ce qui est de l'ordre du théorique et du perceptif suppose que l'histoire de la charogne soit racontée d'une manière telle que nous parvenions à l'écouter en surmontant notre premier mouvement de dégoût.

Il n'en va pas de même dans le cas des catastrophes naturelles qui nous accablent par leur puissance. En effet, bien que, là aussi, on puisse considérer que la terre nous parle de son travail par le biais de son mouvement et des phénomènes météorologiques, l'histoire qu'elle raconte est trop spectaculaire et trop puissante pour que nous puissions l'écouter, la

---

1. A. Berleant, « L'esthétique de l'art et de la nature », dans ce volume p. 101-102.

comprendre et l'apprécier. *Théoriquement*, nous devrions être en mesure d'apprécier la façon dont ces phénomènes naturels expriment les mécanismes de la terre en faisant abstraction du souci des effets qu'ils peuvent avoir sur nous. Mais il me paraît douteux qu'il soit possible *psychologiquement* d'adopter un tel point de vue profondément non-anthropocentrique, alors que nous sommes au cœur de l'expérience réelle. Après tout, c'est de *notre* expérience esthétique dont il est question ici, laquelle est conditionnée par *notre propre* appareil sensoriel spécifique, avec ses limitations et ses préoccupations. Nous *ne* sommes *pas* concernés par la possibilité de l'expérience esthétique d'un surhomme qui serait capable d'avoir une vision globale et de longue portée dans laquelle il pourrait situer les différentes catastrophes naturelles, et qui adopterait vis-à-vis de sa propre existence une attitude différente de la nôtre [1].

En outre, même si cette appréciation esthétique d'une catastrophe naturelle ne tenant aucun compte de son impact sur les êtres humains était possible, il reste qu'elle entrerait en conflit avec nos préoccupations morales, si du moins l'hypothèse que j'ai avancée précédemment est juste (à savoir, l'hypothèse selon laquelle l'exigence de l'appréciation appropriée la nature repose finalement sur des considérations morales). En effet, si je *dois* m'efforcer de reconnaître une valeur esthétique positive aux phénomènes naturels qui nuisent à mon existence en adoptant ce point de vue suprahumain, ce ne peut être qu'à la condition de faire abstraction des effets catastrophiques qu'ils ont non seulement pour moi mais aussi pour d'autres : la mort, les blessures et les préjudices matériels.

---

1. La possibilité pour nous d'une telle attitude suprahumaine peut être envisagée dans une perspective religieuse, laquelle, par exemple, considérerait la vie sur terre comme une illusion et croirait en la transmigration de l'âme, ainsi qu'il est dit dans la Bhagavad-Gita.

Nous ne formulons pas de jugement moral négatif au sujet des catastrophes naturelles elles-mêmes parce qu'elles n'ont pas été créées par un agent moral, à la différence du champignon atomique d'Hiroshima. Toutefois, il me semble que les mêmes considérations morales, mettant en doute la pertinence d'une appréciation esthétique du champignon atomique, peuvent également valoir pour l'éventuelle expérience esthétique des catastrophes naturelles qui sèment autour d'elles la mort et le malheur.

Certains demanderont peut-être s'il y a lieu de distinguer entre la souffrance et la mort d'un élan et la souffrance et la mort de personnes qui sont victimes d'une catastrophe naturelle. Si la première peut être une source de satisfaction esthétique lorsqu'il est fait référence à un contexte environnemental plus large, pourquoi n'en irait-il pas de même avec cette dernière ? Traiter les souffrances humaines différemment de celle des animaux au motif de la différence qui existent entre ces deux espèces, n'est-ce pas se rendre coupables de ce que Peter Singer a appelé le « spécisme »[1] ?

D'une certaine manière, je pense que oui. Qu'ils soient désirables ou non, bons ou mauvais, nos sentiments moraux centrés sur l'homme commandent de ne prendre aucun plaisir (pas même de plaisir esthétique) au malheur des autres êtres humains, même si ce dernier est causé par la nature suivant son cours. Satish Kumar déclare à propos d'un tremblement de terre que, même « s'il engendre des douleurs, des souffrances et bien des difficultés pour les êtres humains », il est possible de voir les choses différemment car « considérés à l'échelle de la terre dans son ensemble, tous les phénomènes naturels

---

1. La notion de spécisme est développée par P. Singer dans *La libération animale*, trad. fr. L. Rousselle relue par D. Olivier, Paris, Grasset, 1993.

ont leur place » [1]. Je serais encline à défendre l'idée inverse : même si tous les phénomènes naturels ont leur place, leur éventuelle valeur esthétique est tenue en échec ou est rendue imperceptible du fait de notre préoccupation morale pour la douleur, la souffrance et les difficultés que ces phénomènes provoquent pour les êtres humains.

Ainsi dirai-je en manière de conclusion que je ne peux pas davantage reprendre à mon compte la thèse selon laquelle tout dans la nature est susceptible d'être apprécié sur le plan esthétique. Certains phénomènes particulièrement dangereux dans la nature nous submergent, rendant très difficile, si ce n'est impossible pour nous d'adopter la juste distance – physique et/ou théorique – permettant de prêter attention et d'apprécier esthétiquement l'histoire qu'ils racontent. Quand bien même nous serions capables de le faire, la question reste entière de savoir si nous devrions le vouloir. Aussi longtemps qu'il en va de notre expérience esthétique fondée sur *nos* sentiments humains, trop humains, *nos* capacités, *nos* limites et *nos* préoccupations (morales en particulier), tout dans la nature ne peut pas ou ne devrait pas faire l'objet d'une appréciation sur le plan esthétique.

---

1. Extrait de l'entretien entre S. Kumar et S. Gablik, p. 139-140.

EMILY BRADY

L'IMAGINATION ET L'APPRÉCIATION
ESTHÉTIQUE DE LA NATURE *

I

Les diverses manières selon lesquelles la réaction esthétique
à une œuvre d'art peut être guidée à la fois par les caractéristiques
de l'œuvre et par celles du sujet individuel nous sont assez
bien connues, mais par quoi notre appréciation esthétique de
la nature est-elle guidée ? Lorsque nous interprétons et évaluons
une peinture, les caractéristiques perceptives de l'œuvre
guident notre exploration visuelle et imaginative du tableau,
et ces caractéristiques – considérées dans le cadre des
connaissances antécédentes que nous avons sur cette peinture,
mais aussi des sentiments et des associations qu'elle suscite
en nous – nous aident à en saisir la signification. Mon
appréciation du tableau de David intitulé *Cupidon et Psyché*
est guidée par les caractéristiques perceptives de la peinture
– je reconnais un jeune homme souriant dont les bras entourent
un visage féminin. Si j'ai connaissance du récit mythologique
auquel l'œuvre fait référence, je sais que la peinture montre

* Emily Brady, « Imagination and the Aesthetic Appreciation of Nature »,
The Journal of Aesthetics and Art Criticism, 1998, vol. 56, n°2, p. 137-148.
Texte traduit par Y. Lafolie avec l'aimable autorisation de l'auteure.

Cupidon après qu'il a séduit la belle Psyché, allongée et satisfaite à ses côtés. Je me délecte de la posture sensuelle hautement provocante et du sourire légèrement suffisant de Cupidon, et la peinture m'apparaît alors comme étant la meilleure représentation que l'on puisse imaginer du récit mythologique, dont elle parvient à restituer toute la tension de manière à la fois subtile et suggestive en un seul et unique moment pictural.

Mais il n'en va pas de même lorsque nous nous tournons vers la nature, car dans ce cas le contexte artistique fait défaut et ne peut par conséquent s'offrir comme guide. Ce qu'il manque aux divers objets naturels [1] – les cafards, les boutons d'or, les paysages marins ou les paysages (tout court) –, c'est un créateur humain, un artiste, et par là même un contexte artistique en rapport avec le type d'œuvre d'art considéré, comme la peinture ou la sculpture par exemple, et en rapport avec le style de l'œuvre d'art considéré, comme le style cubiste ou surréaliste par exemple. Lorsque je contemple l'horizon bleu-vert des montagnes Blue Ridge, mon appréciation est guidée par ce que je vois : aussi bien par les couleurs, les formes et les textures que par le folklore et d'autres associations, mais elle n'est pas dirigée par un artiste ou un corpus d'œuvres d'art.

---

1. Par « objet naturel », je n'entends pas les objets n'ayant jamais été touchés par les êtres humains – au sens où l'on identifie parfois le « naturel » avec la nature « vierge et sauvage ». Tel que je l'utilise ici, le terme « naturel » n'exclut pas, mais reconnaît au contraire le caractère inévitable du rôle que l'homme a joué dans la genèse de ce qu'on appelle la « nature ». Le rôle joué par l'homme est par exemple déterminant dans la création d'un lac artificiel ou d'une haie champêtre, mais (probablement) négligeable dans l'apparition des paysages polaires du Groenland. La reconnaissance du rôle joué par l'homme constitue probablement une composante des connaissances antécédentes que nous mobilisons au cours de nos rencontres esthétiques avec la nature.

La comparaison entre l'appréciation de l'art et l'appréciation de la nature met en évidence le problème qui surgit lorsque manque un contexte artistique à l'appréciation esthétique. Qu'est-ce qui remplace alors le contexte artistique dans l'appréciation de la nature ? Qu'est-ce qui structure notre interprétation et notre évaluation esthétiques des boutons d'or et des paysages marins ? Deux approches opposées ont été élaborées pour résoudre ce problème : l'une fondée sur la science[1], l'autre non[2]. Je souhaiterais, dans le cadre de cet

1. Dans cet article, je mettrai l'accent sur le modèle fondé sur la science d'A. Carlson. Voir les différents articles de cet auteur : « Appreciation and the Natural Environment », *The Journal of Aesthetics and Art Criticism*, 1979, n°37, p. 267-275, « Nature, Aesthetics Judgment, and Objectivity », *The Journal of Aesthetics and Art Criticism*, 1981, n°40, p. 15-27, « Nature and Positive Aesthetics », *Environmental Ethics*, 1984, n°6, p. 5-34, « Nature, Aesthetic Appreciation, and Knowledge », *The Journal of Aesthetics and Art Criticism*, 1995, n°53, p. 393-400 [tous ces articles, à l'exception du dernier, ont été repris dans *Aesthetics and the Environment : The Appreciation of Nature, Art and Architecture*, Londres, Routledge, 2000, p. 41-101]. Parmi les autres interprétations de ce modèle, voir M. Eaton, « The Role of Aesthetics in Designing Sustainable Landscapes », *in* Y. Sepänmaa (dir.), *Real World Design : The Foundations and Practice of Environmental Aesthetics*, Helsinki, University of Helsinki, 1997, et « Fact and Fiction in the Aesthetics Appreciation of Nature », *The Journal of Aesthetics and Art Criticism*, 1998, vol. 56, n°2, p. 149-156. Voir aussi H. Rolston, « L'appréciation esthétique de la nature : entre connaissance et participation », trad. fr. H.-S. Afeissa dans H. Rolston, *Terre objective. Essais d'esthétique environnementale*, Paris, Éditions Dehors (à paraître en 2016).

2. Parmi les approches non fondées sur la science, voir celle de R. Hepburn, « L'esthétique contemporaine et la négligence de la beauté naturelle » dans ce volume p. 41-54 ; celle d'A. Berleant, *Aesthetics of the Environment*, Philadelphia, Temple University Press, 1992, « L'esthétique de l'art et de la nature », dans ce volume p. 85-113, *Living in the Landscape : Towards an Aesthetics of Environment*, Lawrence, University Press of Kansas, 1997 ; celle de S. Godlovitch, « Les briseurs de glace. L'environnementalisme et l'esthétique naturelle », dans ce volume p. 169-192 ; et celle de N. Carroll « Être affecté par la nature : entre la religion et l'histoire naturelle », dans ce volume p. 133-167.

article, suggérer une solution aux problèmes que pose le recours à une approche fondée sur la science en soulignant les faiblesses de ce modèle. Je m'efforcerai de montrer que le modèle fondé sur la science est erroné et que la connaissance scientifique est trop contraignante pour guider l'appréciation de la nature *en tant qu'*objet esthétique. Je proposerai pour finir une approche alternative, laquelle ne sera pas fondée sur la science, dans laquelle la perception et l'imagination seront appelées à jouer un rôle central pour guider l'appréciation esthétique.

II

L'approche fondée sur la science soutient que l'appréciation esthétique de la nature doit se laisser guider par la connaissance scientifique. Le « modèle environnemental naturel » d'Allen Carlson puise son inspiration dans l'article de Kendall Walton intitulé « Catégories de l'art » pour affirmer que la connaissance des sciences naturelles, ainsi que les connaissances antérieures élaborées par le « sens commun ou tout autre instance analogue », doivent remplacer le contexte artistique dans notre appréciation de la nature. Kendall Walton affirme que l'appréciation esthétique appropriée de l'art dépend de la connaissance de l'histoire et de la critique d'art qui nous permet de percevoir celui-ci dans la catégorie correcte. Par exemple, ce serait apprécier *Cupidon et Psyché* de manière inappropriée que de percevoir cette œuvre dans la catégorie de l'art postimpressionniste [1]. Par analogie, Carlson soutient qu'il existe des catégories correctes pour l'appréciation esthétique de la nature. Ces catégories sont définies par la connaissance scientifique. Ainsi l'appréciation esthétique correcte d'une baleine implique que nous l'observions en

---

1. Voir K. Walton, « Catégories de l'art » (1970), trad. fr. C. Hary-Schaeffer, dans G. Genette (dir.), *Esthétique et poétique*, Paris, Seuil, 1992, p. 83-129.

référence à la catégorie qui lui correspond, à savoir celle des mammifères (et non celle des poissons) [1].

Si l'on tient pour valide l'argument de Kendall Walton, il conviendrait donc de mobiliser l'histoire *naturelle* plutôt que l'histoire de l'art afin de déterminer les catégories appréciatives appropriées s'agissant de la nature. Comme tout objet fabriqué, les peintures peuvent être contextualisées selon leur histoire ; pourquoi n'en irait-il pas de même avec les objets naturels (mettons : une chute d'eau), qu'il conviendrait alors de référer à leur histoire écologique ou géologique ?

Mais un examen plus approfondi révèle une faiblesse aussi bien dans l'analogie que dans des problèmes généraux concernant l'approche fondée sur la science. Le premier problème a trait à la détermination des connaissances scientifiques auxquelles il est fait référence pour guider l'appréciation dans le cadre du « modèle environnemental naturel ». En réponse aux critiques de Noël Carroll, Allen Carlson affirme ceci :

> Le premier argument qu'invoque Noël Carroll contre l'idée que l'appréciation de la nature se réfère à une connaissance de la nature issue du sens commun *stricto sensu* est que, dans l'exemple de la chute d'eau, « encore faut-il savoir que ce qui ce qui tombe est de l'eau » [et non pas de la terre, par exemple]. Cependant, l'idée selon laquelle une telle connaissance n'est pas *stricto sensu* une connaissance de sens commun n'est pas parfaitement claire. N'est-elle pas le produit d'une connaissance antérieure aux sciences naturelles élaborée par le sens commun ou toute autre instance analogue [2] ?

1. Voir A. Carlson, « Nature and Positive Aesthetics », art. cit., p. 26.
2. A. Carlson, « Nature, Aesthetic Appreciation, and Knowledge », art. cit., p. 399. Pour la citation de N. Carroll, voir N. Carroll, « Être affecté par la nature : entre la religion et l'histoire naturelle », dans ce volume p. 147.

Dans ces remarques, Allen Carlson minimise la portée des connaissances requises de façon à les rendre inefficaces pour déterminer les catégories d'appréciation qu'il souhaite. Si tout ce qui est nécessaire pour établir une appréciation appropriée est d'avoir un concept de l'objet, alors cette connaissance ne peut pas faire le travail qu'Allen Carlson exige d'elle. Il apparaît en effet que, conformément à la logique du modèle que défend Allen Carlson, afin d'apprécier une chute d'eau nous sommes censés savoir non seulement qu'il s'agit d'eau, mais encore qu'il s'agit d'une chute d'eau, à savoir d'une grande quantité d'eau se déversant avec force, ayant été transportée dans un chenal relativement étroit, etc., puisque seule cette connaissance approfondie peut vraiment permettre d'apprécier la puissance des chutes d'eau. Cet exemple entre du même coup en consonance avec celui de la baleine, par lequel Allen Carlson prétendait que l'appréciation appropriée exige non seulement que nous sachions ce qu'est une baleine, mais également que nous la percevions en tant que mammifère, dans la mesure où seule cette façon de voir peut nous permettre d'apprécier sa grâce, ce dont nous serions incapables si nous la percevions en tant que poisson [1].

Le modèle de Carlson pose encore un autre problème, lié au fait que la connaissance approfondie qui est requise pour l'appréciation de la nature est censée être l'analogue de la connaissance de l'histoire et de la critique d'art nécessaire pour l'appréciation des beaux arts. Or l'analogie établie entre les deux approches échoue, comme le montre bien l'exemple de la chute d'eau où Carlson semble être enclin à affaiblir le principe exigeant de percevoir l'objet considéré dans la catégorie dont il relève (ainsi il suffirait de savoir que ce qui

---

1. A. Carlson, « Nature, Aesthetic Appreciation, and Knowledge », art. cit., p. 26.

tombe est de l'eau et non de la terre pour pouvoir apprécier une chute d'eau, indépendamment de toutes autres connaissances scientifiques). Or le même principe, chez Kendall Walton, exige que l'appréciation correcte repose sur des connaissances spécifiques allant au-delà de la simple capacité à identifier une œuvre d'art comme une peinture par opposition à une sculpture. Par exemple, pour juger correctement *Guernica* de Picasso, il est requis de percevoir cette œuvre dans la catégorie spécifique de la peinture cubiste plutôt que dans celle de la peinture impressionniste.

Il résulte de l'impossibilité d'établir une analogie entre les deux approches que le modèle « environnemental naturel » ne peut pas fournir de réponse claire au problème de ce qui fonde l'appréciation esthétique de la nature. Il s'agit en l'occurrence d'une faiblesse inhérente à la stratégie même d'Allen Carlson visant à remplacer les catégories artistiques par des catégories scientifiques : en effet, la force de ces catégories se perd dès lors qu'il les généralise au point d'y inclure la connaissance familière des objets (la connaissance de sens commun). Afin d'éviter cette généralisation, l'on pourrait être tenté de donner à l'appréciation esthétique de la nature un fondement scientifique plus solide, et c'est ce que fait Carlson. Mais, comme je vais m'efforcer de le montrer, de nouveaux problèmes apparaissent dans cette perspective aussi. Pour présenter ces derniers, revenons un instant à la réponse qu'Allen Carlson a adressée aux objections de Noël Carroll.

Dans sa critique des deux modèles non fondés sur la science, Allen Carlson pose une excellente question : en vertu de quoi, demande-t-il, ces deux modèles d'appréciation de la nature peuvent-ils prétendre définir un modèle d'appréciation *esthétique*[1] ? Or la même question pourrait être posée au modèle qu'il défend lui-même. N'est-il pas pour le moins étrange de prétendre que la connaissance scientifique est essentielle pour apprécier *esthétiquement* la nature ? Il se peut que la connaissance scientifique soit un bon point de départ pour une appréciation de la nature caractérisée par la curiosité, l'étonnement et l'admiration, mais est-elle nécessaire pour percevoir des qualités esthétiques ? Les contre-exemples ne manquent pas ici. Je puis bien apprécier la courbe parfaite d'une vague écumante s'abattant sur le sable sans connaître l'origine des vagues. Le jugement par lequel je considère la vague comme étant spectaculaire et exaltante peut ne dépendre que de mon appréciation des qualités perceptives, ainsi que des associations et des sentiments que ce spectacle m'inspire, lesquels donnent de la signification à ces qualités. On pourrait soutenir que ma réaction implique également la connaissance très élémentaire selon laquelle ce que je vois est une vague, mais pareille connaissance ne peut pas valoir comme catégorie d'appréciation pour Carlson (comme nous l'avons montré dans l'exemple de la chute d'eau). Entendons-bien : mon but n'est pas de proposer une approche formaliste qui considérerait la connaissance comme étant sans pertinence pour l'appréciation esthétique, car un tel geste appauvrirait l'expérience esthétique de la nature[2]. Toutes sortes de connaissances peuvent être

---

1. Voir A. Carlson« Nature, Aesthetic Appreciation, and Knowledge », art. cit., p. 394-395. Les deux modèles qu'il critique sont le modèle du mystère de S. Godlovitch et le modèle de l'affection de N. Carroll (pour les références à ces deux auteurs, voir la note 2, p. 229).

2. On trouvera d'excellentes remarques sur les inconvénients d'une approche formaliste de l'appréciation esthétique de la nature dans R. Hepburn, « Trivial and Serious in Aesthetic Appreciation of Nature », in S. Kemal, I. Gaskell (dir.), *Landscape, Natural Beauty and the Arts*, Cambridge, Cambridge University Press, 1993, p. 72-73 [repris dans *The Reach of Aesthetics : Collected Essays on Art and Nature*, Aldershot, Ashgate, 2001, p. 1-15].

appropriées pour guider l'appréciation de tel ou tel objet particulier, comme, par exemple, celles relatives aux récits historiques, à la religion ou au folklore[1]. Cependant, bien que de telles connaissances puissent enrichir notre appréciation, à la façon d'un complément plus ou moins important d'un sentiment esthétique, il reste que cette connaissance ne joue pas toujours un rôle essentiel dans l'appréciation.

L'accent mis par Allen Carlson sur la connaissance scientifique pour l'appréciation de la nature pose également un problème d'ordre pratique. Son intention, en rattachant le contexte d'appréciation des jugements esthétiques aux catégories scientifiques, est d'atteindre un certain degré d'objectivité afin que les défenseurs de l'environnement et les décideurs puissent s'entendre plus facilement sur la valeur esthétique d'un environnement naturel[2]. Toutefois, malgré cet éventuel avantage que pourrait apporter l'approche fondée sur la connaissance scientifique, il importe de souligner qu'elle présente aussi l'inconvénient d'une indistinction entre les valeurs scientifiques et les valeurs esthétiques au cours du processus de délibération. La valeur écologique en particulier joue un rôle important dans le processus décisionnaire qui établit la façon d'assurer la préservation et la gestion de

---

1. L'on dira que je devrais aussi admettre que les connaissances scientifiques peuvent tout aussi bien élargir notre appréciation. Si par exemple mon compagnon me dit que la vague que j'observe en ce moment est produite par un grand lac, cette vague m'apparaîtra d'autant plus impressionnante en apprenant, à ma grande surprise, que les mouvements qui agitent un lac peuvent engendrer de telles vagues. Ces croyances supplémentaires étendent ma perception et apportent quelque chose à mon appréciation. Mais même en admettant ce point, il ne s'agit en fait que d'une concession mineure faite à l'approche fondée sur la connaissance scientifique, car la thèse que je défends consiste à dire que celle-ci n'est pas une condition nécessaire d'une appréciation esthétique appropriée de la nature.

2. Pour la justification de ce modèle dans un tel contexte, voir A. Carlson, « Nature and Positive Aesthetics », art. cit.

l'environnement naturel, tandis que la valeur esthétique est bien souvent écartée au motif qu'elle est trop subjective et trop difficile à mesurer – raison pour laquelle elle se voit déclasser par rapport à d'autres types de valeurs. Il est nécessaire, afin de s'assurer que la valeur esthétique soit bien prise au sérieux en pratique, de se donner un modèle d'appréciation esthétique de la nature qui, d'un seul et même mouvement, reconnaisse la fonction distinctive de l'appréciation *esthétique*, et qui fournisse une compréhension de la valeur esthétique comme n'étant pas simplement personnelle ou arbitraire. Le modèle de Carlson satisfait sans doute le second critère, mais je doute qu'il satisfasse le premier, car, en dépit de son insistance sur le caractère désintéressé de l'appréciation esthétique, ce modèle ne reconnaît pas assez l'importance que revêtent ces autres traits distinctifs que sont l'imagination et la perception. Il est possible d'élaborer un modèle qui non seulement parvienne à satisfaire les deux critères, mais qui sache aussi reconnaître à l'imagination et à la perception une certaine priorité au sein du processus d'appréciation esthétique. (Je reviendrai sur ce point dans la section suivante où il sera question plus en détail du modèle alternatif que j'oppose au modèle fondé sur la science.)

Ma dernière objection au modèle avancé par Allen Carlson est liée au rôle déterminant qu'il attribue à la science. L'un des aspects distinctifs de l'appréciation esthétique tient à son caractère, non seulement désintéressé, mais également *libre* – libre de toute considération instrumentale ou intellectuelle. Pour reprendre l'exemple de la contemplation de la beauté des boutons d'or ou des paysages marins, il est clair que, dans ce cas, la contemplation est guidée par les qualités perceptives plutôt que par la connaissance des origines ou des catégories dont relèvent ces objets naturels. Il se peut même que, en l'occurrence, la connaissance scientifique empêche de prêter attention à ces qualités, en détournant par la même l'attention esthétique. Encore une fois, tout le problème vient ici de la promotion de la connaissance scientifique au rang de condition de l'appréciation esthétique appropriée, à quoi s'ajoute même une conséquence particulièrement dommageable : à savoir que la condition nécessaire s'avère trop contraignante pour l'appréciation esthétique [1]. Bien qu'Allen Carlson fournisse une excellente présentation des différences entre les œuvres d'art et les objets naturels, et de la façon dont ces différences façonnent notre appréciation esthétique [2], le modèle qu'il défend ne prend pas suffisamment en compte les exigences de l'appréciation esthétique lorsque nous passons de l'art à la nature. C'est pourquoi il est nécessaire d'élaborer une approche qui rende compte de la liberté, de la flexibilité et de la créativité caractéristiques de l'appréciation de la nature *en tant qu'*objet esthétique. La complexité de la nature offre la possibilité d'une expérience esthétique à la fois riche et gratifiante, mais une telle expérience n'est possible que parce que l'objet naturel et le sujet percevant sont ce qu'ils sont – et donc à condition de respecter le défi que nous adresse les objets naturels. Ronald Hepburn exprime très bien cette idée dans l'un de ses articles :

---

1. Il importe de noter que Carlson ne défend pas une stricte approche scientifique au titre de modèle de l'expérience esthétique. Il plaide pour une approche active, engagée et désintéressée du point de vue esthétique. Néanmoins, la thèse que l'appréciation de la nature exige de percevoir les entités naturelles dans la catégorie scientifique dont elles relèvent est primordiale, et c'est elle qui justifie les critiques que Carlson adresse aux positions fortement subjectives. Voir A. Carlson, « Appreciating Art and Appreciating Nature », art. cit., p. 203-205, et « Aesthetics and Engagement », *British Journal of Aesthetics* 1993, n°33, p. 222-227.

2. Voir A. Carlson, « Environmental Aesthetics », *in* D. E. Cooper (dir.), *A Companion to Aesthetics*, Oxford, Basil Blackwell, 1992, p. 142-143.

L'expérience esthétique de la nature peut être pauvre,
répétitive, fruste. Déplorer un tel état de fait et chercher à y
remédier, c'est aussi bien se donner un idéal que l'on pourrait
formuler comme suit : il s'agit de l'idéal d'une expérience
riche et variée qui, loin d'être statique, serait ouverte à une
perpétuelle révision de notre point de vue et de notre
organisation du champ visuel, à un perpétuel élargissement
de la portée de notre regard sur ce qui peut être pris comme
objet de contemplation esthétique, à un aiguisement de notre
sensibilité et une augmentation de notre acuité mentale dans
le discernement des qualités expressives des objets naturels [1].

L'on songe ici à John Dewey mettant en garde contre ces
ennemis de l'esthétique que sont les expériences du monde
conventionnelles, banales, routinières et incomplètes [2]. Hepburn
et Dewey soulignent tous deux que le pouvoir de l'*imagination*
est celui qui nous permet de créer de nouvelles perspectives
sur le monde. L'imagination est, de même que la perception,
une alliée indispensable pour relever le défi esthétique que
nous adresse notre environnement naturel.

Le meilleur modèle d'appréciation esthétique de la nature
se recommandera par sa capacité à résoudre le problème de
la façon dont il est possible de guider l'appréciation esthétique
en l'absence de tout contexte artistique. Il devra aussi pouvoir
expliquer comment il est possible d'attribuer une forme
d'objectivité aux jugements esthétiques. Enfin, il devra fournir
le moyen de distinguer les valeurs esthétiques des autres types
de valeurs. Le modèle d'Allen Carlson, fondé sur la promotion
de la connaissance scientifique au rang de condition nécessaire
de l'appréciation esthétique de la nature, est incapable de

1. R. Hepburn, « Nature in the Light of Art », in *Wonder and Other
Essays*, Edinburgh, Edinburgh University Press, 1984, p. 51.
2. Voir J. Dewey, *L'art comme expérience*, trad. fr. coordonnée par
J.-P. Cometti, Paris, Gallimard, 2010, p. 89.

satisfaire la première et la troisième exigence. Quel que soit le niveau de connaissances requis, le modèle « environnemental naturel » défendu par Carlson demeure problématique : si ce niveau est relativement bas (comme c'est le cas lorsque l'on a recours à la connaissance de sens commun), alors ce modèle paraît bien peu utile pour guider l'appréciation ; et si ce niveau est relativement élevé (comme c'est le cas lorsque l'on a recours à des connaissances scientifiques), alors la distinction entre valeurs esthétiques et valeurs scientifiques semble plus difficile à effectuer, et l'exigence de percevoir les objets naturels dans les catégories scientifiques dont ils relèvent s'avère trop contraignante pour l'appréciation esthétique.

Mais le problème de savoir comment il convient de faire face à l'indétermination de la nature sans l'aide d'un contexte esthétique reste entier. Je me suis employée à montrer dans cette section que le fait de remplacer le contexte artistique par des contraintes scientifiques n'apportait aucune solution satisfaisante. La solution ne se trouve pas non plus dans le fait de se tourner uniquement vers le sujet de l'expérience. Dans la prochaine section, je vais m'efforcer de soutenir qu'il est nécessaire d'élaborer un modèle qui puise à la fois dans le sujet et dans l'objet, chacun contribuant à guider notre appréciation. Je propose qu'au lieu d'utiliser la connaissance scientifique comme fondement de l'appréciation esthétique de la nature, nous nous tournions vers des ressources esthétiques qui nous sont plus familières.

III

Le modèle non fondé sur la science que je propose puise dans nos capacités perceptives et imaginatives pour guider l'appréciation de la nature. Ce modèle est d'inspiration

kantienne en ce qu'il considère le désintéressement comme
guide d'une appréciation appropriée. Comment ces capacités
peuvent-elles exactement fournir la base d'une alternative
souhaitable à l'approche fondée sur la science ? Pour répondre
à cette question, je commencerai par présenter le modèle
alternatif que je propose en considérant le rôle de la perception
pour ensuite me pencher sur le rôle de l'imagination.

De la même manière que pour les œuvres d'art,
l'appréciation esthétique des objets naturels commence avec
l'examen perceptif de l'objet esthétique. Face à *Cupidon et
Psyché*, j'examine les traits de la peinture en reconnaissant
des objets représentés en même temps que j'interprète
progressivement ce que je vois. La reconnaissance et
l'interprétation conduisent à une appréciation du savoir-faire
de l'artiste dans la composition et l'expressivité des personnages
représentés, à savoir l'arrogance de Cupidon et la sensualité
de Psyché. Dans le cas de l'appréciation d'un environnement
naturel, tel qu'un paysage marin, ma perception n'est pas
guidée par ce qu'un artiste a représenté, mais elle est néanmoins
guidée par la reconnaissance des qualités perceptives que je
prends plaisir à examiner. Je puis par exemple me concentrer
sur le premier plan d'un paysage marin, et examiner la courbe
parfaite de la vague, la blancheur de l'écume qui jaillit en
cascade et retombe en pluie en même temps que les vagues
s'écrasent sur le sable en grondant. Je puis prendre plaisir à
contempler le contraste de l'eau immobile à l'horizon qui
offre un arrière-plan paisible et grandiose. Mon appréciation
des qualités esthétiques est guidée par ce que je perçois, mais
le choix des objets de mon appréciation dépend dans une
certaine mesure de l'effort que je fais pour exercer mes
capacités perceptives. Alors que, dans le cas de l'appréciation
d'une œuvre d'art, cet effort est largement tributaire de la
capacité de l'artiste à créer une œuvre d'art séduisante et

stimulante, dans le cas de l'appréciation d'un environnement naturel, ce sont les caractéristiques de l'objet naturel qui déterminent en grande partie le degré d'effort perceptif requis. Il se peut que l'appréciation de la beauté d'un immense paysage exige moins d'effort que celle d'une vasière ou d'une friche. Mais cela n'empêche pas les vasières et les friches d'avoir elles aussi une valeur esthétique, et il est clair que la perception de cette valeur dépend de l'effort que fournira le sujet percevant.

Que l'on me permette de citer un exemple emprunté à mon expérience personnelle pour illustrer ce point. Le gouvernement local de la région où je vis est actuellement en train de débattre de la question de savoir de quelle manière il convient d'aménager un terrain autrefois occupé par une raffinerie de pétrole, dont il ne reste plus que quelques bâtiments en ruine et à laquelle continue de conduire une ancienne route tracée autour du site. Cet espace est aujourd'hui devenu un habitat pour divers plantes, insectes et oiseaux, et un lieu de vie aquatique pour les diverses espèces qui se sont développées dans les étangs avoisinants. Parmi les partenaires de la discussion sur l'avenir du site, certains sont partisans de raser purement et simplement tout ce qui s'y trouve pour y construire un parc. D'autres préféreraient que tout soit laissé en l'état, et que l'on aménage un platelage en bois ou un chemin, jalonné de quelques panneaux d'information, pour faciliter la découverte du site pour les visiteurs. Je me suis rendue sur le site, et je me suis aperçue, en l'examinant attentivement, que ce paysage prétendument dénué de charme était en fait esthétiquement très intéressant. Un examen minutieux des divers aspects de ce paysage révèle en effet qu'il est traversé par de nombreux oiseaux au vol gracieux, qu'il est recouvert de délicates fleurs sauvages et habité par un couple de cygnes vivant dans l'un des étangs. Le plaisir que m'a procuré la découverte de ces divers aspects du lieu a sans doute été intensifié par la connaissance préalable que j'avais de l'histoire du lieu et du débat dont il est actuellement l'objet, mais la valeur esthétique que je lui ai reconnue ne dépend pas d'une telle connaissance. Au contraire, elle dépend de l'intérêt perceptif que j'ai su lui prêter et de mon immersion dans le paysage[1].

Une telle attention perceptive est intimement liée à l'imagination. Cette dernière contribue à multiplier les perspectives perceptives pouvant être prises sur un objet naturel ou sur un ensemble d'objets, et cette variation de perspectives augmente et enrichit notre appréciation. Comme le dit Ronald Hepburn, le pouvoir de l'imagination se reconnaît à ceci qu'elle est capable

> de déplacer l'attention en la faisant passer de la considération d'un aspect à un autre de l'objet naturel que l'on a sous les yeux, de modifier la portée de l'attention en la resserrant sur tel ou tel détail ou en l'élargissant en direction de l'atmosphère d'ensemble brumeuse ou lumineuse, de dépasser les façons conventionnelles de réunir en un groupe certains objets naturels et les stéréotypes de perception[2].

1. Il se peut qu'il soit parfois impossible de trouver une valeur esthétique à un terrain vague en l'absence des lumières d'une personne ayant une meilleure connaissance de ce paysage. Comme il en va fréquemment en art, nous échouons alors à reconnaître par nos propres moyens à tel ou tel environnement naturel une valeur esthétique, et nous comptons sur l'aide des autres pour nous aider à percevoir les qualités esthétiques que nous n'aurions pas remarquées. L'on pourrait songer ici à ce que Sibley a écrit au sujet des sept activités critiques (voir F. Sibley, « Aesthetic Concepts », *The Philosophical Review*, 1959, n°68, p. 421-450), mais je ne crois pas qu'une appréciation appropriée de l'art ou de la nature requiert une expertise, que ce soit celle d'un critique d'art ou celle d'un naturaliste. Les conseils d'un ami qui a vu l'œuvre d'art en question ou qui connaît bien le paysage en question seront suffisants pour me mettre sur la voie de la découverte de leurs qualités esthétiques.

2. R. Hepburn, « Nature in the Light of Art », art. cit., p. 47.

Réciproquement, la perception favorise l'activité de l'imagination en lui fournissant la chorégraphie de nos images (*imaginings*). De cette façon, les qualités perceptives de l'objet esthétique et le pouvoir imaginatif de l'observateur se conjuguent pour guider l'appréciation esthétique.

Le rôle de l'imagination [1] dans notre appréciation esthétique de la nature est susceptible d'être élucidé sous quatre chefs : l'imagination *exploratrice*, l'imagination *projective*, l'imagination *ampliative* et l'imagination *révélatrice* [2]. Les diverses manières dont nous faisons usage de l'imagination en ses quatre modes, considérés dans leur relation avec la perception, détermine notre appréciation des objets naturels. Selon l'objet esthétique considéré et selon aussi l'imagination de l'observateur, il se peut que nous ne fassions usage que d'un seul mode, ou bien de plusieurs à la fois, ou bien encore de tous, et dans ce cas notre appréciation reposera plus ou moins sur la contribution de l'imagination.

L'*imagination exploratrice* est le mode le plus étroitement lié à la perception. Ici, l'imagination explore les formes de l'objet auxquelles nous prêtons une attention perceptive. Les découvertes de l'imagination peuvent, en retour, enrichir et modifier notre perception de l'objet. Tandis que la perception

---

1. Par « imagination », j'entends la faculté qui inclut les capacités allant du pouvoir de représentation (*visualizing*) aux capacités plus inventives de l'imagination telles que le « faire comme-si » (*make-believe*) et l'imagination de mondes possibles (*imagining possibilities*). J'y inclus également les pouvoirs qui ne dépendent pas de la faculté de représentation (*visualizing*) et qui ne réclament pas l'appoint d'images mentales.

2. Les modes explorateur, projectif et ampliatif de l'imagination sont librement inspirés d'A. Savile qui les examine dans le cadre de la figuration narrative. Voir A. Savile, *Aesthetic Reconstructions*, Oxford, Blackwell, 1988. Le quatrième mode, l'imagination révélatrice, est de mon crû, mais il se trouve déjà évoqué par J. Ruskin au détour de quelques pages dans *Modern Painters* (1846), D. Barrie (ed.), Londres, Pilkington Press, 2000, vol. II, section 2.

fait une grande partie du travail simplement en saisissant l'objet et en le replaçant dans notre champ perceptif, c'est l'imagination qui s'étend au-delà dans la libre contemplation de l'objet. Ainsi l'imagination exploratrice aide l'observateur à faire une première découverte des qualités esthétiques. Par exemple, en contemplant l'écorce d'un robinier, visuellement, je perçois des fissures profondes entre les stries épaisses de l'écorce. Des images de montagnes et de vallées me viennent à l'esprit et je pense à l'âge de l'arbre dont témoignent la profondeur des fissures de l'écorce et les espacements entre elles. Je tourne autour de l'arbre et me rend compte de sa large circonférence ; l'image d'un homme d'expérience, avec ses traits marqués, me vient en tête. Ces images (*imaginings*) me conduisent à un jugement esthétique de l'arbre qui m'apparaît comme vigoureux et je le considère avec respect comme s'il était un vénérable vieux sage. Ma représentation de ce robinier est donc liée à ses qualités non esthétiques qui seraient la texture de son écorce ou des associations engendrées par ses qualités perceptives.

Une autre caractéristique du mode explorateur est que l'imagination cherche parfois de manière non délibérée l'unité dans une scène où la perception s'est révélée n'être pas à la hauteur de la tâche. L'imagination peut se démener pour rassembler les divers aspects d'une lande qui s'étend au-delà de notre vue en fournissant les détails qui ne sont pas visibles comme des images du paysage au-delà de l'horizon.

L'*imagination projective* s'appuie sur les pouvoirs projectifs de l'imagination. La projection consister à imaginer à partir ce qui est perçu en ajoutant à ce perçu une image projetée, en le remplaçant par, ou en le recouvrant avec, cette image projetée. Dans ce cas, l'imagination projective est associée à un « voir comme » (« *seeing as* ») délibéré dans lequel nous voyons intentionnellement, et non fortuitement,

quelque chose comme étant autre chose. Nous mettons ce
« voir comme » à l'œuvre dans le but de tester de nouvelles
manières d'envisager les objets en projetant sur eux des
images.

En regardant les étoiles pendant la nuit, l'activité
imaginative peut remplacer la perception en essayant d'agencer
les différentes formes tracées par les étoiles, en projetant
peut-être naturellement sur elles des formes géométriques.
Nous allons parfois jusqu'à nous projeter nous-mêmes *dans*
des objets naturels. Par exemple, pour apprécier les qualités
esthétiques d'une fleur alpine, je peux imaginer physiquement
(*somatically*) ce que cela représente de grandir et de vivre
dans des conditions aussi extrêmes. Si je ne peux pas imaginer
de telles conditions, je serais incapable d'apprécier la
remarquable résistance si magnifiquement cachée dans la
fragilité de cette fleur. Ces deux exemples montrent de quelle
manière l'imagination rend possible une expérience esthétique
plus intime et nous permet donc d'aller plus loin dans
l'exploration des qualités esthétiques qu'à l'aide de la seule
perception.

Le troisième mode de l'activité imaginative, l'*imagination
ampliative*, implique les facultés inventives de l'imagination
et ne nécessite pas de mobiliser des images. Ce mode est
marqué par une puissance créative accrue et une curiosité
particulière dans l'appréciation des objets naturels. Ici,
l'imagination amplifie ce qui est donné dans la perception,
allant au-delà de la simple projection d'images sur les objets.
Cette activité peut donc être décrite comme la plus pénétrante
par le fait d'un traitement imaginatif plus profond de l'objet.
C'est l'imagination dans son mode le plus actif pour
l'expérience esthétique.

Cet usage de l'imagination combine à la fois la
représentation (*visualizing*) et les mises en variation (*leaps*

of imagination) permettant de considérer les objets naturels sous des points de vue complètement nouveaux. En contemplant la surface lisse d'un galet, je me représente le flux incessant de l'océan qui a façonné ce caillou dans sa forme polie. Je pourrais également imaginer à quoi il ressemblait avant de devenir aussi lisse, cette image contribuant alors à accroître mon émerveillement et mon plaisir à l'égard de cet objet. Il ne suffit pas de penser au caillou pour apprécier pleinement sa douceur soyeuse ; encore faut-il pouvoir la mettre en valeur à la faveur du contraste entre la sensation que j'en ai et l'image que mon imagination peut me fournir de l'état qui était le sien avant d'être poli. L'imagination ampliative nous permet d'élargir ce que nous voyons en replaçant ou en contextualisant l'objet esthétique grâce à des images narratives. L'on trouve sous la plume d'Andrew Wyeth un bel exemple de ce processus :

> Découvrir une coquille de moule blanche sur un banc de gravier dans le Maine constitue pour moi une expérience bouleversante parce que je vois en condensé toute la mer : la mouette qui l'a amenée ici, la pluie, le soleil qui l'a blanchie à l'ombre des épinettes [1].

C'est encore l'imagination ampliative qui est à l'œuvre lorsque, dans une approche non représentative (*nonvisualizing*) de l'objet, nous nous efforçons de faire varier les façons d'apprécier esthétiquement l'objet. Faire appel à l'imagination en ce sens peut ainsi faire varier la façon dont nous faisons l'expérience d'une vallée, selon que nous mettons au centre de notre attention son couvert forestier verdoyant empreint

---

1. Ces remarques proviennent d'un entretien accordé par A. Wyeth à W. Corn. Voir W. Corn, *The Art of Andrew Wyeth*, Greenwich, New York Graphic Society, 1973, p. 55.

de sérénité, ou les formes aiguisées, tout en pics et en tranchants, des glaciers environnants.

Lorsque l'imagination ampliative conduit à la découverte d'une *vérité esthétique*, je nomme « *révélatrice* » cette activité imaginative. Dans ce mode, l'invention pousse le pouvoir de l'imagination jusqu'à ses limites, conduisant souvent à délivrer une sorte de vérité ou de connaissance sur le monde – une sorte de révélation dans une acceptation non religieuse du terme. Pour reprendre l'exemple précédent, lorsque je considère la vallée, non plus comme étendue verdoyante, mais comme un ensemble de pics et d'arêtes tranchantes, ce qui se révèle à moi n'est autre que le gigantesque pouvoir de la Terre : une sorte de vérité émerge alors de mon expérience esthétique.

La différence entre une vérité esthétique et une vérité non-esthétique se comprend en fonction de la manière dont celle-ci vient à être connue. Nous ne cherchons pas des vérités esthétiques de la même manière que nous cherchons des réponses philosophiques ou posons des problèmes scientifiques. Le propre des vérités esthétiques est qu'elles nous sont révélées à la faveur d'une expérience esthétique *sui generis* au cours de laquelle l'engagement perceptif et imaginatif au sein de la nature contribue à aiguiser l'attention jusqu'à conduire à la révélation. Un rapide regard jeté sur un agneau, par exemple, révèle presque à tous les coups la douceur de cette créature. Mais un plus grand engagement perceptif et imaginatif peut nous mener à entrevoir l'idée de l'innocence même de cette créature. La contemplation de la blancheur candide d'un agneau et de sa silhouette fragile inspire des images de pureté et de naïveté. C'est en considérant attentivement, sur le plan esthétique et à l'aide de l'imagination, de telles caractéristiques naturelles qu'une nouvelle vision des choses peut se dessiner sous nos yeux.

IV

Les modes explorateur, projectif, ampliatif et révélateur
de l'imagination expliquent la façon dont celle-ci guide
l'appréciation esthétique de la nature. Plus généralement, le
modèle que je propose fournit un contexte d'appréciation en
mettant la perception et l'imagination à la place de la
connaissance scientifique.

Toutefois, ce modèle doit faire face à une objection
potentiellement dirimante : dans quelle mesure l'imagination
devrait-elle jouer un rôle dans l'appréciation ? Ne pourrait-on
craindre que l'usage de l'imagination fausse l'appréciation
en conférant à l'objet esthétique une apparence triviale ?
N'est-ce pas ce qui se passe lorsque le sujet percevant sollicite
des images (*imaginings*) dénuées de toute pertinence et ne
pouvant pas être liées aux propriétés perceptives de l'objet,
ou encore lorsqu'il donne libre cours à son imagination la
plus débridée ? Une telle critique pourrait se poursuivre en
faisant remarquer que l'imagination conduit inévitablement
à une expérience qui est trop imprévisible, trop arbitraire,
trop fantaisiste pour pouvoir guider de façon appropriée
l'appréciation esthétique de la nature.

Allen Carlson ne formule pas explicitement cette objection
mais il me semble que le modèle qu'il propose en fait la
suggestion. Selon lui, les jugements esthétiques de la nature
ne sont justifiés que s'ils sont formulés de manière appropriée,
c'est-à-dire que si l'appréciation esthétique des objets naturels
se fonde sur la connaissance scientifique. Il en résulte que
l'appréciation fondée sur l'imagination, laquelle se distingue
nettement de celle qui fait l'expérience des objets naturels
selon des catégories scientifiques (écologique, géologique ou
autres), est inappropriée.

Bien que je continue de considérer que le modèle élaboré par Carlson est trop contraignant, je ne défends pas la thèse selon laquelle toutes les appréciations fondées sur l'imagination sont comme telles appropriées. Une imagination débridée peut conduire à une sorte de détournement de l'objet esthétique pour le seul compte de celui qui s'y livre et qui trouve du plaisir à le faire. Dans le cas de l'art, l'appréciation fondée sur l'imagination est prédéterminée jusqu'à un certain point parce qu'elle est contrainte de se régler sur le récit du roman ou sur les caractéristiques de l'œuvre. Mais dans le cas des objets naturels, de telles indications précises, pouvant servir de guide à l'appréciation, font défaut. Sur quelle base convient-il donc de distinguer les images (*imaginings*) liées à l'objet de celles qui ne le sont pas ? A certains égards, une telle tâche semble impossible. Même dans le domaine de l'art, il apparaît difficile de trouver une solution à ce problème [1]. Il reste qu'il est tout de même possible d'indiquer les conditions sous lesquelles l'imagination peut ne pas nécessairement conduire à une appréciation esthétique triviale ou instrumentalisante de la nature, et donc les conditions sous lesquelles l'engagement imaginatif peut prétendre constituer une alternative sérieuse au modèle fondé sur la science.

Pour élucider ce point, il importe de revenir aux liens étroits existant entre la perception et l'imagination au sein de toute appréciation esthétique, lesquels, comme je vais

---

1. Quelques propositions intéressantes visant à faire le départ entre les images pertinentes et celles qui ne le sont pas ont été avancées par R. Hepburn dans « Trivial and Serious in Aesthetic Appreciation of Nature », art. cit., et dans « Landscape and the Metaphysical Imagination », *Environmental Values*, 1996, n°5, p. 191-204. Dans le contexte de la théorie de la fiction, voir P. Lamarque, « In and Out of Imaginary Worlds », *in* D. Knowles, J. Skorupski (dir.), *Virtue and Taste : Essays on Politics, Ethics, and Aesthetics. In Memory of Flint Schier*, Oxford, Blackwell, 1993.

m'efforcer de le montrer, peuvent aider à distinguer les images (*imaginings*) appropriées de celles qui ne le sont pas. La façon dont Andrew Wyeth a su apprécier sur le plan esthétique la coquille de moule blanche trouvée dans le Maine implique clairement la mise en œuvre d'une imagination guidée par une attention prêtée aux qualités perceptives, ainsi que la reconnaissance du fait que l'objet a été rejeté par la mer. Mais une telle connexion entre l'imagination et la perception, si elle est trop exclusive, risque de créer toutes sortes de problèmes, car il se peut que des images (*imaginings*) soient provisoirement associées aux qualités perceptives de l'objet alors mêmes qu'elles sont inappropriées et sans pertinence. Par exemple, lorsque l'on arrive à Beachy Head, cette haute falaise de la côté sud de l'Angleterre, un sentiment de stupéfaction nous envahit à la vue de ce spectaculaire à pic sur la mer – sentiment qui est renforcé par la connaissance du fait qu'il s'agit là d'un haut lieu de suicide. Le fait d'imaginer ce que l'on doit ressentir lorsque l'on s'apprête à sauter de la falaise et l'effroi que doit inspirer la vue du vide accentue la sublimité du lieu. Mais l'on s'égarerait dans notre appréciation esthétique si l'on commençait à imaginer les raisons pour lesquelles certains ont été conduits à sauter, telles que les difficultés financières ou tout autre motif.

En outre, à côté des nombreux cas où les images évoquées par un objet sont clairement associées à ses propriétés perceptives, comme dans l'exemple de l'arbre et du vieil homme, il faudrait encore mentionner les cas où des images particulières appropriées surgissent alors même qu'elles ne sont pas associées à ces propriétés. L'imagination, en certains de ses usages les plus précieux, peut n'avoir que peu de rapport avec l'attention prêtée aux seules propriétés perceptives. L'appréciation d'une montagne à la façon d'Aldo Leopold, dans ce qu'elle a de sauvage et de majestueux, s'obtient en

« pensant comme une montagne », c'est-à-dire au terme d'une sorte d'identification empathique et imaginative avec la montagne [1].

Ainsi, bien que la perception serve de guide à nos images (*imaginings*), l'existence d'un lien entre l'imagination et la perception ne suffit pas à distinguer une image appropriée d'une image inappropriée. Afin d'y remédier, je suggère les deux principes suivants : à savoir, tout d'abord le désintéressement ; puis la compréhension de la faculté de l'imagination sur le modèle de l'exercice d'une vertu, de sorte à rendre concevable l'idée qu'il est possible d'imaginer plus ou moins « bien » selon l'usage plus ou moins habile et approprié que nous faisons de notre imagination dans tel ou tel contexte d'appréciation esthétique. Il va de soi que ces principes n'ont rien de rigides et qu'ils n'ont pas vocation à l'être, puisque l'inflexibilité dans ce domaine entrerait en conflit avec la multiplicité des modalités d'appréciation selon lesquelles des sujets percevants différents peuvent être amenés à réagir à des objets naturels différents.

Le premier principe – le désintéressement – caractérise l'appréciation esthétique comme étant ou devant être non pratique et non instrumentale. L'adhésion à ce principe met à l'abri du danger de complaisance envers soi-même de la part du sujet qui imagine. On pourrait faire valoir qu'il existe une tension entre l'engagement actif de l'imagination de la part du sujet et le détachement souvent associé au désintéressement. Cependant, le désintéressement dont il est question ici n'a rien d'un détachement froid et distant ; il s'agit bien plutôt d'un détachement à l'égard de nos préoccupations personnelles, de sorte qu'il ne s'ensuit pas

---

1. A. Leopold, *Almanach d'un comté des sables*, trad. fr. A. Gibson, Paris, GF-Flammarion, 2000, p. 170.

que l'appréciation esthétique du sujet percevant soit passive [1]. Entendu comme il convient de le faire, le détachement actif du désintéressement permet de faire place nette à la libre activité de l'imagination, mais il est aussi ce qui permet de la brider, en empêchant que se développent des formes d'appréciation imaginative intéressée. En libérant l'esprit de ses préoccupations personnelles et instrumentales, l'imagination peut ainsi prêter main forte à une appréciation appropriée de l'objet esthétique. C'est le désintéressement, par exemple, qui permettra de tenir à l'écart les pensées ou les images (*imaginings*) qui pourraient distraire l'attention esthétique prêtée à un paysage marin, en me conduisant à rêver au nombre de coquillages que je pourrais récolter si les vagues n'étaient pas si grandes.

Le premier principe traite spécifiquement de l'usage de l'imagination lié à une forme de complaisance envers soi-même, tandis que le second concerne les images (*imaginings*) qui sont dénués de pertinence. Le second principe exige de la part du sujet percevant un rôle plus actif en ce sens où l'on attend de lui qu'il s'applique à « bien imaginer ». De la même manière qu'une perception plus ou moins aiguisée peut

---

1. Ma conception du désintéressement s'inspire (librement) de la théorie kantienne selon laquelle le désintéressement est opposé à l'intérêt particulier, à savoir, l'intérêt pour soi-même et l'intérêt pratique. Dans les deux cas, nous utilisons l'objet en vue d'une fin – pour le plaisir ou pour son utilité. Entendu de cette manière, le désintéressement ne suppose pas l'abstraction ou une contemplation passive, mais seulement le fait que nous évaluions l'objet pour ses qualités esthétiques et non en vue d'un usage ou d'une fin quelconque. J'ai défendu ailleurs la thèse selon laquelle le désintéressement, en tant que condition de l'appréciation esthétique, exige que nous mettions de côté ce que nous *voulons* mais pas ce que nous *sommes*. Voir « Don't Eat the Daisies : Disinterestedness and the Situated Aesthetic », *Environmental Value*, 1998, n°7, p. 97-114. En ce sens, le désintéressement guide l'imagination en mettant à l'abri de toute complaisance envers soi-même, sans exclure pour autant les aspects « intégrés » ou « situés » du sujet percevant.

conduire à une meilleure appréciation de la valeur esthétique d'un terrain vague, de même l'imagination peut être sollicitée avec plus ou moins d'efficacité dans le contexte de l'appréciation esthétique. Parvenus à ce stade, il est utile de développer l'analogie avec l'exercice des vertus à laquelle il a été fait allusion précédemment.

Pour Aristote, la vertu n'est pas une disposition naturelle : bien au contraire, celle-ci s'apprend et s'acquiert par la pratique. La vertu est une disposition habituelle qui s'acquiert par la répétition des actes vertueux. A l'instar de la vertu, l'imagination se développe elle aussi avec la pratique et s'acquiert par l'habitude. Nous commençons à deviner de quelle manière un usage de l'imagination peut se révéler plus ou moins efficace, mais comment cet usage de l'imagination pourrait-il nous aider à faire le départ entre les images pertinentes et celles qui ne le sont pas ? Ici encore, le modèle de l'exercice de la vertu peut fournir un élément de réponse. Dans le cas de la vertu, la juste évaluation du contexte ou de la situation du problème moral (à la lumière de la raison pratique), ainsi que la pratique elle-même, constituent le fondement sur la base duquel la vertu peut être acquise. Dans le cas de l'appréciation esthétique, c'est en référence aux exigences de l'objet esthétique lui-même que l'imagination est sollicitée et qu'elle s'exerce, et c'est sur cette base qu'il est possible de déterminer la non-pertinence de certaines images (*imaginings*) – comme par exemple celles des motifs pouvant conduire à se jeter du haut des falaises de Beachy Head. « Bien imaginer » consiste ici à bien cerner le potentiel esthétique de l'objet considéré – autrement dit, à avoir le sens de ce qu'il convient d'examiner et du moment opportun auquel il convient de couper les ailes de l'imagination.

L'adresse avec laquelle l'on parvient à ce résultat permet de tenir à l'écart les appréciations imaginatives sentimentales superficielles et naïves, dénuées de pertinence, qui menacent d'appauvrir l'appréciation au lieu de l'enrichir[1]. Il se peut que le fait d'imaginer un agneau revêtu de langes aide à évoquer la vérité esthétique de l'innocence, mais une telle représentation sentimentale et superficielle ne permet pas de guider l'appréciation esthétique de manière appropriée. Il n'est certes pas toujours facile d'effectuer avec précision de telles distinctions, mais la pratique permet à la longue de développer la capacité à mettre nos images (*imaginings*) sur la bonne voie.

V

L'imagination, œuvrant de conserve avec la perception, se réglant sur les deux principes qui viennent d'être élucidés, constitue le cadre général dans lequel se déploie le modèle alternatif que je propose, lequel offre plusieurs avantages par comparaison avec le modèle fondé sur la science. Tout d'abord, l'appréciation esthétique de la nature y est conçue en référence à des ressources esthétiques qui nous sont familières (la perception, l'imagination et le désintéressement). Par contraste avec la connaissance scientifique, la perception et l'imagination fournissent à l'appréciation de la nature un cadre qui est clairement esthétique et qui, dans le contexte pratique, permet de distinguer la valeur esthétique d'autres valeurs environnementales comme par exemple les valeurs écologiques, historiques et culturelles.

En outre, le modèle alternatif que je propose présente cet autre avantage de libérer l'appréciation esthétique des contraintes de la connaissance scientifique, d'une part parce

1. Sur ce point, voir R. Hepburn, « Trivial and Serious in Aesthetic Appreciation of Nature », art. cit.

que l'attention qui est stimulée par l'imagination et la perception concerne plus les propriétés esthétiques des objets considérés que les propriétés qui se révèlent à la lumière de la connaissance intellectuelle que l'on peut en avoir, et d'autre part parce que cette approche ne requiert pas de connaissances spécifiques de la part de l'observateur. Ce point est particulièrement important dans le contexte pratique où la prise de décision en matière de politique environnementale implique la participation d'une large variété d'individus entrant dans le processus délibératif, et dont le degré d'expertise est des plus variables. Le modèle alternatif que je propose est plus inclusif, plus ouvert aux expériences esthétiques des autochtones, des visiteurs, des développeurs, des administrateurs locaux, etc., travaillant conjointement à trouver le meilleur compromis. Les principes dont il a été question dans la section précédente montrent de quelle manière des images (*imaginings*) inappropriées peuvent être tenues à l'écart, et de quelle manière, dans un contexte pratique, elles peuvent permettre de réaliser un consensus esthétique dans le cadre de la perception et de l'imagination. En permettant d'écarter les images (*imaginings*) arbitraires et animées par une forme de complaisance envers soi-même, ils rendent possible de régler plus facilement les conflits au cours des processus délibératifs [1].

---

1. J'ai développé la théorie de l'imagination dont on trouve ici quelques éléments, ainsi que ses implications dans l'appréciation esthétique de la nature, dans *Aesthetics and the Natural Environment*, Edinburgh, Edinburgh University Press, 2003.

ÉTHIQUE ET ESTHÉTIQUE ENVIRONNEMENTALES

INTRODUCTION

Le croisement entre les courants d'esthétique et d'éthique environnementales s'est effectué très tôt dans les pays anglo-saxons dès la fin des années 1970. Si cette rencontre entre deux types de discours ou d'approche de la nature manifestement connexes – dont l'un fait de l'environnement naturel un objet d'*appréciation esthétique*, tandis que l'autre en fait un objet de *préoccupation morale* – pouvait légitimement apparaître dès le début comme étant à peu près inéluctable, il importe toutefois de souligner les conditions, tant historiques que philosophiques, dans lesquelles cette rencontre s'est produite.

Car il ne suffit pas de dire que la beauté de l'environnement naturel possède en tant que telle une force mobilisatrice sans pareille pour rendre compte de la façon spécifique dont se sont noués, dès le XIXᵉ siècle en Amérique du Nord, le souci de préservation de la nature et son appréciation esthétique. Le fort intérêt suscité par exemple par la forêt de Fontainebleau en France au milieu du XIXᵉ siècle, lequel a conduit à faire adopter par l'Etat la première mesure au monde visant à la préservation d'un espace naturel jugé remarquable, pour analogue qu'il puisse paraître à celui qui a conduit aux Etats-Unis à la création du parc de Yosemite, obéit en vérité à des motivations très différentes, et fut trop modeste dans ses ambitions comme dans ses réalisations pour souffrir réellement la comparaison.

Comme on le sait, c'est aux alentours de 1840 que, avec l'arrivée des peintres (Théodore Rousseau, Jean-François Millet, Jean-Baptiste Corot, Gustave Courbet, etc.) dans le village de Barbizon, la forêt de Fontainebleau commença à s'imposer comme centre artistique. Déplorant l'abattage des futaies vieilles de plus de deux cents ans et critiquant la politique de l'administration forestière de remplacement des feuillus par des résineux qu'ils jugeaient moins pittoresques, les peintres se plaignirent auprès des autorités de la destruction du site naturel où ils allaient puiser leur inspiration et leurs modèles. Pour plaire à ces nouveaux sujets, Napoléon III autorisa les « réserves artistiques » en mettant de côté six cents vingt quatre hectares, dans le cadre d'un plan d'aménagement global de la forêt – décision inédite dans les annales de l'histoire puisqu'elle imposait le principe d'une intégration de l'attrait pittoresque d'un site naturel à sa gestion globale [1].

Mais si, pour la première fois, des espaces définis par décret allaient être sauvés de la hache pour la seule raison qu'ils étaient beaux – opérant ainsi une liaison, comme le dit Holmes Rolston, entre « beauty » et « duty » [2] –, il faut bien voir que les mesures prises à Fontainebleau dans les séries artistiques ne s'approchent pas véritablement de celles prises à Yosemite ou dans d'autres parcs naturels américains, et qu'elle relèvent de deux contextes culturels différents. Comme le dit justement Yves Figueiredo Couto [3], rien à Fontainebleau

---

1. Pour l'histoire de l'administration des forêts françaises, voir notamment A. Corvol, *L'homme et l'arbre sous l'Ancien Régime*, Paris, Economica, 1984.

2. Voir H. Rolston, « De la beauté au devoir. Esthétique de la nature et éthique environnementale », dans ce volume p. 277-310.

3. Y. Figueiredo Couto, *Du monumentalisme à l'écologie. Politique est esthétique de la nature en Californie (1864-1916)*, thèse inédite, Paris 7, 2005, p. 333. Voir p. 318-345 pour une comparaison serrée des deux démarches de préservation.

n'était comparable aux massacres des séquoias de la Sierra Nevada, ou aux défrichements systématiques des forêts primaires ; l'objectif des forestiers français était au contraire d'entretenir la forêt afin qu'elle pût se régénérer après des années de négligence. Alors qu'aux Etats-Unis il s'agissait de faire intervenir la puissance publique contre la destruction d'un paysage historique tenu pour le lieu de l'identité nationale, en France il n'était question que d'un débat sur les usages du milieu forestier, puisqu'à aucun moment la forêt de Fontainebleau ne fut menacée de disparaître. Il n'y a qu'aux Etats-Unis que les efforts de préservation de la nature se sont prolongés par la construction d'un lien entre nature et politique. La création des parcs nationaux est « une pédagogie républicaine de la nature invitant au respect et à l'appréciation d'un environnement vécu comme patrimoine national »[1] – raison pour laquelle l'obligation morale et politique de préservation y revêt une signification qui dépasse de beaucoup, sans pour autant lui être étrangère, la prise en compte de la seule valeur esthétique de la nature.

Le contexte philosophique au sein duquel s'est formé le courant d'esthétique environnementale, sur lequel nous avons livré des éléments d'information dans la Préface, peut également aider à rendre compte de l'originalité du lien qui s'est noué entre l'appréciation esthétique de la nature et la détermination des devoirs qui nous incombe à son égard.

Il apparaît en effet que la philosophie britannique de la première moitié du XVIIIᵉ siècle s'est employée de plusieurs manières à établir une analogie entre éthique et esthétique ou, pour employer les termes mêmes des auteurs de l'époque, entre l'appréhension des qualités morales et l'appréhension des belles formes, ou encore entre la beauté morale et la beauté

---

1. Y. Figueiredo Couto, *Du monumentalisme à l'écologie, op. cit.*, p. 332.

naturelle [1]. La discussion court sans interruption de Shaftesbury à Hume et quelques autres représentants des Lumières écossaises, et trouve son pivot chez Hutcheson. Qu'il s'agisse par exemple de la *beauté de la moralité* (en entendant par là la beauté intrinsèque des dispositions moralement bonnes) ou de la *moralité du beau* (en entendant par là la beauté extérieure des formes sensibles qui symbolisent le bien moral), le bien moral est tenu par Shaftesbury pour le critère du beau au nom de l'identité objective entre le bien et le beau, qui confère corrélativement au jugement moral et au jugement de beauté un contenu cognitif et donc une valeur de vérité [2]. Hutcheson, pour sa part, conçoit l'affinité entre le beau et le bien comme étant celle des facultés subjectives par lesquelles ils sont appréhendés, et il remarque que la majeure partie des beautés « littéraires » (l'éloquence et les figures de style aussi bien que le choix des caractères) ressortissent en fait au sens moral, si bien que le meilleur moyen, pour un écrivain, de susciter du désir ou de l'admiration pour un objet réellement bon est d'adopter un mode de description et de narration propice à la juste association d'idées morales. « C'est pour cette raison, conclut-il, qu'Horace regarde à juste titre la connaissance de la morale comme nécessaire au bon poète [3]. »

1. Sur ce point, voir L. Jaffro, « Francis Hutcheson et l'héritage shaftesburien : quelle analogie entre le beau et le bien? », http : //halshs. archives-ouvertes.fr/docs/00/17/43/17/PDF/Jaffro_Hutcheson_analogie.pdf. Nous nous appuyons dans ce qui suit sur cette étude.

2. Shaftesbury, « Miscellaneous Reflections » (1711), in *Characteristics of Men, Manners, Opinions, Times*, D. den Uyl (ed.), Indianapolis, Liberty Fund, 2001, vol. 3, p. 100-115 et p. 116-128. Pour une lecture de cette doctrine dans le cadre de la philosophie analytique, voir J. Stolnitz, « On the Significance of Lord Shaftesbury in Modern Aesthetic Theory », *Philosophical Quarterly*, 1961, n°11, p. 97-113, et A. Savile, « Aesthetic Experience in Shaftesbury », *Proceeding of the Aristotelian Society*, 2002, n°75, p. 55-74.

3. Voir F. Hutcheson, *Recherche sur l'origine de nos idées de la beauté et de la vertu* (1725), trad. fr. A.-D. Balmès, Paris, Vrin, 1991, p. 232 ; en

Mais c'est sans nul doute à l'aide du concept du sublime, tel qu'il a été réélaboré dans la première moitié du XVIIIe siècle par Shaftesbury, Addison et John Baillie, et, dans la seconde, par Burke et Kant, qu'a été pensée, de la manière la plus marquante pour l'esthétique environnementale moderne, la liaison entre « beauty » et « duty », sous la forme de la conjonction entre l'appréciation esthétique de la nature et l'épreuve que le sujet peut faire à cette occasion de ses propres dispositions morales. Le sublime, déclare ainsi Burke, imprime un double mouvement à l'âme : il constitue à la fois une réponse à l'objet qui l'affecte et une réflexion du sujet sur lui-même ; il suscite un sentiment de plaisir esthétique lorsque, sans courir de danger, « nous envisageons des objets terribles », et « un sentiment de grandeur intérieure » du fait de notre capacité à les envisager avec sérénité [1]. Pour l'auteur de la *Critique de la faculté de juger*, le sublime est un prédicat de l'esprit et non du monde, il ne porte pas sur un objet de la nature, mais sur la capacité de l'esprit à se dégager de la sensibilité *depuis le sensible* en découvrant, à l'occasion de la contemplation de la nature, sa destination pratique – celle d'un être auquel incombe la tâche d'instituer dans la nature l'espace de jeu de la liberté, et qui découvre que les choses sensibles de la nature se prêtent à un usage suprasensible. C'est pourquoi Kant pourra écrire que « l'*intérêt immédiat* à la beauté de la *nature* (…) est toujours le signe d'une âme qui est bonne » parce que ce que nous exprime « ce langage

poche, Paris, Vrin, 2015. Sur la philosophie de Hutcheson, voir P. Kivy, *The Seventh Sense : Frances Hutcheson and Eighteenth-Century British Aesthetics*, Oxford, Clarendon Press, 2003. Pour ce qui est de Hume, voir le premier Appendice de son *Enquête sur les principes de la morale* (1751), où il n'hésite pas à parler d'une « ressemblance très étroite sur plusieurs points » entre la « beauté naturelle » et la « beauté morale ».

1. Voir E. Burke, *Recherche philosophique sur l'origine de nos idées du beau et du sublime* (1757), trad. fr. B. Saint Girons, Paris, Vrin, 2009, p. 112.

chiffré par lequel la nature nous parle symboliquement par ses belles formes » n'est rien d'autre qu'une idée morale [1].

Ce sont ces deux fils (l'histoire de la préservation de la *wilderness* aux Etats-Unis et l'héritage de l'esthétique de la nature du XVIIIᵉ siècle) qui se sont assemblés dans le courant des années 1970, dans le contexte inédit d'une crise environnementale dont le monde prenait alors de plus en plus vivement conscience, pour former la trame des discussions entre les théoriciens d'éthique environnementale et ceux d'esthétique environnementale. Le problème de la liaison entre « beauty » et « duty » se chargeait en effet d'accents plus tragiques du fait des dégradations multiformes infligées à l'environnement naturel menaçant d'interrompre des cycles naturels et de conduire à des seuils d'irréversibilité. N'est-ce pas parce que l'humanité a été à ce jour incapable, comme le dit Kant, d'« aimer quelque chose indépendamment de toute considération d'utilité (par exemple les belles cristallisations, l'indescriptible beauté du règne végétal) » [2], n'est-ce pas parce qu'elle n'a pas su déduire de la considération de ce qu'il y a de beau dans la nature des devoirs à la fois envers cette dernière et envers l'humanité elle-même, que la crise environnementale a pu se produire ? Mais en admettant que la position qui consiste à exiger que l'environnement non humain soit pris en compte *pour lui-même*, indépendamment de tout coefficient d'utilité pour l'existence des hommes, en s'opposant systématiquement à la réduction des éléments composant l'environnement à de seules et uniques ressources, en vue de mettre au jour la nature comme lieu de valeurs intrinsèques dont l'existence, comme telle, commande un certain nombre

---

1. E. Kant, *Critique de la faculté de juger* (1790), § 42, trad. fr. A. Philonenko, Paris, Vrin, 1989, p. 131-133.

2. E. Kant, *Métaphysique des mœurs. Doctrine de la vertu* (1797), trad. fr. A. Renaut, Paris, GF-Flammarion, 1994, p. 302.

d'obligations morales, – en admettant, donc, que cette position, caractéristique de l'éthique environnementale, soit philosophiquement pertinente, n'y a-t-il pas fort à craindre qu'elle pose plus de problèmes qu'elle ne permet d'en résoudre en matière de protection de la beauté des paysages et du patrimoine naturel ?

Y a-t-il un sens à régler les politiques publiques de protection ou de gestion de l'environnement, ainsi que les pratiques de restauration écologique, sur la considération de la valeur esthétique des milieux concernés ? La difficulté à laquelle est confronté ce que certains théoriciens d'éthique environnementale ont appelé le « protectionnisme esthétique » [1] – l'effort visant à justifier la protection de l'environnement naturel à l'appui d'arguments faisant valoir ses propriétés esthétiques – tient aux conflits de valeurs auxquels il donne lieu. Comme le note Marcia Eaton, il existe de nombreux comportements environnementaux extrêmement préjudiciables

---

1. Voir S. Godlovitch, « Aesthetic Protectionism », *Journal of Applied Philosophy*, 1989, n°6, p. 171-180, J. A. Fisher, « Aesthetic », dans D. Jamieson (dir.), *Companion to Environmental Philosophy*, Oxford, Blackwell, 2001, p. 264-275, N. Hettinger, « L'objectivité en esthétique environnementale et la protection de l'environnement », dans ce volume p. 311-362. En un sens assez proche, Y. Saito parle quant à elle de « citoyenneté environnementale », tandis qu'E. Brady tente explicitement de répondre à la question de savoir ce qui, dans l'appréciation de l'environnement en général, la rend incontournable dans une politique de gestion et de préservation de notre environnement. Voir Y. Saito, « On the Role of Aesthetics in Civic Environmentalism », *in* A. Carlson, A. Berleant (dir.), *The Aesthetics of Human Environments*, Peterborough, Broadview Press, 2007, p. 203-218, et E. Brady, *Aesthetics of the Natural Environment*, Edinburgh, Edinburgh University Press, 2003. La thèse inédite de F. Abraham, *Sur ce qu'il y a d'éthique dans l'esthétique de l'environnement : Allen Carlson, Martin Seel, Arnold Berleant et les implications éthiques dans l'esthétique environnementale*, Université du Québec à Trois-Rivières, 2012, est dans une large mesure une critique de l'articulation entre l'esthétique et l'éthique, voire le politique, et plaide en faveur d'une valorisation esthétique de l'environnement indépendante de tout autre type de valorisation.

fondés sur des réactions esthétiques aveugles aux conséquences écologiques. Ainsi, le fait que le spectacle de forêts calcinées soit généralement tenu pour esthétiquement déplaisant a conduit, dans les parcs naturels américains, à la marginalisation de la pratique des feux de forêts préventifs visant à mieux contenir d'éventuels incendies, alors même que cette marginalisation est considérée comme un désastre écologique transformant les forêts nationales en véritables bombes à retardement[1]. De la même manière, la sensibilité esthétique dont le public peut faire preuve à l'endroit des créatures qui peuplent la faune joue un rôle important pour la mise en place et le respect des mesures de protection des espèces en voie de disparition. Or les préférences esthétiques qu'il témoigne le plus souvent à l'endroit des espèces les plus charismatiques est sans pertinence sur le plan écologique, mais malheureusement pas sans incidence sur la politique de conservation.

Le problème que soulève une esthétique écologique consiste en ceci qu'elle doit pouvoir concilier, dans l'appréciation d'un milieu naturel, des valeurs esthétiques, privilégiant la *beauté des paysages*, avec des valeurs écologiques, visant à garantir la *durabilité des paysages*. Ici, comme toujours, Aldo Leopold fait figure de pionnier, comme l'a magistralement démontré J. Baird Callicott, en ce qu'il est le premier à mettre en lumière l'insuffisance de l'esthétique traditionnelle de la nature – celle qui n'a d'yeux que pour son aspect pittoresque – pour guider efficacement l'action de préservation du milieu naturel, et en ce qu'il est le premier à comprendre que l'objectif n'est pas d'identifier et de protéger les paysages *les plus remarquables*, mais de découvrir la

---

1. Voir M. Eaton, « Professional Aesthetics and Environmental Reform », *Aesthetics Online* : http ://www.aesthetics-online.org/articles/index. php?articles_id=14.

beauté qui se tient *au sein de chaque* paysage, y compris les paysages les plus ordinaires et réputés « inesthétiques » tels que les paysages de marais [1]. Repoussant les catégories empruntées à l'esthétique des beaux-arts (celles de couleur, de forme, de symétrie, etc.), il promeut les concepts d'intégrité et de santé écosystémiques au rang de guide de l'appréciation esthétique de la nature, en recommandant que cette dernière repose de façon privilégiée sur la connaissance de la géologie, de la biologie évolutive et de l'écologie, sans préjudice de la sensibilité aux sons et aux odeurs de la nature, ainsi qu'à l'expérience visuelle qui peut en être faite – dans un geste de rupture très net avec les présupposés qui avaient conduits à la « muséification » du paysage par la création de réserves naturelles et de parcs nationaux.

Ce sont ces idées que les spécialistes de l'écologie, les paysagistes et autres techniciens de l'environnement, travaillant dans le domaine de l'architecture du paysage, de l'aménagement du territoire, de l'administration des forêts ou de la restauration écologique, se sont employés, aux Etats-Unis, à mettre en œuvre, tout en en discutant les attendus et le bien fondé [2].

---

1. Voir A. Leopold, *Almanach d'un comté des sables* (1949), trad. fr. A. Gibson, Paris, GF-Flammarion, 2000, et *La conscience écologique*, trad. fr. P. Madelin, textes réunis par J.-C. Génot et D. Vallauri, Marseille, Wildproject, 2013. On doit à Callicott de nous avoir non seulement donné accès aux textes inédits de Leopold relevant de l'esthétique écologique dans *The River of the Mother of God* (1991), mais encore de nous avoir donné la clé de leur interprétation. Voir J. B. Callicott, « L'esthétique de la terre », trad. fr. P. Madelin dans A. Leopold *La conscience écologique, op. cit.*, p. 213-226. Sur l'esthétique des paysages de marais, outre la célèbre section de l'*Almanach d'un comté des sables* intitulée « Elégie des marais » (p. 127 *sq.*), voir J. B. Callicott, « Weltland Gloom and Weltland Glory », *Philosophy and Geography*, 2003, n°6, p. 33-45, et H. Rolston, « Aesthetics in the Swamps », *Perspectives in Biology and Medecine*, 2000, n°43, p. 584-597.

2. Parmi ceux-là, citons notamment C. Howett, R. L. Thayer, J. I. Nassauer et P. H. Gobster.

Dans cette perspective, le paysage demande à être compris moins comme une catégorie esthétique que comme une réalité physique, correspondant à un niveau d'analyse efficace en ce qu'il manifeste des processus naturels producteurs de formes élémentaires telles que les plaines, les vallées, les montagnes, les coteaux, etc., impliquant, pour leur étude, la prise en compte aussi bien de données écologiques que géologiques, géographiques, historiques, économiques et sociologiques[1]. C'est de cette réalité complexe aux dimensions multiples que les politiques publiques doivent assurer la gestion, sans plus pouvoir se référer de manière univoque aux valeurs patrimoniales dont un paysage peut être chargé, mais sans jamais non plus devoir perdre de vue ce qui constitue son intérêt proprement esthétique[2].

Quelles que puissent être par ailleurs leurs différences d'approche, les théoriciens d'esthétique et d'éthique environnementales s'entendent fondamentalement sur une définition largement commune du concept de paysage, conforme à la réélaboration dont il a fait l'objet en écologie. Les uns et les autres, à quelques rares exceptions près[3],

1. Entendu en ce sens, le concept de paysage fait son entrée en écologie dès la fin des années 1930 sous la plume du biogéographe allemand C. Troll (1899-1975), et a conduit à ce que l'on appelle aujourd'hui l'écologie du paysage. Voir J.-C. Lefeuvre, G. Barnaud, « L'écologie du paysage : mythe ou réalité ? », *Bulletin d'écologie*, 1988, n°19, p. 492-522, et F. Burel, J. Baudry, *Ecologie du paysage, concepts, méthodes et applications*, Paris, Tec & Doc, 1999. Sur cet objet complexe qu'est devenu le paysage, voir S. Bell, *Landscape : Pattern, Perception and Process*, Londres, Routledge, 1999.

2. Sur cette problématique, voir la thèse inédite de K. W. Robinson, *The Moral Significance of Environmental Aesthetics and Its Importance in Environmental Decision Making and Policy Setting*, University of South California, 2009.

3. Voir par exemple R. Stecker, « The Correct and the Appropriate in the Appreciation of Nature », *British Journal of Aesthetics*, 1997, n°37, p. 393-402, D. Crawford, « Scenery and the Aesthetics of Nature », *in* A. Carlson,

s'accordent à rejeter l'appréciation esthétique de la nature fondée sur le modèle de l'appréciation des beaux-arts, et à tenir la référence au « pittoresque », comme le dit J. Baird Callicott, pour « superficielle » et « triviale »[1]. De là les efforts de certains théoriciens d'esthétique environnementale de lier la recherche empirique en « Environnemental Design » à l'esthétique de la nature ; de là aussi la tentative, plus radicale, de certains théoriciens d'éthique environnementale de mettre au jour une forme d'objectivité de la beauté naturelle qui puisse servir de fondement à la protection de l'environnement et apporter une contribution à la préservation des paysages durables.

Sous ce rapport, Holmes Rolston III est assurément celui qui aura noué de la manière la plus insistante la cause d'une éthique de l'environnement à celle d'une esthétique de la nature, dont le motif traverse pour ainsi dire toute son œuvre. Rolston est l'un des rares à afficher clairement l'ambition de fonder, comme il le dit, une « éthique esthétique », et peut-être le seul à concevoir la beauté naturelle comme une valeur intrinsèque objective inscrite dans la matière même du monde, où l'esprit les rencontre ou les découvre bien plus qu'il ne les lui apporte.

Toute la difficulté réside ici dans la théorie de la valeur que mobilise Rolston, qu'il appelle « autonomous intrinsic value theory », laquelle lui paraît être la seule à réellement pouvoir repousser l'objection fort bien formulée par Janna Thompson, selon laquelle « si la beauté naturelle ou artistique est purement dans l'œil de celui qui regarde, alors il s'ensuit

---

A. Berleant (dir.), *The Aesthetics of Natural Environment*, Peterborough, Broadview Press, 2004, p. 253-268, et T. Leddy, « A Defense of Arts-Based Appreciation of Nature », *Environmental Ethics*, 2005, n°27, 299-315.

1. J. B. Callicott, « L'esthétique de la terre », art. cit., p. 216.

que le jugement esthétique ne peut fonder aucune obligation »[1]. Selon Rolston, le défaut de toutes les théories subjectivistes de la valeur, qui suspendent l'existence des valeurs (esthétiques ou autres) à l'opération de valorisation effectuée par un sujet et qui édifient sur cette base une théorie normative, tient à ce qu'elles sont incapables d'empêcher que le système de normes censé protéger l'objet valorisé soit plié aux intérêts, voire aux caprices, du sujet qui valorise. D'où la proposition qu'il avance de reconnaître que les valeurs préexistent objectivement à la représentation que la conscience s'en donne, laquelle se contente, comme il le dit, de les « éclairer » ou de les « allumer » dans le monde en se tournant vers elles, à la façon dont la lumière dans le réfrigérateur s'allume lorsque nous ouvrons la porte pour nous donner à voir ce qui s'y trouvait déjà.

De la même manière, les valeurs imprègnent le monde en ce sens où elles lui donnent son dynamisme et son tonus vital particulier : c'est ainsi qu'un arbre valorise l'eau du sol à l'aide de ses racines, que la chlorophylle valorise la lumière du soleil pour effectuer la photosynthèse, que les feuilles valorisent le gaz carbonique de l'air et l'eau pour la production de glucose…et, enfin, que les êtres humains valorisent l'ensemble du processus en admirant, en été, la couleur verte du feuillage et, en automne, ses moirures mordorées. Holmes Rolston s'efforce de replacer les expériences humaines sur la scène de l'évolution de la vie sur terre et de situer l'apparition des êtres humains dans cette histoire comme le moment d'apparition d'une conscience, d'une nouvelle valeur intrinsèque capable d'évaluer et d'admirer les autres valeurs intrinsèques. En combinant l'esthétique avec la génétique et

---

1. J. Thompson, « Aesthetics and the Value of Nature », *Environmental Ethics*, 1995, n°17, p. 293.

l'écologie évolutionniste, il tente ainsi de conférer aux propriétés esthétiques une forme d'objectivité et de fonder un système de normes sur la base du respect que commande ce long et lent travail de la vie sur terre qui est un véritable miracle de créativité.

Ned Hettinger, dans le dernier texte de cette section, s'efforce de résoudre un problème analogue à celui de Rolston : celui du prétendu relativisme du jugement esthétique qui, s'il était confirmé, ruinerait purement et simplement la prétention de pouvoir établir un quelconque protectionnisme esthétique. A la manière de Rolston encore, il entreprend de démontrer qu'il est possible de reconnaître à la beauté naturelle une forme d'objectivité, et c'est à cette fin qu'il répond pied à pied aux arguments élaborés par les deux principaux partisans d'une esthétique environnementale relativiste, à savoir John Fisher et Malcolm Budd. Même si l'on accorde, dit-il, que l'appréciation esthétique de la beauté naturelle n'est pas soumise aux mêmes contraintes que l'est celle de la beauté des œuvres d'art (laquelle doit se régler notamment sur l'intention qui a présidé à leur création, et possède ses propres foyers de signification esthétique en raison du « cadre » dont aucune œuvre d'art n'est dépourvue et qui permet de pointer l'attention du spectateur en direction de tel ou tel élément de la composition), il n'est pas vrai que l'appréciation esthétique de la nature soit laissée à la discrétion du sujet, et qu'aucune contrainte ne pèse sur la façon dont nous appréhendons les objets naturels. Il existe des réponses plus ou moins bonnes à l'environnement, et si Ned Hettinger estime excessive la thèse défendue par Allen Carlson selon laquelle l'approche cognitive serait la seule « bonne » manière d'appréhender la nature, il tient inversement pour injustifiée la thèse relativiste selon laquelle toutes les manières d'appréhender la nature se valent.

La position alternative qu'il avance, se situant « à mi-chemin » de ces deux extrêmes que sont les positions subjectivistes et les positions objectivistes, est celle du « pluralisme soumis à des règles » (*constrained pluralism*), lequel vise fondamentalement à faire reconnaître qu'il existe une multiplicité de réactions plus ou moins bonnes à l'environnement. Ce n'est qu'à la condition de pouvoir nous aider à discriminer entre des réponses plus ou moins préférables à l'environnement et, corrélativement, entre des environnements ou des objets naturels revêtant une plus ou moins grande valeur esthétique, que l'esthétique environnementale peut espérer être d'un quelconque secours en matière de protection de l'environnement. Et il est sûr, de ce point de vue, que l'esthétique cognitive de Carlson s'impose à l'attention comme étant une alliée inestimable, mais il faut bien voir, prévient Ned Hettinger, qu'il s'agit là d'une arme à double tranchant car les réactions esthétiques à la nature fondées sur une connaissance appropriée de l'environnement peuvent aussi conduire à l'adoption de comportements préjudiciables à l'environnement, tandis qu'inversement des croyances écologiques erronées peuvent se révéler profitables (comme c'est le cas de la croyance en l'existence d'un équilibre délicat de la nature et en une étroite intégration des systèmes naturels). C'est pourquoi il est nécessaire, afin de donner au protectionnisme esthétique la plus grande portée et la plus grande efficacité possibles, d'adopter un système pluraliste qui ne privilégie aucune approche, sans renoncer à distinguer entre des réactions plus ou moins appropriées à l'environnement naturel.

Indications bibliographiques

Arntzen Sven, Brady Emily (dir.), *Humans in the Land : The Ethics and Aesthetics of the Cultural Landscape*, Oslo, Oslo Academic Press, 2008.

Austin Richard C., « Beauty : A Foundation for Environmental Ethics », *Environmental Ethics*, 1985, n°7, p. 197-208

Brady Emily, « Aesthetics, Ethics and the Natural Environment », dans A. Berleant (dir.), *Environment and the Arts : Perspectives on Environmental Aesthetics*, Aldershot, Ashgate, 2002, p. 113-126.

Carlson Allen, « 'We See Beauty Now Where We Could Not See It Before' : Rolston's Aesthetics of Nature », dans C. J. Preston, W. Ouderkirk (dir.), *Nature, Value, Duty : Life on Earth With Holmes Rolston IIII*, Berlin, Springer, 2007, p. 103-124

— and Lintott Sheila, « The Link Between Aesthetic Appreciation and the Preservation Imperative », dans R. Rozzi et al. (dir.), *Linking Ecology and Ethics for a Changing World*, Berlin, Springer, 2014, p. 248-272.

Cussen Ken, « Aesthetics and Environmental Argument », *Essays in Philosophy*, 2002, n°3, p. 1-11.

Diffey T. J., « Arguing About the Environment », *The British Journal of Aesthetics*, 2000, n°40, p. 133-148.

Eaton Marcia Muelder, *Aesthetics and the Good Life*, Cranbury, Associated University Presses, 1989.

– « The Roles of Aesthetics in Designing Sustainable Landscapes », dans Y. Sepänmaa (dir.), *The Foundations and Practice of Environmental Aesthetics*, Helsinki, University of Helsinki, 1997.

– « The Beauty That Requires Health », dans J. I. Nassauer (dir.), *Placing Nature : Culture and Landscape Ecology*, Washington, Island Press, 1997, p. 87-106.

– *Merit, Aesthetic and Ethical*, Oxford, Oxford University Press, 2001.

ELLIOTT Robert, « Environmental Degradation, Vandalism and the Aesthetic Object Argument », *The Australasian Journal of Philosophy*, 1989, n°67, p. 191-204.

FIRTH Dan, « The Role of Aesthetic Considerations on a Narrative Based Approach to Nature Conservation », *Ethics and the Environment*, 2008, n°13, p. 77–100.

GOBSTER Paul H., « Aldo Leopold's Ecological Esthetic. Integrating Esthetic and Biodiversity Values », *Journal of Forestry*, 1995, p. 7-10.

HALDANE John, « Admiring the High Mountains : The Aesthetics of Environment », *Environmental Values*, 1994, n°3, p. 97-106.

HARGROVE Eugene, *Foundations of Environmental Ethics*, Upper Saddle River, Prentice Hall, 1989.

HETTINGER Ned, « Allen Carlson's Environmental Aesthetics and the protection of the Environment », *Environmental Ethics*, 2005, n°27, p. 57-76.

– « Evaluating Positive Aesthetics », http://hettingern.people.cofc.edu/Hettinger_Evaluating_Positive_Aesthetics_2012_Draft.pdf

JOHNSON Andrew, « The Good, the Bad and the Ugly : Science, Aesthetics and Environmental Assessment », *Biodiversity and Conservation*, 1995, n°4, p. 758-766.

LEE Keekok, « Beauty for Ever ? », *Environmental values*, 1995, n°4, p. 213-225.

LINTOTT Sheila, « Toward Eco-Friendly Aesthetics », *Environmental Ethics*, 2006, n°28, p. 57-76.

LOFTIS J. Robert, « Three Problems For the Aesthetic Foundations of Environmental Ethics », *Philosophy in the Contemporary World*, 2003, n°10, p. 41-50.

LYNCH Tony, « Deep Ecology as an Aesthetic Movement », *Environmental Values*, 1996, n°5, p. 147-160.

RÉHAULT Sébastien, « Réalisme esthétique, éthique et environnement », *Klésis*, 2009, n°13, p. 123-146.

ROLSTON III Holmes, *Environmental Ethics : Duties to and Values in the Natural World*, Philadelphia, Temple University Press, 1988.

– « The Aesthetic Experience of Forests », *Journal of Aesthetics and Art Criticism*, 1998, n°56, p. 155-166.
– *Philosophy Gone Wild*, Buffalo, Prometheus Books, 1996.
– « Does Aesthetic Appreciation of Landscapes Need to Be Science-Based ? », *The British Journal of Aesthetics*, 1995, n°35, p. 374-386.
SEEL Martin, « Aesthetics Arguments in the Ethics of Nature », *Theses Eleven*, 1992, n°32, p. 76-89.
SIMUS Jason, « Environmental Art and Ecological Citizenship », *Environmental Ethics*, 2008, n°30, p. 21-36.
THOMPSON Janna, « Aesthetics and the Value of Nature », *Environmental Ethics*, 1995, n°17, p. 291-305.

Holmes Rolston III

DE LA BEAUTÉ AU DEVOIR : ESTHÉTIQUE DE LA NATURE ET ÉTHIQUE ENVIRONNEMENTALE [*]

Que ce soit en esthétique ou en éthique, la réflexion porte principalement sur des questions de valeur. Quelles relations ces différentes approches normatives soutiennent-elles l'une avec l'autre ? Là où il y a de la beauté, un devoir spécifique nous incombe, dira-t-on. Mais cette logique s'applique-t-elle indifféremment aux objets de l'art comme à ceux de la nature ? Là où il n'y a pas de beauté, nul devoir ? Les devoirs sont-ils tous liés à l'existence de choses belles ? D'autres prémisses ne pourraient-elles pas permettre tout aussi bien, et peut-être même mieux, de déterminer des devoirs ? On estime d'ordinaire que les impératifs esthétiques sont moins urgents que les impératifs moraux. En outre, ne se pourrait-il pas que l'expérience esthétique ne soit pas nécessairement liée à la beauté ? Ne se pourrait-il pas également que l'éthique ne soit pas toujours liée au devoir, et qu'elle soit logiquement et

[*] Holmes Rolston III, « From Beauty to Duty : Aesthetics of Nature and Environmental Ethics », *in* A. Berleant (dir.), *Environment and the Arts : Perspectives on Environmental Aesthetics*, Aldershot, Ashgate, 2002, p. 127-141. Texte traduit par H.-S. Afeissa avec l'aimable autorisation de l'auteur.

psychologiquement plus proche d'une relation de sollicitude (*caring*) ? Voilà bien des questions qui témoignent d'ores et déjà de la difficulté de la réflexion qui se donne pour objet l'analyse de la relation entre la beauté et le devoir.

UN BON OU UN MAUVAIS POINT DE DÉPART ?

L'expérience esthétique est l'un des points de départ les plus communs en éthique environnementale. Faites un sondage en demandant pour quelle raison l'on devrait protéger le Grand Canyon ou le parc national de Grand Teton, vous verrez que la réponse le plus souvent obtenue sera : « parce que la nature y est belle et majestueuse ! ». Eugene Hargrove a défendu la thèse selon laquelle l'éthique environnementale aurait trouvé son point de départ dans l'élan d'admiration de la grandeur pittoresque de la nature. « Les fondements historiques ultimes de la préservation de la nature », écrit-il, « sont d'ordre esthétique [1]. » Plus récemment, le Congrès des Etats-Unis a voté une loi sur les espèces en voie de disparition stipulant que ces dernières comportent « une valeur esthétique (…) au regard de la nation et de ses citoyens », et préconisant qu'elles fassent l'objet de « soins adéquats et d'un souci de conservation » [2]. En présence de majestueuses montagnes empourprées ou de quelques représentants de la faune charismatique, le pas qui conduit de ce qui est à ce qui doit être est vite franchi. Il n'est nul besoin pour cela de commandements.

---

1. E. Hargrove, *Foundations of Environmental Ethics*, Englewood Cliffs, Prentice-Hall, 1989, p. 168.
2. U. S. Congress, *Endangered Species Act of 1973*, Public Law 1973, 93-205, section 2a.

Plus précisément, le pas de ce qui est à ce qui doit être se laisse décomposer en trois séquences : tout d'abord, l'enregistrement d'un état de fait (« voici le parc de Grand Teton »), puis l'énoncé d'une valeur esthétique (« que c'est beau ! »), et enfin la formulation d'un devoir moral (« il faut préserver ce parc »). En première approximation, il semblerait que chacun ait le devoir de ne rien détruire qui comporte une valeur, en y incluant ce qui comporte une valeur esthétique. Voilà qui semble peu contestable, même s'il est parfois nécessaire, pour réparer les dommages qu'entraîne la négligence de certains, de passer par la voie de la législation.

Bien qu'elles soient généralement tenues en haute estime, les valeurs esthétiques se situent d'ordinaire assez bas sur l'échelle des priorités. Les emplois d'abord, les récréations esthétiques ensuite ! Nul ne peut se permettre le luxe de visiter le parc de Grand Teton s'il n'a pas le sou. Mais une telle articulation de l'éthique et de l'esthétique se révélera bien fragile lorsque les aménités environnementales seront mises en balance avec les besoins fondamentaux. Parvenus à ce stade, il est alors loisible de se tourner vers les arguments qu'inspirent les services écologiques rendus par les divers écosystèmes. Les forêts transforment le dioxyde de carbone en oxygène, elles fournissent de l'eau potable, laquelle sert aussi à l'irrigation ; elles limitent les phénomènes d'érosion ; elles servent de point d'appui à de nombreux travaux scientifiques. La biodiversité se prête à des usages dans le domaine de l'agriculture, de la médecine et de l'industrie. Pour peu que l'on parvienne à faire en sorte que ces différentes lignes d'argumentation se recoupent – des écosystèmes en bonne santé, le bien public, les bénéfices financiers, la qualité esthétique de la vie –, la combinaison d'arguments de poids avec quelques autres plus « spirituels » ainsi obtenue se substituera avantageusement à tous ceux que l'on pourrait invoquer pour justifier la préservation de la nature.

La chose se vérifie dans la vie de tous les jours : chacun a besoin de pain et aime ce qui est beau. En outre, pour ceux que les débats philosophiques intéressent, ce chemin se recommande comme étant le plus court pour sortir des confusions de la postmodernité. Foin du réalisme épistémologique ! Comme le savent les universitaires, cette position philosophique est bien trop problématique. Le relativisme ordinaire des récréations esthétiques dans la nature fera l'affaire, pour peu qu'on prenne aussi en compte, comme on le fait d'habitude, l'usage auquel les ressources naturelles se prêtent : les aménités combinées aux commodités. Cherchez-vous de quoi motiver le passage de la beauté au devoir ? Regardez autour de vous, les motivations sont à portée de main ! Faites un tour en voiture au pied des montagnes. Admirez la vue, regardez les champs alentour, et songez à quel point l'air, le sol, l'eau sont cruciaux pour satisfaire les besoins humains. Tenez fermement en main ces deux considérations – la sécurité environnementale et la qualité de la vie – et je vous garantis que vous voilà parés à affronter les objections des postmodernistes, antifondationnalistes, déconstructionnistes, non réalistes, pragmatistes, pluralistes – ou de tout autre représentant de tel ou tel courant philosophique à la mode.

Aussi facile que le passage de la beauté au devoir puisse paraître, une analyse plus serrée est néanmoins requise. Il se pourrait bien que les motivations que nous venons d'évoquer ne soient pas les plus profondes. Sur le plan épistémologique, l'esthétique est sans doute un bon point de départ. Mais pas sur le plan métaphysique, car nous sommes bien vite rattrapés par le souci que la beauté dont il est question ne réside que dans l'esprit de celui qui regarde. Les métaphysiciens ne tarderont pas à venir poser toutes sortes de questions aporétiques. Toute éthique fondée sur l'esthétique s'expose à être rapidement fragilisée sur le plan épistémologique, en raison même de toutes les difficultés sur lesquelles les postmodernistes, antifondationnalistes, déconstructionnistes et autres trublions attirent l'attention. Une valeur esthétique, en tant que telle, est une construction mentale d'un certain type, qui dérive de l'interaction des êtres humains avec la nature. Dans de telles conditions, fera remarquer le partisan d'un environnementalisme plus radical, nous sommes très loin du compte, car le respect que commande la beauté ne s'adresse pas à ce qui se trouve réellement dans le monde.

Aussi nous faut-il revenir en arrière et recommencer. L'esthétique n'est pas un bon point de départ en éthique environnementale – du moins, pas sur le plan des principes, même si ce point de départ peut parfois se révéler le bon en pratique. L'esthétique ne peut pas non plus occuper le centre d'une éthique environnementale – ce qui vaut, cette fois-ci, sur le plan des principes comme dans la pratique. Chacun se doit certes de célébrer – et de préserver – la beauté naturelle. Les amoureux de la nature accordent une valeur indépassable à l'expérience esthétique qu'ils en font, mais il n'est pas sûr que ce soit à cette aune qu'il convient de mesurer toutes les valeurs que porte la nature. Le problème que pose le modèle esthétique tient à ce que les valeurs sont référées à la satisfaction des intérêts humains ; il rabat la valeur sur le plan d'un seul et même type d'intérêt. Or il y a de nombreux intérêts humains non esthétiques, lesquels peuvent commander de mettre en balance, voire de sacrifier, les valeurs esthétiques. Choisir pour point de départ une approche esthétique en éthique environnementale, c'est prendre le risque de s'égarer en se donnant pour référence un modèle de valeur qui se révélera incapable d'assurer la protection de toutes les valeurs en danger.

Considérez l'analogie suivante. Supposez qu'à la question que l'on me pose de savoir pour quelle raison je me comporte de manière morale avec mon épouse, je réponde : « parce qu'elle belle ». La beauté est certes l'un des traits caractéristiques de mon épouse, mais elle n'occupe pas le centre de sa valeur en tant qu'individu. Je respecte son intégrité, ses droits, son caractère, ce qu'elle a accompli dans sa vie, sa valeur intrinsèque, le bien qui lui est le plus propre. A l'occasion, il se peut que je dise que tous ces traits de personnalité sont « beaux », auquel cas ce que je désigne comme étant « beau » signifie approximativement la même chose que ce qui est « bon » (au sens que ce mot revêt traditionnellement en philosophie) ou que ce qui comporte une « valeur » (conformément à un usage plus récent). Mais ce serait bien mal la juger que de ne lui reconnaître de valeur que dans la mesure où elle est « belle » – au sens esthétique que ce mot revêt ordinairement. Sa bonté ne se ramène certainement pas au fait de pouvoir produire en moi certaines expériences esthétiques agréables. Ces choses là passent avec l'âge, ou sont exposées à toutes sortes d'accidents. Mais, inversement, je la méconnaîtrais si je manquais d'apprécier sa beauté. La sensibilité à sa beauté pourrait me donner un accès à ses autres mérites. Eh bien, ne pourrait-on penser que les relations que nous avons avec les grues du Canada ou les séquoias sont, *mutatis mutandis*, analogues à celles que chacun d'entre nous soutient avec son époux ou son épouse ?

Mais déjà j'entends certains objecter que l'analogie proposée est fondée sur une erreur de catégorie. Un objet d'art, dira-t-on, n'est pas une femme – et réciproquement. L'analogie proposée est tout simplement fallacieuse. Les sentiments que procure la contemplation des œuvres d'Albert

Bierstadt constituent peut-être la meilleure analogie que l'on puisse proposer du plaisir éprouvé lors de la visite du parc de Grand Teton ou du Grand Canyon, parce que les peintures de paysage de cet artiste sont appréciées pour le seul plaisir qu'elles suscitent. Leur valeur esthétique constitue la seule raison pour laquelle elles demandent à être préservées. Il en va de même des paysages (*scenery*) qu'offrent les parcs nationaux.

Me suis-je par là même mis à l'abri de toute objection ? Ce n'est pas sûr, car cette fois-ci c'est l'analogie avec l'objet d'art qui paraît captieuse comme il sera facile de le montrer si, en lieu et place des parcs naturels, nous comparons un objet d'art avec des animaux ou des oiseaux. La grue du Canada, dira-t-on, n'est pas un objet d'art – et réciproquement. Un objet d'art est un artefact. La grue du Canada, quant à elle, est un animal sauvage, un être singulier, autonome, douée de sa propre intégrité vitale. Répandue sur un territoire (*landscape*) donné, elle y élit domicile et migre vers d'autres écosystèmes selon les saisons, tels que ceux qu'elle trouve au parc de Yellowstone ou à celui de Grand Teton. La nature est un système vivant – animaux, plantes, espèces, écosystèmes ; toute analogie avec l'art se méprend fondamentalement sur ce qu'est la nature sauvage. Un objet d'art est inerte, il est dépourvu de métabolisme, de vitalité, il est incapable de se régénérer, il n'est inscrit dans aucun réseau trophique, dans aucune lignée de formes de vie, il est étranger à toute histoire évolutive. Nul n'a le sentiment d'être en présence d'une communauté au sein d'un musée. En revanche, se tenir sur un territoire (*landscape*) donné, c'est être plongé au sein d'une communauté biotique. Traiter la nature comme un musée à ciel ouvert où seraient exposés des objets en attente d'un baptême artistique (*found art*), c'est lui fait courir le risque d'une utilisation abusive.

Et pourtant l'esthétique occupe une place de choix dans les discours environnementalistes. Aldo Leopold s'est notoirement efforcé de lier la beauté à l'éthique dans le cadre de sa *land ethic* : « Une chose est juste lorsqu'elle tend à préserver l'intégrité, la stabilité et la beauté de la communauté biotique. Elle est injuste lorsqu'elle tend à l'inverse »[1]. Il s'ensuit que l'esthétique peut susciter des devoirs. Mais non pas en mettant au centre de l'attention les expériences agréables qu'éprouve un sujet humain lors de la contemplation d'œuvres d'art. Une théorie axiologique environnementale exige d'être autrement mieux fondée – dans des considérations d'ordre biologique. Leopold lie la « beauté de la communauté biotique » au maintien de l'existence de ses membres « par la seule vertu du droit biotique »[2]. Voilà qui opère la suture entre la beauté et le devoir, mais il se peut que ce procédé soit critiqué au motif qu'il n'existe pas plus de droits dans la nature qu'il n'existe de beauté naturelle.

RESPECTER CE QUI N'EST PAS (ENCORE) DANS LE MONDE

Parmi les différentes formes de valeur que l'éthique environnementale cherche à protéger, la valeur esthétique est paradoxale à de nombreux égards. La beauté naturelle – dont l'invocation sert généralement de manière privilégiée à justifier la préservation de la nature – assume une fonction stratégique primordiale dans la *land ethic* très élaborée d'Aldo Leopold. Pourtant, l'expérience esthétique – du moins de ce type là – ne semble pas être présente en quelque lieu que ce soit dans la nature non humaine, considérée objectivement telle qu'elle

---

1. A. Leopold, *Almanach d'un comté des sables* (1949), trad. fr. A. Gibson, Paris, GF-Flammarion, 2000, p. 283.

2. *Ibid.*, p. 266.

est en elle-même. Il se peut que l'on trouve quelque chose qui annonce l'expérience esthétique dans les diverses formes de plaisirs que les animaux sont capables d'éprouver ou dans les parades nuptiales des oiseaux, mais l'appréciation critique de la nature comme valant d'être expérimentée pour elle-même ne se manifeste que dans la conscience humaine. Il se peut qu'un randonneur prenne le temps d'admirer la vue qui s'offre à lui au sommet de la montagne qu'il a gravie ; mais la marmotte, qui a fui à l'arrivée du randonneur, laisse derrière elle un spectacle qu'elle n'a jamais contemplé.

Sans nous, la forêt n'est pas plus verte qu'elle n'est belle. Les couleurs automnales sont ravissantes. Elles résultent du fait que la chlorophylle (que nous percevons comme étant verte) s'est retirée des feuilles. Que de couleurs ! Le rouge vif et le rouge foncé, le pourpre, le jaune, les dégradés de marron ! Lorsque la chlorophylle est présente en abondance dans les cellules de la feuille, la couleur des autres pigments est masquée. L'expérience esthétique que fait le randonneur en automne gagne en intensité. Mais cette expérience elle-même n'a que peu de rapport avec ce qui se produit réellement dans la forêt. La chlorophylle capture l'énergie solaire. Les autres molécules de l'arbre sont affectées, pour les unes, à la tâche d'assurer sa défense chimique contre les insectes forestiers, et pour les autres, à d'autres fonctions métaboliques. Telle est la stricte réalité, par rapport à quoi les couleurs qu'admire pour quelques heures le randonneur ne sont rien d'autre que des épiphénomènes.

Et il en va ainsi pour toutes les expériences esthétiques. Un tel admirera le faucon volant dans le ciel, en équilibre dans le vent. Mais le faucon n'est pas un artiste accomplissant une performance, et ce ne sont pas davantage ses propriétés esthétiques qui lui ont assuré une meilleure adaptation et qui lui ont valu d'être sélectionné naturellement. Au pied d'un cirque montagneux se tient une série de lacs entourée d'une paroi – la scène est splendide. Mais les géologues ne comptent jamais la beauté du paysage (*scenic beauty*) parmi les facteurs géomorphologiques dans la construction du paysage (*landscape*). En fait, un esprit sceptique pourrait bien objecter qu'aucune des trois caractéristiques des écosystèmes qu'isole la *land ethic* d'Aldo Leopold (l'intégrité, la stabilité et la beauté) n'existe objectivement dans la nature. Les écosystèmes ne sont pas stables mais pris dans un changement dynamique, le plus souvent contingent et chaotique. Ils se révèlent assez peu intégrés, tenant beaucoup plus d'un vaste ensemble flou que de totalités unifiées. La beauté, enfin, n'est pas dans le monde, mais dans l'œil de celui qui regarde.

Sur ce dernier point, on pourrait rétorquer qu'à défaut d'être située précisément dans l'œil de celui qui regarde, la beauté naturelle est toujours d'ordre relationnel, émergeant à l'occasion de l'interaction entre les êtres humains et leur monde. De la même manière qu'il n'existe pas de créature capable de développer une vision du monde et d'élaborer une éthique avant l'apparition des êtres humains, aucune forme de vie ne témoigne d'un quelconque sens de la beauté avant eux. Les êtres humains allument la beauté dans la nature, de manière assez analogue à la façon dont ils allument l'éthique dans le monde. Il se peut que, parvenus à ce stade, nous voulions donner un tour dispositionnel à la valeur. Dire que *n* peut être valorisé signifie que *n* est capable d'être valorisé à condition que, et à partir du moment où, se présentent des êtres humains *H* qui effectuent une opération de valorisation. Il n'existe aucune beauté qui serait présente réellement de manière autonome indépendamment des forêts, des cirques, des séquoias, des grues du Canada, tels qu'ils sont valorisés et tels qu'ils sont susceptibles de l'être. Il se produit un allumage esthétique à l'arrivée des êtres humains ; l'esthétique émerge de manière relationnelle en liaison avec le sujet qui l'engendre.

Mais pourquoi nous soucions-nous tant de ce qui n'est pas encore présent dans le monde avant que nous y fassions notre apparition ? Pourquoi ne pas mettre l'accent sur ce qui s'y trouve de toute évidence à notre arrivée ? Lorsque nous autres, êtres humains, valorisons la nature, du moins sur le plan esthétique, nous nous lions à la nature selon le mode d'une dialectique créative. Dès lors, ce que l'on cherche à apprécier et à préserver, ce n'est pas tant la nature que la relation que les êtres humains tissent avec la nature. Le génie esthétique est le fruit de ce couplage – idée qu'Arnold Berleant exprime de la manière suivante :

> L'une des contributions qu'apporte l'esthétique à la compréhension du paysage tient à ce qu'elle reconnaît la contribution humaine à la constitution de l'expérience et à la connaissance que nous en avons. L'environnement n'existe pas à la façon d'une chose séparée et isolée, offerte à une étude et à une connaissance impartiales et objectives. Un paysage est semblable à une garde-robe : les vêtements qu'elle contient ne servent à rien et n'ont aucun sens indépendamment de celui qui les porte. En l'absence de la présence humaine, le paysage n'offre que des possibilités [1].

Il faut reconnaître la grande part de vérité de cette proposition lorsqu'il en va des paysages compris en un sens esthétique ; indépendamment de la présence des êtres humains, les paysages sont dénués de propriétés esthétiques. Les êtres humains ont besoin de pouvoir porter leur environnement (comme on porte un vêtement) pour pouvoir en apprécier la beauté. Mais cela signifie-t-il pour autant que ce modèle de

---

1. A. Berleant, *Living in the Landscape*, Lawrence, University Press of Kansas, 1997, p. 18.

valorisation gouverne tous les autres, et qu'il totalise à lui tout seul tous les concepts de valeur ? Le paysage, avons-nous dit, est dénué de signification, il est sans valeur et il n'offre que des possibilités – et il en est ainsi aussi longtemps qu'on le considère indépendamment de toute présence humaine. Il n'y a de beauté (du moins, de beauté réelle) que si et seulement si des êtres humains se manifestent. Des possibilités demeurent toujours, mais elles ne sont telles que pour nous, elles n'existent pas pour les marmottes et les faucons, lesquels sont incapables de les apprécier sur le plan esthétique.

Mais ici une inquiétude nous saisit. Faut-il se féliciter de cette relation des êtres humains à la nature et de la préservation du monde naturel qu'elle rend concevable, ou bien faut-il la déplorer ? Il se pourrait que l'esthétique ait pour effet de vider de sens les autres dimensions de la valeur, nous rendant aveugles à ce qui se trouve dans le monde lorsque nous n'y sommes pas. Qu'adviendrait-il de la nature s'il apparaissait qu'aucun des vêtements contenus dans la garde-robe ne me sied ?

La valeur esthétique, semble-t-il, doit être anthropogénique (engendrée par les êtres humains), bien qu'elle ne soit peut-être pas anthropocentrique (centrée sur les êtres humains), par contraste avec les valeurs plus nettement biocentriques ou écosystémiques. Une éthique fondée sur ce genre de valeur relationnelle sera étroitement associée aux expériences humaines positives, fournissant aisément une motivation pratique. Là où il apparaît qu'une expérience esthétique est désirable, le désir de préservation s'ensuit de lui-même. Nul besoin de commandements dans ce type d'éthique ; il ne s'agit pas d'une éthique du devoir imposée à des sujets récalcitrants.

Mais le revers d'une telle éthique environnementale fondée sur le désir positif de préserver la nature tient à ce qu'elle est à la discrétion des êtres humains dans la mesure où elle repose sur nos préférences esthétiques actuelles, lesquelles sont propres à chacun d'entre nous, varient en fonction de l'environnement culturel et sont sujettes à des évolutions en fonction des changements de goût. Si nos petits enfants décident un beau jour de remonter en tire-fesses les montagnes du parc de Grand Teton pour mieux en dévaler les pentes en ski, dédaignant le côté purement pittoresque du paysage, s'ils témoignent une préférence pour la dimension participative de l'expérience esthétique en se hissant tout en haut des sommets puis en skiant jusqu'au bas des pistes – alors telle sera la nouvelle donne esthétique. Le changement des préférences esthétiques affecte à la fois la motivation pratique et la détermination des devoirs. La mode est inconstante ; nous aimons à renouveler notre garde-robe.

N'est-il pas nécessaire par conséquent de fonder une éthique sur ce qui existe réellement dans le monde ? Le respect pour la vie, pour les espèces en voie de disparition, ou pour les valeurs intrinsèques présentes dans la faune et la flore, pour le bien-être des communautés biotiques, pour les systèmes de préservation de la vie, ou pour les processus de spéciation et de genèse évolutive – voilà autant d'exemples de ce qui, par contraste, semblent référer à des réalités qui existent antérieurement à l'arrivée des êtres humains. Il se pourrait que les valeurs esthétiques, nonobstant leur importance et leur capacité à étayer une éthique, se révèlent à terme moralement moins contraignantes que d'autres.

L'éthique esthétique doit être analogue à une sorte d'éthique de la lumière dans le réfrigérateur. La lumière s'allume lorsqu'on ouvre la porte ; auparavant, tout était plongé « dans la pénombre ». Mais l'on pourrait tourner les choses autrement en disant qu'en ouvrant la porte nous voyons ce qui s'y trouvait déjà. Le gâteau rangé dans le réfrigérateur n'est pas délicieux avant que nous le mangions, pas davantage n'est-il beau avant que nous le regardions. Le fait qu'il puisse être délicieux et qu'il puisse être beau constituent autant de possibilités envisageables, mais ces dernières demeureront à tout jamais des possibilités, et rien d'autre, en notre absence. Pourtant, dans le même temps, qui doutera que le gâteau soit bel et bien là, avec toutes ses possibilités, que nous ouvrions ou pas la porte ? Le sucre présent dans le gâteau est issu originellement du processus métabolique des plantes. Lorsque nous éclairons la beauté dans la nature, pour peu que nous le fassions correctement, nous voyons le plus souvent ce qui était déjà là. Les arbres ne sont pas verts avant que nous les éclairions ; mais le vert, rappelez-vous, n'est rien d'autre que la chlorophylle, laquelle est présente dans la nature avec ou sans nous, donnant à l'arbre l'énergie qui lui est nécessaire pour croître, et lui est donc à ce titre d'une valeur inestimable – qui l'était déjà bien avant notre arrivée et qui le demeurera longtemps après notre départ –, comme le prouve la production de glucose. Il se pourrait que l'éthique esthétique qui partout ne voit que des possibilités méconnaisse les réalités plus profondes.

LES CAPACITÉS ESTHÉTIQUES ET LES PROPRIÉTÉS ESTHÉTIQUES

Mais l'analyse que nous venons de proposer n'a-t-elle pas pour défaut d'abandonner dans une trop large mesure la réponse esthétique à la discrétion du sujet de l'expérience ? L'expérience qui m'apprend que les forêts du parc de Grand Teton sont « vertes » ne dépend pas de moi, même si la couleur verte attend mon arrivée pour apparaître. En revanche, dira-t-on, l'expérience qui m'apprend que les montagnes sont « majestueuses » dépend entièrement de moi, car le prédicat « majestueux » n'est pas du même ordre que le prédicat « vert ».

Oui, cette dernière expérience dépend de moi, mais dans une certaine mesure seulement. Le caractère « majestueux » des montagnes ne peut apparaître qu'à la condition que je noue une relation appropriée à ces montagnes. La course des gazelles me frappe par sa beauté et par sa grâce, et il n'est pas en mon pouvoir d'en juger autrement. Le ferais-je que j'avouerais alors simplement mon ignorance et mon insensibilité, sans affirmer par là mon indépendance de jugement ni mes préférences légitimes.

Il existe deux sortes de qualités esthétiques : les *capacités esthétiques* (capacités à faire l'expérience de quelque chose, appartenant au sujet de l'expérience), et les *propriétés esthétiques* (qui résident objectivement dans les choses naturelles). L'expérience de la beauté se produit au sein du spectateur, mais de quoi est-elle l'expérience ? De la forme, de la structure, de l'intégrité, de l'ordre, de la force musculaire, de l'endurance, du mouvement, de la symétrie, de la diversité, de l'unité, de la spontanéité, de l'interdépendance, des systèmes de défense de la vie, des codes génétiques, du pouvoir de régénération, des processus de spéciation, etc. Ces événements et processus sont présents dans la nature avant l'arrivée des êtres humains, ils sont le résultat d'une nature évolutive créative et écosystémique ; et lorsque nous en venons à les valoriser sur le plan esthétique, notre expérience s'édifie sur la base de ces propriétés naturelles.

Les attributs dont il vient d'être question sont présents dans le monde objectivement avant l'arrivée des êtres humains, mais l'attribution de valeur, elle, est subjective. L'objet naturel affecte causalement le sujet humain, lequel reçoit une excitation liée à l'impression de données sensorielles, qu'il traduit en valeur esthétique. A terme, l'objet – un arbre, par exemple – apparaît comme comportant une valeur, de la même manière qu'il apparaît comme ayant une couleur verte. Il se peut que l'expérience esthétique de la nature ne soit qu'un épiphénomène des fonctions naturelles – n'est-ce pas de cette manière que les couleurs automnales en viennent à être appréciées par les êtres humains ? Mais il se peut que l'expérience aille plus loin. Il est de notre devoir de valoriser les processus et les produits de la nature générative tels que nous avons su les mettre au jour, plutôt que de nous contenter de projeter nos valeurs sur la nature. La nature charrie objectivement ses propriétés esthétiques les plus élémentaires, et ce sont elles qu'allume l'expérience subjective des êtres humains à leur arrivée.

Nous éprouvons le plus grand plaisir à observer le saut des gazelles ; il y a bien de la grâce dans leur course. L'expérience esthétique se produit à l'occasion de ma rencontre avec les gazelles, mais la force musculaire soutenant leur course est un accomplissement de l'évolution qui a trouvé à se réaliser objectivement dans le corps de ces animaux. Mon expérience esthétique se met sur la trace de leurs propriétés esthétiques. Tout regard jeté au-dessus des abîmes d'un canyon ou dans l'immensité de la voûte céleste procurera une stimulation esthétique. La même chose pourrait être dite devant le spectacle de la furie d'un ouragan. L'expérience se produit au sein du spectateur, mais la profondeur de l'abîme et la furie de l'ouragan (les propriétés esthétiques) ne résident pas dans l'esprit mais bien dans la nature. Sans doute le mot de « furie » est-il une métaphore anthropomorphique, mais la force du vent qui soulève l'ouragan et disperse la pluie n'a rien d'une métaphore. Les émotions humaines sont soulevées par la force des mouvements naturels.

Pour le dire de manière provocante, le monde est beau au sens où l'on peut dire de lui qu'il est mathématique. Ni l'expérience esthétique (au sens réflexif), ni l'expérience mathématique n'existent avant l'arrivée des êtres humains.

Les mathématiques et l'esthétique sont des constructions humaines ; elles sortent tout droit de la pensée humaine et servent à cartographier le monde. Mais ces inventions permettent aux êtres humains de se ménager une place dans le monde, parce qu'elles cartographient la forme, la symétrie, l'harmonie, les caractéristiques structurelles, les processus dynamiques, les interrelations causales, l'ordre, l'unité, la diversité, etc., lesquelles ont été mises au jour comme autant de composantes du monde réel.

Il est vrai que l'on peut dire que les mathématiques sont une création subjective de l'esprit humain, et dans le même temps que le monde est objectivement mathématique. Les propriétés mathématiques sont réellement présentes dans le monde, bien que l'expérience mathématique ne débute qu'avec l'arrivée des êtres humains – et il en va de même avec les propriétés et les capacités esthétiques. Nulle surprise dès lors si l'on compte si souvent des mathématiciens parmi ceux qui jugent le monde esthétiquement beau, avec ses symétries, ses courbes et ses formes géométriques. Les cristaux ignorent tout des mathématiques, mais l'arrangement spatial des atomes et leurs forces d'attraction électriques, qui donnent aux cristaux cette apparence singulière, s'effectuent selon des règles pouvant être modélisées mathématiquement, et ce sont elles qui emplissent d'admiration les mathématiciens, de même que les trente deux combinaisons possibles des éléments de symétrie qui définissent la symétrie externe des cristaux.

Si l'analogie avec les mathématiques paraît quelque peu forcée, il est loisible de parvenir à la même conclusion en se donnant un autre modèle analogique. Les animaux et les plantes ignorent tout des techniques de l'ingénierie, mais la sélection naturelle et les exigences d'efficacité et de fonctionnalité soumettent les organismes à des contraintes techniques. Or il apparaît que les solutions qui ont été adoptées par la nature sont parfois celles là mêmes que retiennent pour leur compte les ingénieurs. Les études portant sur les libellules du Carbonifère ont ainsi montré que leurs ailes « sont des exemples remarquables de micro-ingénierie » : « adaptées à un vol hautement performant », elles sont douées du « degré d'agilité et de souplesse exactement nécessaire pour leur permettre d'attraper leur proie en vol »[1]. « Afin d'exécuter ces manœuvres acrobatiques, la nature a équipé les insectes d'ailes finement conçues dont la configuration se modifie automatiquement en fonction des courants d'air, surpassant ainsi l'habilité des ingénieurs du dernier modèle d'avion à réaction »[2]. Leur vol, poursuivent ces savants, est « élégant »[3]. Quiconque a observé un colibri en suspension au-dessus d'une bergamote en fleur a pu apprécier cette merveille technologique. L'important, d'un point de vue philosophique, est de comprendre comment cette ingénierie destinée à assurer la survie (les propriétés naturelles) peut engendrer une expérience esthétique chez les êtres humains (doués de leurs capacités esthétiques). Nul doute que ces aptitudes au vol soient présentes dans la nature objectivement, qu'il y ait ou non des ingénieurs pour les admirer.

Les animaux et les plantes ignorent tout de l'art, mais les contraintes qu'ils ont subies du fait de l'évolution ont livré des résultats qui, par leur forme, leur symétrie, leur intégration et leur équilibre, peuvent procurer une satisfaction esthétique, de même que les libellules et les colibris en vol, ou la course des gazelles. On objectera peut-être que chacun peut facilement

1. R. J. Wootton, J. Kuikalová, D. J. S. Newman, J. Muzón, « Smart Engineering in the Mid-Carboniferous : How Well Could Paleozoic Dragonflies Fly ? », *Science*, 1998, n°282, p. 749-751.

2. G. Vogel, « Insect Wings Point to Early Sophistication », *Science*, 1998, n°282, p. 599-601.

3. R. J. Wooton et al, « Smart Engineering in the Mid-Carboniferous », art. cit.

comprendre que la sélection naturelle exige comme telle une certaine ingénierie, mais on ne comprend pas bien ce que la beauté vient faire ici. Ce point est justement souligné par ceux qui soutiennent la thèse d'une origine conventionnelle des normes du beau. Mais il est remarquable que, pour peu que nous nous rendions sensibles aux formes de beauté de la communauté biotique, nos critères commencent à se modifier. Une appréciation biologique du monde peut conduire à le trouver beau – moyennant quoi ce sont des propriétés du monde réel qui sont mises au jour. Ce qui est l'objet de notre regard est aussi réel que l'œil de celui qui regarde.

LA BEAUTÉ ET LA BÊTE

Et voici que les gazelles, effrayées, se mettent à fuir. Ô merveille, voyez-les bondir ! Quelle agilité ! Quelle rapidité ! Quelle grâce ! Le troupeau se met presque à flotter au-dessus du veld. Regardez de plus près : leur panique provient du fait que des lycaons ont surgi. Dois-je voir dans cette scène une sorte de ballet ou une lutte pour la vie ? Ou y a-t-il une forme de beauté dans la lutte pour la vie ? La capacité des gazelles à fuir si prestement est une merveille ; et ce qui l'est davantage encore est que cette capacité a été engendrée sur terre dans un contexte de conflit et de lutte pour la vie.

Au sein de la faune charismatique, les observateurs admirent particulièrement la spontanéité avec laquelle les êtres vivants se meuvent et vivent, sans se soucier de ceux qui les observent. L'animal ne se soucie nullement de se montrer sous son plus beau profil, de s'asseoir, de prendre la pose. La seule chose qui lui importe est sa propre survie. C'est à l'aurore ou au crépuscule, ou dans la pénombre, qu'il est au meilleur de sa forme. Une telle autonomie sauvage est des plus stimulantes sur le plan esthétique. La brise agite les fleurs

sauvages mais ces dernières ne se meuvent pas ; elles sont
mues par le vent. L'animal doit manger et ne pas être mangé.
A la différence des plantes, les ressources nécessaires aux
animaux, bien que présentes dans leur habitat, se trouvent à
une certaine distance et doivent être recherchées. Il y a ainsi,
au sein de l'environnement, une quête perpétuelle de nourriture
et, réciproquement, une fuite perpétuelle devant les prédateurs.
Si, chez les carnivores, la proie se déplace aussi rapidement
que le prédateur, l'excitation n'en sera que plus grande. Les
capacités à se mouvoir des animaux sont étroitement liées au
jeu de la survie. Chez ces animaux supérieurs doués de
systèmes nerveux développés que nous sommes, les émotions
sont tout d'abord suscitées par le spectacle des mouvements
corporels, puis, partant de là, elles s'insinuent par-delà la
fourrure et les plumes et entrent en empathie avec les émotions
de l'animal.

Sur le plan esthétique, il y a bien de la grâce dans les
harmoniques de ce mouvement. La résolution des problèmes
d'ingénierie que pose le mouvement animal (pour laquelle
les mathématiques sont d'un grand secours !) engendre
généralement des dynamiques symétriques dont la beauté
rythmique est saisissante – le saut de la gazelle, le vol de
l'aigle, la forme hydrodynamique de certains poissons, l'agilité
du tamia. Même là où cette grâce semble faire défaut – comme
dans les bois de l'orignal, ou dans la chute de l'oisillon hors
de son nid – l'observateur est témoin de l'immémorial
tâtonnement de la vie. Une lutte sans fin se poursuit derrière
le mouvement et la sensibilité. La liberté de l'animal porte
avec elle la possibilité de la réussite comme celle de l'échec.
Le spectacle, quant à lui, ne peut pas échouer parce que rien
n'a été tenté en ce sens, mais les êtres vivants peuvent être
plus ou moins accomplis dans leur genre. La vue du pygargue

à tête blanche suscitera une plus grande émotion esthétique selon qu'il est ou non de taille adulte.

Parvenus à ce stade, nous voilà en train de combiner l'esthétique avec la génétique et l'écologie évolutionniste (dépassant par là même l'ingénierie et les mathématiques). L'observateur sensible à la dimension esthétique du spectacle est capable de discerner l'idéal vers lequel tend telle ou telle vie sauvage, et il est capable de voir que cet idéal est rarement atteint dans la nature. Il peut vouloir resserrer son attention sur les grandes cornes spiralées et recourbées du mouflon, et, s'il est artiste, il peut vouloir restituer en peinture les multiples couleurs que porte le plumage de la fauvette au printemps en pleine parade nuptiale. Dans le langage des généticiens, ce que l'observateur admire et ce que l'artiste s'efforce de restituer dans sa peinture correspondent à des caractères phénotypiques produits par le génotype individuel au sein d'un environnement propice à la vie et au développement de l'organisme. Conformément à une distinction remontant à Aristote, l'on pourrait dire que l'idéal est la vérité de la poésie d'une chose, bien qu'elle ne le soit pas par rapport à son histoire – et pourtant, c'est la poésie qui commande l'histoire [1]. Un tel idéal est toujours au programme de la nature.

Les observateurs de la faune sauvage ne manquent jamais d'admirer la façon dont s'exprime la solution adéquate à laquelle est parvenu chaque organisme individuel pris dans la lutte pour la vie. Voyez comme les gazelles courent rapidement pour fuir leurs prédateurs, et voyez avec quelle grâce elles le font ! Le wapiti cesse de paraître laid dès lors que l'on prend en compte son endurance durant l'hiver. Le mouflon n'a rien de déplaisant : ses capacités sont source d'inspiration. La fauvette au printemps est certes de toute

---

1. Aristote, *Poétique*, 1451a.

beauté, mais elle le demeure aussi en hiver, où son plumage devient plus terne, car elle est alors ni plus ni moins adaptée à son environnement ; la fauvette en hiver n'est pas moins idéale, moins réelle, moins belle que la fauvette au printemps, elle demande seulement de la part de celui qui l'observe une plus grande attention, afin de saisir de quelle façon la dépense d'énergie et de mouvement (finalisée par la nécessité de la reproduction) ne s'investit plus dans les couleurs, mais dans le camouflage (finalisé par la nécessité de la survie en période hivernale). La lutte entre l'idéal et le réel enrichit l'expérience esthétique. On pourrait parler d'une sorte de « vitalité esthétique » – par où il apparaît que le respect de la vie est plus étroitement lié à l'appréciation de la beauté qu'on n'aurait pu le croire. La nature darwinienne « rouge de crocs et de griffes », la lutte pour la survie du plus adapté, d'où résultent l'évolution et l'adaptation, mais aussi bien l'harmonie et l'interdépendance écologiques, a donné lieu à un monde prolifique doué d'une somptueuse biodiversité. La vie se maintient en beauté en traversant les décombres de la mort, et cette lutte est partie intégrante de sa beauté.

L'ESTHÉTIQUE ENSAUVAGÉE

De manière de plus en plus insistante, nous avons soutenu la thèse, dans ce qui précède, que ce qui compte se tient dans le monde, même si le monde réel ne s'éclaire qu'à la faveur de l'expérience esthétique qu'en font les êtres humains. Ce qui compte positivement comme étant d'ordre esthétique renvoie aussi bien aux propriétés objectives de la nature qu'aux capacités subjectives de celui qui en fait l'expérience. Il s'agit ici de tout autre chose que des couleurs automnales que revêtent les feuilles. La nature est phénoménale, et c'est avec un frisson d'admiration que nous en contemplons les phénomènes. Nulle place en l'occurrence pour un quelconque épiphénomène. Il se peut que la beauté pittoresque requière pour s'allumer que nous l'appréhendions. Mais le caractère sauvage d'un milieu naturel, dont nous goûtons aussi la beauté, ne réside pas dans l'esprit de celui qui regarde. Par définition, est « sauvage » ce qui est « indépendant de la main (ou de l'esprit) des êtres humains ». Le sens de la beauté peut bien résider dans l'esprit, mais tel n'est pas le cas du caractère même de ce qui est sauvage, dont la perception engendre l'expérience de la beauté.

Mais déjà j'entends certains objecter que le raisonnement précédent repose sur la confusion entre ce qui est « sauvage » et ce qui est « beau ». Ce qui se tient dans le monde n'est pas toujours ravissant ; ce que l'on y voit est le plus souvent terne, monotone, insipide. Le regard romantique jeté sur la faune sauvage révèle autant qu'il recouvre. Les bisons sont recouverts de villosités, d'excrétions et de salissures. Le faucon est déplumé. Les animaux sauvages portent tous les stigmates du temps. Les perdants n'ont jamais droit à la une du magazine *National Wildlife* – et il est rare que ceux qui ont le plus souffert aient droit à pareil honneur. Les artistes de la faune sauvage sélectionnent les plus beaux spécimens et négligent les autres. L'admirateur de la nature doit commencer par corriger ce qu'il voit avant de pouvoir l'admirer. Le travail des artistes et des architectes du paysage ressemble de ce point de vue à l'art floral : la nature fournit la matière première, mais ce matériau à l'état brut est formé d'éléments de valeur inégale sur le plan esthétique. La composition d'un bouquet ou d'un jardin implique de choisir, de prélever, d'éliminer. On peut bien vouloir préserver en l'état le parc de Grand Teton ; mais il n'y a aucune raison de vouloir en faire autant avec les plaines du Kansas – en tout cas, pas pour des raisons esthétiques. Le wapiti en liberté est de toute beauté ; mais sa carcasse en putréfaction ne l'est pas.

C'est ce qui a conduit Samuel Alexander à écrire que nous sommes les véritables artistes – et non pas la nature :

> La nature que nous trouvons belle n'est pas la nature pure et simple telle qu'elle existe indépendamment de nous, mais la nature telle qu'elle apparaît à un regard artistique. (…) Nous trouvons que la nature est belle non pas parce qu'elle est belle en elle-même, mais parce que nous effectuons une sélection entre les divers éléments de la nature que nous combinons ensuite à la façon dont l'artiste le fait plus franchement avec ses pigments. (…) La nature vit pour son propre compte, sans rien attendre de nous. Mais elle est incapable d'être belle si nous ne la décomposons pas en éléments séparés et si nous ne la recomposons pas. (…) S'étonnera-t-on de ce que nous soyons des artistes sans le savoir ? C'est que l'appréciation de la beauté de la nature est par essence non réflexive ; et même lorsqu'elle fait l'objet d'une réflexion, il n'est pas si facile d'admettre que la beauté d'un coucher de soleil ou d'une couleur particulièrement pure est une construction ou une interprétation de l'esprit [1].

Admettons que cet argument vaille pour les couchers de soleil et les couleurs automnales. Mais la course des gazelles et la vie qui se maintient en traversant les décombres de la mort ? Plus nous réfléchissons, et plus il devient difficile de considérer que ces dimensions plus profondes de valeur esthétique ne sont rien d'autre que le fruit de notre esprit. Alexander est à la recherche d'une chose en attente de baptême artistique (*found art*), ou de fleurs qui aurait été arrangées en bouquet. Nous trouvons la beauté en partageant la vie que la nature mène pour son propre compte.

---

1. S. Alexander, *Beauty and Other Forms of Value* (1933), New York, Crowell, 1968, p. 30-31.

Comment la nature doit-elle être rendue en peinture ? Convient-il de l'enjoliver, en prenant garde de bien dissimuler toutes ses verrues [1] ? Ou bien est-il préférable de la montrer telle qu'elle est, avec ses phacochères et autres animaux peu ragoûtants ? La poésie n'est-elle qu'un vain idéal aussi longtemps que l'on ne fait pas l'effort de recomposer la nature selon nos goûts ? Ou la poésie est-elle l'histoire de la lutte visant à rendre réel l'idéal, la nature telle qu'elle est en elle-même, avec ses processus de conflit et ses issues ? La moitié de la beauté de la nature résulte de tels processus : c'est le cas des fleurs sauvages que l'artiste arrange en bouquet, et c'est encore le cas de la splendide coquille du nautilus qui lui permet de se défendre contre son environnement. Les canines des lycaons peuvent déchirer les muscles des gazelles ; la capacité à fuir des gazelles leur confère une étonnante souplesse. Je me souviens avoir éprouvé une émotion esthétique en observant un phacochère parvenant à s'extraire des griffes des lions. Nous admirons cette dimension conflictuelle même sous son apparence la plus féroce, même dans l'aspect noueux du sapin de haute montagne. Le darwinisme est souvent compris comme ayant substitué à la représentation des belles architectures harmonieuses de la nature celle d'une nature laide et sanguinaire, mais les luttes que Darwin voit se dérouler dans la nature, pour prédominantes qu'elles puissent être parfois, ne sont pas toujours dénuées d'attrait sur le plan esthétique. La vie ne pourrait pas avoir cette qualité qui la rend proprement héroïque en l'absence de cette lutte dialectique.

---

1. Allusion aux vers célèbres de J. Donne comparant les montagnes à des « verrues » et à des « grains de petite vérole » sur le visage de la terre. Voir J. Donne, *The First Anniversary : An Anatomy of the World* (1611), *in* F. Manley (dir.), *John Donne : The Anniversaries*, Baltimore, Johns Hokins University Press, 1963, v. 300. (N.d.T.)

Marchant auprès d'un marais, Aldo Leopold prit un jour le temps d'observer les grues qui s'y trouvaient : « notre faculté d'apercevoir la qualité dans la nature commence, comme en art, par le plaisir des yeux (*the pretty*). Elle s'étend ensuite, par étapes progressives, du beau jusqu'à des valeurs non encore captées par le langage. La qualité des grues, à mon avis, réside dans cette gamme plus haute »[1]. Il se pourrait qu'en passant ainsi d'une catégorie esthétique à une autre (du plaisir des yeux à ce qui est beau, etc.) nous abandonnions progressivement le domaine de l'esthétique ; il se pourrait aussi qu'à chaque catégorie esthétique corresponde un certain niveau perceptif de plus en plus profond – si profond qu'à la fin plus aucun mot du vocabulaire esthétique traditionnel ne permette de dire ce qui a été perçu. « Là-bas dans le marais une grue finit d'avaler quelque grenouille malchanceuse et prend son élan ; sa lourde carcasse s'élève, battant le soleil matinal de ses ailes puissantes. (…) Elle est le symbole de notre passé sauvage, de cette incroyable marche des millénaires qui sous-tend et conditionne les affaires quotidiennes des oiseaux et des hommes[2]. »

Sous le rapport du « plaisir des yeux » (*pretty*), la grue n'est qu'une lourde carcasse, avalant une grenouille déchiquetée. Mais ce genre de carcasses hante les marais depuis quarante millions d'années. Par ce genre de considération, nous en venons à éprouver « un sentiment de fraternité avec les autres créatures ; un désir de vivre et de laisser vivre ; un émerveillement devant la grandeur et la durée de l'entreprise biotique »[3]. Est-ce cela, l'esthétique ? Oui et non. Plutôt le sentiment que nous formons avec les grues

1. A. Leopold, *Almanach d'un comté des sables*, *op. cit.*, p. 128. Traduction légèrement modifiée.
2. *Ibid.*, p. 128-129.
3. *Ibid.*, p. 145.

d'hier une communauté biotique ? Il n'y a rien de tel en art, et aucun sentiment de ce type n'est éprouvé lors de la contemplation admirative du parc de Grand Teton. Le sens de ce qui est beau s'est transformé en un sentiment de respect pour la vie. On pourrait tout aussi bien dire que, parvenus à ce stade, nous avons abandonné le domaine de l'esthétique pour pénétrer dans celui des valeurs intrinsèques et écosystémiques. Et de fait, il faut avouer qu'il n'est guère satisfaisant de limiter la relation que les êtres humains ont tissée avec les grues au plaisir que ces derniers tirent aujourd'hui à les observer. La justification de la préservation des grues, dont l'existence nous procure aujourd'hui un certain plaisir, demande que l'on soit au clair sur ce qu'elles sont réellement.

Une représentation épistémologique des grues comprises comme êtres vivants objectifs est nécessaire pour conférer toute son authenticité à l'expérience esthétique. Le compte rendu esthétique de l'expérience est strictement ordonné à des données objectives. Or c'est objectivement que la nature apparaît comme le règne des valeurs intrinsèques, de ce qui vaut en soi, et non pas de manière instrumentale, pour le plaisir qu'elle procure. Les propriétés historiques de la grue, replacées dans la lignée spécifique où elles ont été engendrées, revêtent dès lors une importance cruciale en esthétique.

On se souvient de la proposition avancée précédemment selon laquelle le paysage ne serait qu'une garde-robe sans emploi et vide de sens en l'absence de celui qui est capable de porter les vêtements qu'elle contient. Telle ne semble pas être l'esthétique que défend pour son compte Aldo Leopold. Nul doute que Leopold éprouve une stimulation esthétique en contemplant les grues ; ce qui n'est pas le cas de la grue qui avale la grenouille. Leopold ne tire aucun usage « instrumental » de la grue dans le sens ordinaire du mot ; il ne recueille pas ses œufs pour les manger, et il ne lui arrache pas des plumes pour orner le chapeau de sa femme. Il valorise de manière intrinsèque l'expérience qu'il fait des grues, et cela pour autant que et dans la stricte mesure où il attribue aux grues une valeur intrinsèque, en tant qu'elles occupent la niche qui est la leur au sein de l'écosystème des marais. Peut-être n'est-ce pas encore tout à fait là ce que Leopold veut dire en parlant de droits biotiques, mais cette expérience lui suffit pour reconnaître que les grues sont des objets de respect à part entière. Il apprécie le droit que possède la grue d'être là où elle est sur son territoire (*landscape*). Tel est le sens de son « élégie des marais » [1].

L'éthique qui se donne une approche écosystémique découvrira que la beauté est le fruit mystérieux de la nature générative, une aura des propriétés esthétiques objectives qui requiert peut-être un sujet d'expérience doué de capacités esthétiques pour l'apprécier, mais à condition de préciser immédiatement que ce sujet est lui-même le fruit de la nature générative dont la puissance paraît, pour cette raison même, d'autant plus grande. Le pays merveilleux (*wonderland*) que l'on admire n'est pas dans l'œil de celui qui regarde, aussi ébahi que ce dernier puisse être.

Il se peut que nous nous soyons fourvoyés à présent dans la direction opposée à celle où nous craignions de nous perdre au commencement : voilà en effet que nous surévaluons l'objectif et que nous sous-estimons le subjectif. Dans notre schéma, les êtres humains doivent être tenus principalement pour les admirateurs du spectacle de merveilles de la nature. Aussi, en contrepartie, importe-t-il de revenir aux dimensions proprement participatives de l'expérience esthétique. Mais notez bien que les raisons qui conduisent à nous tourner vers l'esthétique participative n'ont rien de superficielles, et

---

1. A. Leopold, *Almanach d'un comté des sables, op. cit.*, p. 127.

s'ordonnent bel et bien au projet d'élaboration d'une éthique. Le cri de ralliement d'une esthétique demeure : « *De profundis !* ».

L'ESTHÉTIQUE PARTICIPATIVE

L'esthétique, dit-on souvent, est caractérisée par le désintérêt, lequel demande à être soigneusement distingué de l'absence d'intérêt. Mais s'il en est ainsi, comment l'esthétique pourrait-elle prêter main forte à la cause environnementale étant donné que le désintérêt semble constituer une motivation bien improbable pour justifier les soins de préservation de la nature ? Le soin (*care*) n'exige-t-il pas un certain type d'intérêt ? Pire encore, il se pourrait que l'accent mis sur l'altérité de la nature sauvage, sur la nature comme étant différente de la culture, contribue même à justifier l'absence de soin. Ne dit-on pas couramment en éthique environnementale qu'il convient de « laisser la nature à son propre cours » ? Laissez donc tranquille ces grues dans leur marais ! Laissez à leur sauvagerie le parc de Grand Teton et le Grand Canyon ! Cette éthique du « pas touche » (*hands off*), aussi respectueuse qu'elle puisse paraître, est en fait une éthique du non engagement. Les grues et les séquoias se sont occupés d'eux-mêmes durant des millions d'années ; le parc de Grand Teton et le Grand Canyon sont des lieux capables de se maintenir d'eux-mêmes en l'état sans l'aide de personne. Les lieux et les êtres sauvages méritent toute notre admiration, dira-t-on, mais nous mêler de leurs affaires est irresponsable. Il n'est pas de mon devoir de me soucier du bien être du monde sauvage.

Aussi convient-il de corriger la trajectoire. L'expérience esthétique de la nature est une affaire d'engagement aussi bien qu'une affaire de détachement. Le désintérêt exclut toute préoccupation utilitariste, tout intérêt égoïste immédiat, tout usage instrumental ; mais le désintérêt n'est pas la même chose que l'observation passive. L'immersion et la lutte caractérisent notre présence dans la nature au même titre que la faune et la flore que nous observons. Il se peut que, en un premier temps, nous considérions les forêts comme un paysage pittoresque offert à notre contemplation. Mais une forêt est ce dans quoi l'on pénètre, et non pas quelque chose qui demande à être vue de loin. Il est peu probable que l'on puisse en faire l'expérience en s'arrêtant en bordure de route, et encore moins derrière son poste de télévision. La forêt part à l'assaut de tous nos sens – la vue, l'ouïe, l'odorat, le toucher, et même le goût. L'expérience visuelle joue un rôle de première importance, mais aucune forêt ne peut être expérimentée adéquatement sans l'odeur des sapins ou le parfum des roses sauvages.

La présence kinesthésique du corps – fait de chair et de sang – se déplaçant dans l'espace et le temps est un paramètre décisif. Au terme d'une longue marche, l'on cherche un abri ombragé pour se restaurer ; et l'on s'expose au soleil, pour avoir le plaisir de se réchauffer. En fin de journée, le coucher du soleil sera splendide, mais serons-nous bien préparés pour passer la nuit ? Les éléments nous entourent de toutes parts : une participation sensorielle est essentielle aussi bien à l'expérience esthétique qu'à la vie elle-même. La présence corporelle dans la forêt, le savoir requis pour pouvoir profiter des opportunités qu'elle offre et se prémunir contre ses dangers, la lutte pour se ménager une place au sein du monde primordial et contre ceux qui l'occupent déjà – cette expérience enrichit l'expérience esthétique. Il se pourrait que seul un « esprit » soit à même de goûter pleinement l'expérience esthétique ; mais les êtres humains sont et doivent être des esprits situés en un lieu.

L'esthétique s'ensauvage, se soustrait au contrôle civilisé, sort de l'orbite humaine, même si – nous y avons insisté – la présence des êtres humains est requise pour mettre toute chose en lumière. Mais il importe à présent d'ajouter qu'en éclairant ce qui, sans notre intervention, serait demeuré dans la pénombre, c'est nous-mêmes que nous portons à la lumière. Nous ne nous soucions pas seulement de notre propre être, mais aussi des autres. Nous réalisons à cette occasion ce qui nous distingue d'eux ; nous leur construisons un abri où nous ne prenons pas place, mais où nous nous rendrons de temps à autre en tant que visiteurs. Nous ne sommes pas chez nous au sein de cette nature sauvage, et c'est pourquoi la prudence s'impose. Et pourtant, le sens de notre identité personnelle trouve matière à se développer du fait de notre appartenance à des communautés biotiques locales, régionales, globales.

Certains s'enorgueillissent des parcs nationaux en les tenant pour les cathédrales des Etats-Unis ; nous souhaitons que la nature sauvage soit préservée pour que nos enfants et nos petits enfants puissent s'y rendre, de la même manière qu'ils pourront visiter le musée du Louvre ou le musée de l'Hermitage. L'intérêt que présentent le Grand Canyon et le parc de Grand Teton ne tient pas à ce qu'ils permettraient de gagner convenablement sa vie, mais beaucoup plus au sentiment d'implication profonde, au sentiment d'existence corporelle que l'on éprouve en gravissant les sentiers du parc de Grand Teton, ou en descendant dans les gorges du Canyon, ou en observant les grues dans leur marais. Nul ne gagne sa vie de cette manière, mais de telles expériences donnent un sens à la vie. Le paradoxe s'accuse par conséquent : le fait d'être arraché à soi-même et mis en présence de cette nature autonome, laquelle est là en dehors de nous indépendamment de nous, éveille des sentiments de respect et de responsabilité, tout en affectant la manière dont nous nous rapportons à nous-mêmes en raison de l'élargissement du sens de notre identité personnelle.

Nous aussi vivons dans ce monde. Il nous arrive de faire des excursions dans la nature sauvage, mais, bien vite, il nous faut regagner nos pénates, situées dans des territoires (*landscapes*) ruraux et urbains. Lorsque la nature est à portée de main et qu'on lui ménage une place au sein de nos environnements (*landscapes*) habités, la tentation est forte de dire que la beauté naturelle est (et n'est rien d'autre qu') un agrément, et l'on comprend dès lors que les injonctions commandant d'en prendre soin puissent paraître moins urgentes que d'autres. Mais l'on change du tout au tout de façon de voir lorsque l'on prend conscience que le sol est sous nos pieds, que le ciel est au-dessus de nos têtes, et que nous sommes chez nous sur cette Terre. Le désintérêt n'est pas l'intérêt égoïste (*self-interest*) pour peu que l'on comprenne que le moi (*self*) est incarné et situé. Telle est la leçon de l'esthétique écologique – de l'écologie comprise comme nous instruisant sur la relation vitale que nous tissons avec le monde, sur la façon dont le moi (*self*) est chez lui dans ce monde. Je m'identifie avec le territoire (*landscape*) sur lequel j'habite – mon domicile et territoire (*home territory*). Cet « intérêt » est ce qui me conduit à me soucier (*care*) de son intégrité, de sa stabilité et de sa beauté.

A la biologie nous devons adjoindre la géographie, et à la géographie nous devons adjoindre la biologie. Nous ne pouvons savoir qui nous sommes, nous ne pouvons savoir ce qui se produit dans le monde qu'à partir du moment où nous savons où la vie se forme. Derrière l'éthique se tient l'*ethos*, au sens étymologique du mot, c'est-à-dire au sens d'un mode habituel d'habitation. Ce rappel permet de situer en son lieu l'usage passé des ressources naturelles par les êtres humains. Lorsque nous posons la question de savoir en quoi consiste le bien des communautés au sein desquelles nous habitons, qu'elles soient de type biotique ou culturel, la dimension esthétique est essentielle. Sans cette dernière, la vie serait an-esthésiée. Il y a le parc de Grand Teton et le Grand Canyon ; mais au-delà, il y a la Terre dans son immensité. La Terre entière, et non pas seulement tel ou tel marais, est à sa façon un pays merveilleux, et nous autres êtres humains – nous autres êtres humains de l'époque moderne bien plus qu'à tout autre époque – avons mis cette splendeur en danger. Personne au monde, où qu'il y soit situé, ne peut prétendre être intellectuellement ou psychologiquement indifférent à cet état de fait.

DE LA BEAUTÉ AU DEVOIR

Comme articuler l'une à l'autre l'esthétique et l'éthique ? Rien de plus facile, avons-nous dit au commencement. Intellectuellement, chacun peut comprendre qu'il ne doit pas détruire la beauté ; psychologiquement, il est notable que personne n'en a le désir. Nul besoin de se contraindre à agir de cette manière, nul besoin de se forcer à honorer ses devoirs envers les autres : c'est joyeusement, au contraire, que nous nous soucions des autres, c'est pour nous un devoir bien agréable et bien plaisant dont la motivation pratique est toute positive. L'éthique s'ensuit automatiquement. Aussi pouvons-nous dire en conclusion que les liaisons entre le devoir et la beauté sont devenues plus subtiles. Le devoir correspond à ce qui est « dû » à chacun au sein d'une communauté. Par « communauté », la tradition morale entend d'ordinaire la communauté sociale. L'éthique environnementale, quant à elle, modifie la définition du concept ce communauté pour lui faire intégrer la communauté biotique, comprise dans le cadre de la *land ethic*. Que « devons »-nous à la faune, à la flore, aux espèces, aux écosystèmes, aux montagnes, aux rivières, à la Terre ? Une forme appropriée de respect. Que chacun nomme cette attitude comme il le souhaite – sollicitude (*caring*) ou devoir –, cela n'a guère d'importance au regard des propriétés naturelles et des processus, des accomplissements, du succès avec lequel la vie se maintient, des écosystèmes génératifs pris dans l'évolution, qui constituent l'objet d'une admiration bien légitime. Cette esthétique élargie inclut des devoirs – voilà une manière de le dire. Ou bien encore : l'esthétique en s'élargissant se transforme en une pratique de la sollicitude (*caring*) – voilà une autre manière de le dire.

L'esthétique peut-elle offrir des fondements adéquats à une éthique environnementale ? Tout dépend de la profondeur à laquelle atteint votre esthétique. Pour la plupart des théories esthétiques, quelque puisse être leur degré d'élaboration, la réponse est non, parce qu'elles s'arrêtent trop tôt – à la surface des phénomènes. Mais la réponse est oui, et ce de plus en plus, là où l'esthétique se fonde sur l'histoire naturelle, là où elle est découverte à même l'histoire naturelle, là où les êtres humains apprennent la place qui leur revient dans le paysage (*landscape*). L'éthique environnementale a-t-elle besoin d'une telle esthétique pour être adéquatement fondée ? La réponse est oui, assurément [1].

---

1. Voir aussi sur le même sujet E. Brady, « The Aesthetics of the Natural Environment », *in* V. Pratt (dir.), *Environment and Philosophy*, Londres, Routledge, 2000, p. 142-163 ; D. E. Cooper, « Aestheticism and Environmentalism », dans D. E. Cooper, J. A. Palmer (dir.), *Environment : Religion, Value and Environmental Concern*, Londres, Routledege, 1998, p. 100-112 ; S. Godlovitch, « Offending Against Nature », *Environmental Values*, 1998, n°7, p. 131-150 ; R. Hepburn, « Nature Humanised : Nature Respected », *Environmental Values*, 1998, n°7, p. 267-279 ; K. Lee, « Beauty for Ever ? », *Environmental Values*, 1995, n°4, p. 213-225 ; M. Seel, « Aesthetics of Nature and Ethics », M. Kelly (dir.), *Encyclopedia of Aesthetics*, New York, Oxford University Press, 1998, vol. 3, p. 341-343.

NED HETTINGER

L'OBJECTIVITÉ EN ESTHÉTIQUE ENVIRONNEMENTALE ET LA PROTECTION DE L'ENVIRONNEMENT *

La beauté de l'environnement fournit une bonne partie de la motivation nécessaire à sa protection. Qu'il s'agisse de préserver les espaces de nature sauvage, de mettre les campagnes à l'abri de l'étalement urbain, de s'opposer à l'abattage d'un arbre situé dans notre voisinage, le souci de la beauté environnementale vient au premier plan. Je crois que les considérations esthétiques peuvent également contribuer à justifier la protection de l'environnement. J'appelle « protectionnisme esthétique » ce type de défenses esthétiques de l'environnement. Si la dégradation environnementale pose de sérieux problèmes, c'est dans une large mesure parce qu'elle implique la destruction d'une valeur esthétique substantielle. En fait, si la valeur esthétique des espaces de nature sauvage, des campagnes et des arbres de notre voisinage était faible (voire négative), ce n'est pas seulement la pratique

* Ned Hettinger, « Objectivity in Environmental Aesthetics and Protection of the Environment », *in* A. Carlson, S. Lintott (dir.), *Nature, Aesthetics, and Environmental Ethics : From Beauty to Duty*, New York, Columbia University Press, 2008, p. 413-437. Texte traduit par H.-S. Afeissa avec l'aimable autorisation de l'auteur.

de la protection de l'environnement qui se verrait grandement affaiblie, mais encore sa justification même.

Plusieurs raisons ont été évoquées pour mettre en doute l'opportunité de mettre l'esthétique au cœur de la défense de l'environnement. Certains estiment que la beauté naturelle constitue une valeur bien faible et même triviale par comparaison avec les valeurs d'utilité invoquées tantôt pour justifier la protection de l'environnement (telles que la santé et le plaisir récréatif), tantôt pour justifier son exploitation (telles que les perspectives d'emploi et de croissance). Gary Varner considère ainsi que l'argument de la beauté naturelle permet au mieux de départager les parties prenantes d'un débat lorsque tous les autres arguments ont été épuisés :

> La tentative visant à justifier l'interdiction de soumettre à exploitation les forêts anciennes du Pacific Northwest encore présentes qui se contenterait d'invoquer leur beauté particulière reposerait sur des bases bien fragiles s'il apparaissait qu'une telle interdiction aurait pour effet de provoquer la ruine économique de milliers de bûcherons et d'ouvriers d'usine. (…) Mais si les arguments pour et contre s'équilibrent, alors, toutes choses égales par ailleurs, la considération de la beauté esthétique des forêts peut se révéler contraignante [1].

D'autres estiment que, étant donné que la considération de la beauté naturelle ne pèse guère dans la façon dont nous réglons les rapports interindividuels, l'idée selon laquelle elle serait appelée à jouer un rôle crucial dans la façon dont nous devons nous rapporter à l'environnement doit être accueillie

---

1. G. Varner, *In Nature's Interests*, New York, Oxford University Press, 1998, p. 22.

avec scepticisme [1]. Nombreux sont ceux qui pensent que la valeur esthétique est anthropocentrique et instrumentale (c'est-à-dire, qu'elle est réductible aux expériences de plaisir des êtres humains), et que les meilleures défenses de la nature sont toujours celles qui invoquent des valeurs intrinsèques.

Il se pourrait que le point le plus faible des défenses esthétiques de l'environnement – point que nous nous proposons de mettre au centre de cet article – tienne à l'hypothèse communément admise selon laquelle, la beauté étant dans le regard dans celui qui regarde, les réponses esthétiques sont par essence subjectives et relatives à celui qui les éprouve. Si un fondement objectif manque aux jugements portés sur la beauté environnementale, il semble alors que ces derniers fournissent une base bien étroite pour justifier la protection de l'environnement. On peut trouver sous la plume d'un juriste, dans un article remontant aux prémices du mouvement environnemental, des remarques allant en ce sens :

> Conformément à une opinion assez largement partagée, les évaluations esthétiques et les normes sont affaire de goût individuel, et varient de personne à personne, et sont donc trop subjectives pour être appliquées si ce n'est de manière arbitraire et discrétionnaire. (…) Le jugement d'une personne en matière esthétique est aussi pertinent que celui de n'importe quelle autre personne, (…) aucun jugement esthétique n'est plus ou moins raisonnable par comparaison avec celui d'un autre. (…) Une régulation esthétique reviendrait tout

---

1. « Mais si, face à la question de savoir qui possède un cœur à en juger du seul point de vue de l'esthétique, un médecin doit déclarer forfait, comment les environnementalistes peuvent-ils demander à des milliers de bûcherons de renoncer à leur travail et à leur manière de vivre en se fondant sur l'esthétique ? ». Voir J. R. Loftis, « Three Problems for the Aesthetic Foundations of Environmental Ethics », *Philosophy in the Contemporary World*, 2003, n°10, p. 43.

simplement à imposer le goût d'une personne à celles et ceux qui défendent légitimement un autre point de vue[1].

Comme l'a écrit l'une des premières philosophes à avoir examiné ce problème,

> Si la beauté naturelle ou artistique est purement dans l'œil de celui qui regarde, alors il s'ensuit que le jugement esthétique ne peut fonder aucune obligation. (…) Un jugement de valeur qui est purement personnel et subjectif ne nous donne aucun moyen de faire valoir comme une obligation l'appréciation de telle ou telle chose, ou du moins de la considérer comme digne d'être protégée[2].

Et même si nous repoussons l'idée selon laquelle les jugements esthétiques sont généralement subjectifs et relatifs à chacun, on n'aura pas résolu ce problème car on pourra toujours estimer que les jugements particuliers concernant la beauté *environnementale* sont éminemment subjectifs et relatifs à chacun. Selon une opinion assez répandue en philosophie de l'art, l'art peut bien être objectif, il reste que l'appréciation esthétique de la nature, quant à elle, est, sinon franchement relative à chacun, en tout cas bien plus libre que ne l'est l'appréciation esthétique de l'art[3]. Ouvrez par exemple

1. S. Budford, « Beyond the Eye of the Beholder : Aesthetics and Objectivity », *Michigan Law Review*, 1973, n°73, p. 1438 et p. 1442.

2. J. Thompson, « Aesthetics and the Value of Nature », *Environmental Ethics*, 1995, n°17, p. 293.

3. Parmi ceux qui ont défendu cette thèse, citons M. Budd, *The Aesthetic Appreciation of Nature : Essays on the Aesthetics of Nature*, Oxford, Oxford University Press, 2002, J. Fisher, « What the Hills are Alive With – In Defense of the Sounds of Nature », *Journal of Aesthetics and Art Criticism*, 1998, n°56, p. 167-179, et K. Walton, « Catégories de l'art » (1970), trad. fr. C. Harry-Schaeffer dans G. Genette (dir.), *Esthétique et poétique*, Paris, Seuil, 1992, p. 83-129. Il est remarquable que cet argument a été purement et simplement inversé par l'un des partisans d'une théorie objective de l'esthétique naturelle : « S'il est bien une caractéristique remarquable de l'objectivité qu'il

le livre d'introduction à l'esthétique écrit par John Fisher, et vous pourrez y lire des propositions énonçant clairement ce genre d'idées :

> Une grande montagne (le mont Fuji, le Grand Teton) ne manquera pas de nous frapper comme étant majestueuse et puissante, ou comme exprimant la majesté et la puissance, mais il est aussi tout à fait concevable qu'elle puisse frapper un observateur issu d'une culture étrangère comme étant comique ou languissante. Dans le cas d'un objet naturel, tel qu'une montagne, une telle relativité de la perception n'est pas vraiment problématique, parce que la montagne n'est en elle-même ni majestueuse ni comique. Tout ce que l'on peut dire est qu'il existe différentes manières de regarder la montagne. (…) Il devient plus difficile de s'accommoder d'un tel relativisme lorsqu'il en va des propriétés expressives d'une œuvre d'art. (…) Il me semble que les qualités émotionnelles qu'une œuvre d'art exprime ne sont pas des réactions subjectives contingentes dont l'on pourrait faire abstraction, comme c'est le cas lorsqu'il en va des réactions que suscitent les objets naturels. (…) *Le cri* d'Edvard Munch est réellement terrifiant. (…) Le fait que ce tableau puisse frapper un observateur issu d'une autre culture comme étant ravissant (…) ne nous contraindrait pas à penser qu'il l'est réellement. (…) [En revanche], il est impossible de trancher la question de savoir si le mont Fuji est majestueux ou s'il est comique par confrontation de ces divers attributs avec ce que le mont Fuji est réellement [1].

est possible d'invoquer dans les débats portant sur la beauté naturelle, c'est qu'elle peut être dite plus robuste que celle qui a cours en art ». Voir G. Parsons, « Freedom and Objectivity in the Aesthetic Appreciation of Nature », *British Journal of Aesthetics*, 2006, n°46, p. 35, note 49.

   1. J. Fisher, *Reflecting on Art*, Mountain View, Mayfield, 1993, p. 338-339 (le soulignement est dans le texte original). Fisher s'efforce ici de faire valoir l'importance des intentions de l'artiste pour toute compréhension de l'art, et, de manière secondaire, la relativité des propriétés expressives de la nature.

Bien que, dans ce passage, John Fisher limite son propos aux caractéristiques expressives des objets naturels, certains n'ont pas hésité à étendre le principe de la subjectivité et de la relativité du jugement esthétique à d'autres propriétés esthétiques de la nature et aux jugements portant sur la beauté naturelle en général. Un tel relativisme semble être problématique du point de vue de ceux qui nourrissent l'espoir de tirer argument de la valeur esthétique de l'environnement pour étayer la protection de la nature.

Au cours du long débat qui aura duré presque cinquante ans concernant la protection du Refuge faunique national arctique (*Artic National Wildlife Refuge*) situé en Alaska contre les projets de forages pétroliers, la valeur esthétique du Refuge a maintes fois été invoquée – même s'il y a bien sûr d'autres enjeux dans ce débat. Gail Norton, naguère Secrétaire d'Etat en charge des affaires de politique intérieure aux Etats-Unis, considérait le Refuge comme « un marais complètement perdu, infesté de moustiques et plongé dans une pénombre frigorifique la moitié de l'année », tandis que l'ancien Président des Etats-Unis Jimmy Carter y voyait un lieu de « solitude, de beauté et de grandeur sans pareil ». Si les jugements esthétiques sont purement et simplement affaire de goûts personnels, où tous les jugements se valent, alors les caractéristiques esthétiques du Refuge ne peuvent légitimement jouer aucun rôle pour déterminer le sort qui doit lui être réservé.

Considérez encore cet exemple : une communauté attachée à défendre le caractère rural de son environnement fait valoir qu'une bonne partie de sa valeur esthétique serait perdue si ses paisibles routes bordées d'arbres, parsemées de fermes, de petites exploitations agricoles et de ponts – symboles vivants de l'harmonie des êtres humains avec la nature – laissaient place à une bretelle d'autoroute surchargée de véhicules, bruyante et laide comme elles le sont toutes, bordée de concessionnaires automobiles, de stations d'essence et de places de parking – symboles vivants de la négligence du monde naturel et de l'exploitation désinvolte à laquelle notre société le soumet. Les promoteurs de ce projet font valoir, de leur côté, que l'élimination de ces routes sales envahies par les mauvaises herbes et leur remplacement par des magasins utiles et bien construits augmenteront la valeur esthétique de la région, et qu'ils constitueront un hommage rendu aux valeurs du travail bien fait, de la détermination et de la volonté d'entreprendre. Pour pouvoir départager les promoteurs, qui aiment les centres commerciaux, des environnementalistes, qui ne les aiment pas, il est nécessaire que l'esthétique environnementale puisse prendre appui sur une forme d'objectivité. A défaut de pouvoir invoquer des critères permettant de distinguer entre des réponses esthétiques plus ou moins bonnes, le recours à des considérations esthétiques en matière de politique environnementale se révélera d'une utilité bien limitée.

Je me propose d'examiner dans cet article le débat entre objectivistes et relativistes en esthétique environnementale. Les arguments des relativistes, élaborés notamment par John Fisher et par Malcolm Budd, seront discutés, en prenant particulièrement en compte leurs implications en matière de protection de l'environnement. Les arguments des objectivistes, notamment ceux avancés par Allen Carlson, Noël Carroll et Emily Brady, seront eux aussi discutés [1]. Mon but, en examinant le débat entre relativistes et objectivistes en esthétique environnementale, est de déterminer dans quelle mesure ce débat importe en matière de protection de l'environnement. Une esthétique environnementale relativiste empêche-telle réellement de tirer argument de la beauté de l'environnement pour justifier sa protection ? L'objectivité de la beauté de l'environnement, dont les partisans de l'autre camp s'efforcent d'apporter la preuve, confère-t-elle réellement aux arguments esthétiques un poids quelconque dans les débats qui ont cours en matière de protection de l'environnement ?

Dans ce qui suit, je reprendrai à mon compte la thèse défendue par Marcia Eaton selon laquelle une approche cognitive comme celle d'Allen Carlson est nécessaire pour que l'esthétique environnementale puisse « apporter une contribution à la préservation des paysages durables », mais je critiquerai la proposition qu'elle avance selon laquelle la protection de la nature sera d'autant mieux assurée que les réponses esthétiques seront fondées sur une connaissance de la nature [1]. La position alternative que je suggère en esthétique environnementale, se situant à mi-chemin de ces deux extrêmes que sont les positions subjectivistes et les positions objectivistes, est celle d'un « pluralisme soumis à des règles » (*constrained pluralism*), dont l'idée principale consiste à dire qu'il existe une multiplicité de réactions plus ou moins bonnes à l'environnement.

L'OBJECTIVITÉ DANS LA PERSPECTIVE DU PLURALISME SOUMIS À DES RÈGLES : LES RÉACTIONS PLUS OU MOINS PRÉFÉRABLES À LA NATURE

Les thèses développées par Allen Carlson ont joué un rôle décisif dans le débat sur les réactions esthétiques à la nature [2].

---

1. Voir M. M. Eaton, « The Beauty That Requires Health », *in* J. I. Nassauer (dir.), *Placing Nature : Culture and Landscape Ecology*, Washington, Island Press, 1997, p. 85-106.

2. A. Carlson, *Aesthetics and the Environment : The Appreciation of Nature, Art and Architecture*, Londres, Routledge, 2000.

La position objectiviste qu'il défend en esthétique environnementale repose sur l'argument selon lequel l'appréciation (et le jugement) esthétique de l'environnement doit correspondre à ce que l'objet esthétique est réellement. Il fait valoir que, étant donné que la science est notre meilleur guide pour savoir ce que le monde naturel est réellement, la réaction esthétique à la nature devrait être guidée par une connaissance de la science ou, de manière plus générale, de l'histoire naturelle (de la même manière que la réaction esthétique à l'art devrait être guidée par une connaissance de l'histoire de l'art). La science étant objective, une esthétique environnementale reposant sur la science le sera elle aussi.

Nombreux sont ceux qui ont critiqué le monisme scientifique d'Allen Carlson, et qui se sont employés à faire valoir que l'appréciation de la nature guidée par les émotions ou par l'imagination, ou par tout autre ressource cognitive différente de celle de la science, est tout aussi recevable. Le fait de repousser le monisme scientifique ne signifie pas forcément que la nature est offerte à n'importe quel type d'appréciation esthétique. Nier qu'il n'existe qu'un seul type correct de réaction esthétique à un objet esthétique environnemental – ou à la nature en général – ne signifie pas pour autant que toutes les réactions esthétiques (ou tous les types de réactions esthétiques) se valent. Fonder l'appréciation de la nature sur la science, comme le fait Allen Carlson, n'est que l'une des manières de défendre la position objectiviste. En outre, il n'est pas sûr – comme nous le verrons plus bas – que cette stratégie soit toujours la meilleure pour justifier le protectionnisme esthétique.

Allen Carlson insiste fréquemment sur l'idée que l'appréciation esthétique « appropriée », ou « correcte » ou « véritable », de la nature doit être guidée par la science. Par conséquent, les réactions esthétiques à la nature qui ne reposent pas sur une connaissance de la science ou de l'histoire naturelle, doivent être tenues pour « inappropriées », « incorrectes », et même pour « erronées »[1]. Mais est-il bien judicieux d'évaluer nos diverses réactions esthétiques à la nature en les référant aux couples disjonctifs « correct/incorrect », « véritable/erroné », « approprié/inapproprié »? Ne conviendrait-il pas de se munir de critères plus raffinés pour évaluer les réactions esthétiques plus ou moins bonnes à la nature – des critères adaptés au contexte, et non pas étroitement hiérarchiques?

Il se peut qu'une réaction esthétique scientifiquement mal informée[2] soit tout à fait recevable. Par exemple, il se peut qu'un enfant ou un adulte sans instruction ignore qu'un glacier est une rivière de glace, et qu'il soit impressionné par ce spectacle sans que l'on puisse dire pour autant que sa réaction

---

1. Il arrive à Carlson de se servir d'une autre terminologie, et d'opposer la « profondeur » à la « superficialité ». C'est de cette manière que G. Parsons tente de restituer la théorie de Carlson : « Plus l'appréciation esthétique d'une chose dispose d'informations sur ce que la chose est réellement, et plus elle est profonde et appropriée. Il s'ensuit que l'appréciation qui ne s'appuie pas sur une connaissance scientifique des choses naturelles (…) est moins profonde et moins appropriée ». Les réactions esthétiques aux objets naturels qui ne sont pas fondées sur la science sont limitées à la perception de « propriétés esthétiques qui s'inscrivent à la périphérie de l'appréciation esthétique, et qui pour cette raison sont moins importantes dans le processus d'appréciation de la valeur esthétique ». Ces propriétés sont « d'une certaine manière superficielles » par comparaison avec les propriétés esthétiques « plus centrales » auxquelles il est possible d'avoir accès lorsque l'appréciation est fondée sur la connaissance scientifique de l'objet naturel. L'appréciation, ainsi informée par la science de ce qu'est l'objet naturel, nous permettra d'« appréhender des propriétés esthétiques présentes dans *toutes* – ou presque toutes – les apparences perceptives de cet objet ». Voir G. Parsons, « Freedom and Objectivity in the Aesthetic Appreciation of Nature », art. cit., p. 34-35, note 49 (le soulignement est dans le texte original).

2. Nous corrigeons le texte anglais qui nous semble porter ici une faute d'impression, et lisons « …a scientifically uninformed aesthetic response… » au lieu de « …a scientifically uniformed aesthetic response… ». (N.d.T.)

est incorrecte, erronée ou inappropriée. Il n'en est pas moins vrai que les réactions guidées par une connaissance de la science sont fréquemment les meilleures. La connaissance de la nature des glaciers peut donner à notre réaction une plus grande portée. Il se peut par exemple que nous nous mettions à tendre l'oreille et à entendre les crissements de la glace qui fond au cœur de la vallée.

Il me semble que la position objectiviste la plus crédible en esthétique environnementale est celle qui s'inspire de ce que j'ai appelé le « pluralisme soumis à des règles », lequel se caractérise tout d'abord par ceci qu'il admet l'existence d'une grande diversité de réactions esthétiques plus ou moins bonnes, et par ceci qu'il s'efforce de distinguer entre ces dernières de multiples manières (et pas simplement en les distribuant au sein des couples disjonctifs « correct/incorrect », « véritable/erroné », « scientifiquement informé/scientifiquement mal informé », « approprié/inapproprié »)[1]. Le pluralisme soumis à des règles se situe ainsi à mi-chemin d'une position moniste naïve pour laquelle seules quelques réponses

1. Le concept d'« objectivité » est surdéterminé en philosophie, et peut signifier bien des choses différentes. Peut-être signifie-t-il fondamentalement qu'il convient de « laisser l'objet nous guider, plutôt que le sujet ». Le mot peut signifier qu'il existe des réponses plus ou moins bonnes aux questions posées sur un sujet donné – définition qui entre en consonance avec la terminologie de Carlson et les doublets qu'il affectionne « correct/incorrect », « vrai/faux ». Le mot peut aussi signifier que certains jugements sont plus ou moins rationnels et justifiables que d'autres – ce qui correspond cette fois-ci à la forme d'objectivité qu'E. Brady s'efforce de faire reconnaître dans sa théorie de l'appréciation esthétique de la nature. Voir E. Brady, *Aesthetics and the Natural Environment*, Edinburgh, Edinburgh University Press, 2003, chap. 7. Dans cette section, les exemples (et les critères) d'objectivité qui seront donnés demandent à être compris au sens large où l'objectivité renvoie à la distinction entre des réactions esthétiques plus ou moins bonnes à la nature. Cette définition englobe à la fois l'objectivité au sens de Carlson et l'objectivité au sens de Brady, et d'autres encore.

esthétiques à l'environnement peuvent être tenues pour correctes et appropriées, et la position relativiste pour laquelle toutes les réactions à l'environnement se valent[1]. Nous verrons également par la suite que la forme d'objectivité sur laquelle est fondé le pluralisme soumis à des règles suffit à justifier le protectionnisme esthétique.

Pour autant que je sache, l'idée selon laquelle certaines réactions esthétiques à l'environnement sont préférables à d'autres est admise par tous ceux qui travaillent en esthétique environnementale[2], sans préjudice des différences d'approche par ailleurs très profondes entre ceux qui militent en faveur d'une théorie cognitive (fondée sur la science), comme Allen Carlson, et ceux qui défendent une théorie accordant un rôle central aux émotions, comme Noël Carroll, ou à l'imagination, comme Emily Brady. Ronald Hepburn s'est lui aussi penché sur la question de savoir comment distinguer entre les diverses réactions plus ou moins bonnes à la nature, sans jamais reprendre à son compte la rhétorique naïvement réaliste selon laquelle il existerait une seule « bonne » manière d'apprécier la nature qui serait préférable à toutes les autres[3]. Il en appelle

1. *Cf.* le concept de « pluralisme critique » développé par Brady, *Aesthetics and the Natural Environment, op. cit.*, p. 79-81.

2. Le philosophe qui est le plus proche de faire l'économie d'une telle distinction est peut-être T. Heyd, que Carlson caractérise comme défendant une position « postmoderne » en matière d'esthétique – position pour laquelle toutes les réactions sont pertinentes. Mais en fait, même Heyd reconnaît l'existence de certaines limites : la connaissance est pertinente pour l'appréciation esthétique de la nature pour autant qu'elle soutient l'attention esthétique et qu'elle ne l'affaiblit pas. Voir T. Heyd, « Aesthetic Appreciation and the Many Stories About Nature », *British Journal of Aesthetics*, 2001, n°41, p. 125-137.

3. R. Hepburn, « Trivial and Serious in Aesthetic Appreciation of Nature », *in* S. Kemal, I. Gaskell (dir.), *Landscape, Natural Beauty and the Arts*, Cambridge, Cambridge University Press, 1993 [repris dans *The Reach of Aesthetics : Collected Essays on Art and Nature*, Aldershot, Ashgate, 2001,

ainsi à la distinction entre une appréciation esthétique « sérieuse » et une autre « triviale » de la nature – distinction qui a toutefois le défaut de s'enfermer dans un nouveau doublet, alors qu'il importe au contraire de recourir à des critères supplémentaires pour bien séparer les unes des autres les multiples manières plus ou moins bonnes d'apprécier les divers environnements [1].

Que convient-il de penser de la distinction entre des réactions « profondes » et des réactions « superficielles » ? Dans la critique qu'il a faite du monisme scientifique d'Allen Carlson, Noël Carroll a attiré l'attention sur le fait que la profondeur de la réaction esthétique peut se mesurer aussi bien au temps durant lequel une réaction se prolonge, qu'à l'intensité de la réaction éprouvée à un moment donné [2]. La fascination qu'exerce la beauté pittoresque des paysages

---

p. 1-15]. De la même manière qu'A. Carlson, E. Brady et M. Eaton, R. Hepburn éprouve le besoin de distinguer entre des réactions esthétiques plus ou moins bonnes afin de faire jouer un rôle à l'esthétique dans les débats de politique environnementale. « Lorsque nous cherchons à mettre à l'abri de certaines formes d'exaction des espaces d'une "incroyable beauté naturelle", il importe au plus haut point de pouvoir justifier l'importance que nous accordons à l'appréciation de cette beauté. (…) Nous devons être capables de prouver qu'il en va de beaucoup plus dans cette appréciation que du simple plaisir insouciant d'un pique-nique en forêt, ou de l'impression fugitive d'un paysage rural vu à distance à travers la vitre d'un car de touristes, ou de la visite obligatoire de ces lieux remarquables que chacun se doit de connaître » (p. 65).

1. E. Brady se demande pourquoi les réactions sérieuses sont censées constituer nécessairement de meilleures réactions esthétiques que celles qui sont plus ludiques. Pourquoi le fait de se représenter une colline en y voyant la tête d'un géant, dont l'on observerait la forme immense et menaçante, constituerait-elle une moins bonne réaction esthétique que celle qui, guidée par la géologie, mettrait au centre de son attention le type de rochers qui y sont présents ? Voir E. Brady, *Aesthetics and the Natural Environment, op. cit.*, p. 167-168.

2. N. Carroll, « Etre affecté par la nature : entre la religion et l'histoire naturelle », dans ce volume p. 157.

fournit un bon exemple d'une appréciation superficielle de
la nature. Nombreux sont les auteurs qui ont dénoncé
l'insensibilité à la nature ordinaire (*unscenic nature*) comme
étant le signe avéré d'une limitation esthétique[1]. Pour la
plupart des gens, l'appréciation de la nature se limite à
l'appréciation de ses paysages les plus spectaculaires. Pour
eux, l'appréciation de la nature se ramène à une ballade en
voiture dans un parc naturel, ponctuée de quelques arrêts aux
endroits les plus remarquables pour prendre des photos, et de
quelques menus achats de cartes postales des plus beaux
paysages au magasin de souvenirs. Voilà une manière bien
paresseuse d'apprécier la nature, qui n'a d'yeux que pour une
beauté « facilement abordable » et « pittoresque », qui se
complaît dans une appréciation strictement visuelle et se tient
éloignée de toute implication plus profonde, de type
multisensoriel. Pareille critique suggère que les meilleures
réponses esthétiques implique la mobilisation de plusieurs
sens, et non pas seulement de la vue[2]. Les meilleures réactions
se caractérisent par leur vivacité et leur dynamisme (qu'elles
soient d'ordre perceptif ou pas), plutôt que par leur faiblesse
et leur passivité[3]. Songez à la différence qu'il y a entre
apprécier un lac de montagne en le regardant de loin depuis

1. Voir J. B. Callicott, « L'esthétique de la terre », trad. fr. P. Madelin
dans A. Leopold, *La conscience écologique*, textes réunis par J.-C. Génot,
D. Vallauri, Marseille, Wildproject, 2013, p. 213-226, Y. Saito, « L'esthétique
de la nature ordinaire », dans ce volume p. 193-225, et A. Carlson, *Aesthetics
and the Environment*, *op. cit.*, chap. 3.

2. Voir E. Brady, *Aesthetics and the Natural Environment*, *op. cit.*,
p. 123-128.

3. Selon H. Rolston, les meilleures réactions esthétiques à la nature
doivent non seulement reposer sur la science, mais impliquer aussi une
« expérience participative ». Voir H. Rolston, « L'appréciation esthétique des
paysages : entre connaissance et participation », trad. fr. H.-S. Afeissa dans
H. Rolston, *Terre objective. Essais d'éthique environnementale*, Paris, Éditions
Dehors (à paraître en 2016).

le rivage, et l'apprécier en y piquant une tête. Ou encore entre observer un orage derrière sa fenêtre, et se retrouver dehors au beau milieu des éléments déchaînés [1].

Les réactions discriminantes sont préférables à celles qui ne le sont pas. Les réactions attentives sont préférables aux réactions inattentives ou aux réactions attentives mais inappropriées (comme le sont, par exemple, les réactions de ceux qui, à la recherche d'une fleur particulière, passent à côté des qualités esthétiques de la forêt environnante). Les réactions qui expriment une certaine maturité sont préférables aux réactions immatures. Les réactions qui ne sont pas biaisées sont préférables aux réactions qui le sont (il y a par exemple bien de la complaisance envers soi-même de la part de celui qui admirerait un arc-en-ciel en se disant qu'il n'est là que « pour lui ! »). Les réactions patientes et soigneuses sont préférables aux réactions hâtives. Les réactions qui témoignent d'un certain discernement sont préférables aux réactions

---

1. J. Muir fit un jour l'expérience d'une tempête en se hissant au sommet d'un sapin de Douglas d'environ trente mètres de haut : « L'un des plus beaux orages et des plus exaltants que j'aie eu le bonheur de voir dans la Sierra eut lieu en décembre 1874. (…). Quand l'orage se mit à retentir, je ne perdis pas un instant pour gagner la forêt afin d'en profiter. Car dans ces occasions, la Nature a toujours quelque chose de rare à nous montrer, et le danger d'être tué ou estropié n'est guère plus grand que celui qu'on courrait en restant blotti à pester sous son toit. (…) Vers midi, (…) je gagnai le sommet de la plus haute arête de la région, où je me dis que ce serait une bonne idée de grimper sur un arbre pour avoir une vue plus étendue. (…) Je choisis le plus haut d'un groupe de sapins de Douglas (…), ils avaient environ trente mètres de haut, et leurs sommets souples et touffus se balançaient et tournoyaient en une extase frénétique. (…) Jamais jusque-là je n'avais éprouvé pareille exaltation à me mouvoir (…) tandis que je me cramponnais, tous muscles tendus, comme un goglu sur un roseau. Dans ses mouvements les plus amples, mon arbre décrivait un arc de vingt à trente degrés, mais je me sentais (…) en sûreté, libre de me balancer au vent et de jouir de la forêt en transe du haut de mon sublime belvédère ». Voir J. Muir, *Célébrations de la nature*, trad. fr. A. Fayot, Paris, J. Corti, 2011, p. 196-200.

confuses. Les réactions réfléchies et participant d'une démarche réflexive sont préférables aux réactions irréfléchies et empreintes de stéréotypes culturels, comme la réaction de celui qui, à la vue d'un cerf, le jugerait « mignon » en souvenir de Bambi. Les réactions informées sont préférables à celles qui déforment, ignorent ou font abstraction de vérités importantes concernant l'objet soumis à l'appréciation, comme le sont les réactions romantiques de ceux qui, à la vue d'un loup, ignoreraient tout de son mode de vie de prédateur [1], ou encore ceux qui, à l'instar du poète anglais John Donne, jugeraient de l'esthétique des montagnes en se fondant sur l'opinion selon laquelle Dieu, à l'origine, aurait créé le monde en lui donnant la forme d'une sphère lisse, puis l'aurait déformée pour punir les êtres humains de leurs péchés : « Des verrues et des grains de petite vérole sur le visage de la Terre », disait-il [2].

Il est certain que, parmi les divers jugements esthétiques portant sur la nature, certains peuvent être dits plus ou moins vrais, plus ou moins corrects, plus ou moins appropriés que d'autres, mais il n'en reste pas moins qu'il est possible de discriminer entre eux sur de tout autres fondements. Il s'ensuit que nous n'avons pas plus de raison de penser qu'il existe un seul type légitime d'appréciation esthétique de l'environnement (comme si pareille thèse était nécessaire pour justifier le protectionnisme esthétique), que nous n'en avons de croire que tous les types de réactions esthétiques à la nature et tous les types de jugements esthétiques sur la nature sont recevables. Il importe au contraire de reconnaître qu'il existe une pluralité de types de réactions à la nature, parmi lesquels certains sont

1. R. Hepburn, « Trivial and Serious in Aesthetic Appreciation of Nature », art. cit., p. 69.

2. Cité par H. Rolston, art. cit. [H. Rolston fait de nouveau allusion à ce vers dans l'article traduit dans ce volume, p. 301.]

préférables à d'autres. La thèse que je défends est qu'un tel pluralisme critique est suffisamment objectif pour justifier de tenir l'appréciation esthétique de la nature pour une activité sérieuse et digne d'intérêt, et pour offrir au protectionnisme esthétique de solides fondements [1].

LES ARGUMENTS RELATIVISTES
EN ESTHÉTIQUE ENVIRONNEMENTALE

Dans cette section, je vais m'employer à examiner les arguments de ceux qui mettent en doute l'objectivité de l'appréciation environnementale et qui défendent une position relativiste en esthétique environnementale. L'argument principal généralement avancé consiste à dire que le genre d'objectivité présent dans l'appréciation de l'art fait défaut à l'appréciation de la nature, et que l'appréciation de l'art est bien plus soumise à des règles que ne l'est l'appréciation de la nature. Voyons donc ce qu'il en est de ce prétendu déficit en objectivité, et demandons-nous en quoi il faudrait y voir un problème dans la perspective d'un protectionnisme esthétique.

Dans un bel article consacré à l'examen des bruits entendus dans la nature, John Fisher admet volontiers que ces derniers peuvent faire l'objet d'une appréciation esthétique, mais il souligne dans le même temps que cette appréciation est bien plus subjective que ne l'est l'appréciation de la musique [2].

---

1. L'un des embarras importants que crée cette position pluraliste est que, bien que ce pluralisme se prétende « critique », il se peut qu'il ne puisse pas empêcher la formation de jugements esthétiques conflictuels sur la nature, se traduisant par des différences notables en matière de politique environnementale.

2. J. A. Fisher, « What the Hills Are Alive With », art. cit. Fisher a beau revendiquer la plus grande liberté dans l'appréciation des bruits naturels, qu'il

Même s'il ne suggère pas que nous pourrions généraliser son analyse de la subjectivité des jugements esthétiques des bruits entendus dans la nature à d'autres caractéristiques naturelles, rien n'empêche de le faire. De fait, il se trouve que Malcolm Budd a présenté des arguments analogues pour défendre la thèse plus générale de la subjectivité des réactions esthétiques aux caractéristiques de l'environnement, sans limiter ces dernières aux bruits entendus dans la nature [1].

John Fisher distingue deux dimensions d'objectivité. On peut parler d'objectivité en matière esthétique tout d'abord en ce sens où l'appréciation esthétique, en y incluant l'appréciation de la nature, est censée prendre pour guide l'objet esthétique (« exigence de se laisser guider par l'objet »), et ensuite en ce sens où les jugements esthétiques, s'ils sont appropriés, sont censés être universels : leur prétention à la vérité doit pouvoir être honorée au moyen d'un consensus de tous les autres sujets percevants sensibles, rationnels, placés dans des conditions appropriées (« critère du consensus ») [2]. L'auteur reprend à son compte la première forme d'objectivité et repousse la seconde, en faisant valoir que le consensus n'est pas impliqué par l'exigence de se laisser guider par l'objet esthétique, dans la mesure où une réaction esthétique peut tout à fait prendre pour guide les caractéristiques d'un objet sans pour autant se laisser déterminer par elles. Même

présente comme soustraite à toute contrainte, il conclut son article en disant que les bruits entendus dans la nature « méritent une attention esthétique sérieuse à la fois sur le plan de la théorie et sur celui de l'expérience » (p. 177). Peu de choses sont dites en revanche sur les implications de la thèse qu'il défend dans la perspective du protectionnisme esthétique. L'objectif principal de Fisher dans cet article est de montrer que les jugements sur les bruits naturels peuvent être esthétiques même s'ils ne satisfont pas l'exigence de consensus (voir plus bas pour la discussion de cette idée).

1. M. Budd, *The Aesthetic Appreciation of Nature, op. cit.*, chap. 3 et 4.
2. J. A. Fisher, « What the Hills Are Alive With », art. cit., p. 171-172.

s'il reconnaît que cette absence de détermination par les caractéristiques de l'objet esthétique joue dans l'appréciation des œuvres d'art, il estime que les jugements esthétiques des bruits entendus dans la nature « se soustraient bien plus à ce type de détermination que ne le font les jugements ordinaires concernant les œuvres d'art ou les œuvres musicales »[1].

Malcolm Budd admet lui aussi que l'appréciation esthétique de la nature est autrement plus libre et subjective que ne l'est l'appréciation de l'art : « L'appréciation esthétique de la nature jouit d'une liberté qui est déniée à l'appréciation artistique »[2]. John Fisher fait remarquer que, à la différence des œuvres d'art (en y incluant la musique), les bruits naturels ne sont pas produits intentionnellement afin d'être offerts à l'appréciation selon certaines modalités. Il en résulte, dit-il, que « celui qui écoute la nature n'est pas soumis à la règle qui pèse sur celui qui écoute la musique et qui fonctionne de telle sorte à exclure certaines modalités d'écoute »[3]. Malcolm Budd soutient une thèse analogue au sujet de l'appréciation de la nature en général : l'appréciation de la nature, dit-il, est une activité bien plus libre que ne l'est l'appréciation de l'art, parce que la nature n'a pas été destinée à l'appréciation esthétique, et par conséquent son appréciation n'est pas liée au type de contraintes qui pèsent sur l'appréciation de l'art[4]. Les peintures cubistes, par exemple, ne sont pas destinées à être jugées en fonction de l'exactitude de la représentation

---

1. J. A. Fisher, « What the Hills Are Alive With », art. cit., p. 177. Il est intéressant de noter que dans « The Value of Natural Sounds », *Journal of Aesthetics Education*, 1999, n°33, p. 26-42, Fisher reconnaisse l'existence d'un large consensus autour du fait que les bruits naturels sont préférables aux bruits non musicaux d'origine anthropique. L'auteur va jusqu'à avancer un argument pour justifier cette préférence.

2. M. Budd, *The Aesthetic Appreciation of Nature, op. cit.*, p. 108.

3. J. A. Fisher, « What the Hills Are Alive With », art. cit., p. 177.

4. M. Budd, *The Aesthetic Appreciation of Nature, op. cit.*, p. 108.

qu'elles offrent, et c'est se méprendre à leur sujet que de les juger de cette manière. Mais la nature n'est pas destinée à être appréciée d'une manière plutôt qu'une autre.

L'appréciation esthétique des œuvres d'art est donc censée être soumise à des contraintes étrangères à l'appréciation esthétique de la nature du fait de l'intention ayant présidé à leur création. Toutefois, cette thèse, conjointement défendue par John Fisher et Malcolm Budd, ne présuppose-t-elle pas que l'on tienne pour valides certaines théories de l'art ? Les partisans d'une théorie formaliste de l'art trouveraient probablement à redire à l'idée que l'appréciation esthétique de l'art est soumise à des contraintes, et les anti-intentionnalistes refuseraient sans doute d'admettre qu'il faille accorder une telle importance aux intentions qui ont présidé à la création d'une œuvre d'art. Et quand bien même l'on considérerait que l'appréciation d'une œuvre d'art exige que l'on tienne compte des intentions de l'artiste (comme je le pense), il n'y aurait rien d'absurde à soutenir que ces dernières exercent certes une contrainte sur la réaction esthétique appropriée du spectateur, sans pour autant limiter les interprétations possibles de l'œuvre à une seule (censément légitime), et sans limiter les diverses réactions esthétiques que l'œuvre peut susciter à une seule. Il se peut par exemple que l'urinoir de Marcel Duchamp baptisé du nom de *Fontaine* ait suscité des réactions esthétiques appropriées plus nombreuses que celles qu'il a suscitées lorsqu'il était stocké dans un entrepôt. Songez à la différence qu'il y a entre un orignal et la peinture d'un orignal. La représentation picturale d'un orignal revêtira toutes sortes de significations dont sera dépourvu l'orignal lui-même (et réciproquement bien sûr : l'orignal dans son milieu naturel revêtira des significations dont sa représentation en peinture sera dépourvue). L'interprétation et l'évaluation de la peinture d'un orignal emportent avec elles des considérations relatives aux intentions et au style de l'artiste ; la référence au contexte culturel dans lequel l'œuvre a été réalisée complique encore davantage le problème et exerce une contrainte sur son appréciation. Dans le cas de l'appréciation des objets de la nature, en revanche, le fait qu'il n'y ait aucune intention artistique à prendre en compte simplifie le problème, et ouvre la voie à un plus grand nombre de réactions appropriées [1].

John Fisher et Malcolm Budd mettent l'un et l'autre l'accent sur le fait que la nature, par contraste avec les beaux arts, ne se livre pas à nous toute apprêtée. La nature ne se donne pas à voir en médaillon (à la façon des peintures ou des œuvres d'art en général, lesquelles sont dûment encadrées, montées sur piédestal, disposées en vitrine, etc.), et il y a bien des manières toutes aussi légitimes les unes que les autres de l'appréhender. A la différence des beaux arts, où la décision de savoir comment il convient d'appréhender l'objet esthétique revient à l'artiste (ou définit le genre auquel appartient tel ou tel objet esthétique), il appartient à l'amateur de la beauté naturelle de choisir la façon dont il va le faire. Alors qu'il n'est pas d'usage, par exemple, de retourner un tableau pour voir à quoi il ressemble derrière, ou de le tapoter du bout du doigt pour voir quel son il rend, ces manières de faire sont tout à fait autorisées lorsqu'il en va d'un objet naturel comme un arbre.

Malcolm Budd fait remarquer que, à la différence de l'appréciation de l'art, il n'y a pas de niveau d'observation approprié de la nature. Nous pouvons observer la nature à l'aide d'un télescope, ou à l'aide d'un microscope, ou encore à l'œil nu. Il n'y a pas non plus, poursuit-il, de conditions

---

1. De manière analogue, une sculpture de sable réalisée par un artiste revêtirait bien plus de significations qu'elle ne pourrait le faire si elle avait été produite par la nature.

propres ou optimales d'observation : nous pouvons observer la nature par temps de brume ou sous un beau soleil, lumineuse ou plongée dans la pénombre, de près ou de loin. Tous les modes de perception et tous les organes sensoriels peuvent prendre part à l'appréciation esthétique de la nature : nous pouvons choisir de regarder, d'entendre, de toucher, de goûter ou de sentir les objets naturels. De manière générale, conclut-il, nous sommes libres d'appréhender la nature comme nous le voulons. Par conséquent, « il n'existe pas d'appréciation esthétique appropriée de la nature (comme c'est le cas en art) »[1]. En effet, « la portée de ses propriétés esthétiques ou de ses apparences esthétiquement pertinentes (…) [est] indéfinie et indéfiniment ouverte comme ne l'est jamais celle des œuvres d'art »[2]. C'est pourquoi la tentative visant à trouver un modèle d'appréciation de la nature qui nous dise « ce qu'il convient d'apprécier dans la nature et de quelle manière il convient de le faire (ce que nul n'ignore dans le cas des œuvres d'art) » est selon lui une « chimère »[3].

1. M. Budd, *The Aesthetic Appreciation of Nature*, *op. cit.*, p. 109.

2. M. Budd, « Objectivity and the Aesthetic Value of Nature : Reply to Parsons », *British Journal of Aesthetics*, 2006, n°46, p. 268.

3. M. Budd, *The Aesthetic Appreciation of Nature*, *op. cit.*, p. 147. La terminologie de Budd, et l'interprétation qui est proposée ici de sa théorie, pourraient suggérer qu'il conteste l'existence d'une quelconque forme d'objectivité en matière d'appréciation de la nature. Or il n'en est rien. Budd considère qu'il existe de multiples manières plus ou moins bonnes d'apprécier la nature. Il insiste particulièrement sur l'idée que la nature devrait être appréciée en tant que telle, ce qui exclut à la fois les appréciations de la nature de type formaliste et les appréciations qui traitent la nature comme si elle était une œuvre d'art (voir *ibid.*, p. 1-23). Budd souligne également qu'il arrive parfois que des croyances erronées sur le genre auquel appartient l'objet naturel qui est soumis à l'appréciation conduisent à une appréciation « infondée », et engendrent une « privation esthétique » par laquelle est manquée « quelque chose douée d'une valeur esthétique » (p. 23). Dans sa réplique aux critiques que lui adresse Parsons dans « Freedom and Objectivity in the Aesthetic Appreciation of Nature », Budd écrit que « même si la valeur esthétique d'une

Sans nier toute pertinence à ces propositions, il faut aussi reconnaître qu'elles posent un certain nombre de problèmes. Malcolm Budd exagère, me semble-t-il, la liberté de l'appréciation esthétique de la nature parce qu'il néglige les contraintes qui pèsent sur la façon dont nous appréhendons les objets naturels. Dès lors que nous mettons un objet naturel au centre de notre attention esthétique, nous excluons par là même d'autres manières de l'appréhender. Il ne revient pas au même par exemple d'observer au télescope, au microscope ou à l'œil nu des truites remontant le cours des torrents : en l'occurrence, il y a clairement des niveaux d'observation qui sont préférables à d'autres. Il n'est pas non plus indifférent d'admirer une falaise derrière le hublot d'un avion planant à dix kilomètres de hauteur, ou bien depuis un *mobil home* par un soir sans lune : ici encore, il y a clairement des conditions d'observation qui sont préférables à d'autres. Par ailleurs, est-il vrai que nous soyons libres de faire usage de nos sens comme nous le voulons dans l'appréciation d'une montagne ? Glenn Parsons note à ce sujet que « l'odorat, le toucher et le goût exigent une étroite proximité avec l'objet perçu, et les montagnes ne sont pas d'ordinaire de ces choses que nous pouvons sentir ou goûter ; dans le meilleur des cas, seule une petite partie de la montagne peut être sentie ou goûtée »[1].

Selon John Fisher, la façon dont nous appréhendons la nature est en partie arbitraire :

> On peut toujours choisir, bien entendu, les modalités selon lesquelles une chose sera appréhendée, mais je ne vois pas

---

gazelle est indéterminée, ainsi que je le soutiens, je considère ses bonds comme étant "objectivement" des plus gracieux », art. cit., p. 268. Dans la préface de son livre, l'on peut lire également que « la thèse qu'[il] défen[d] (…) [reconnaît] que les jugements esthétiques peuvent être tout à fait vrais » (p. x).

1. G. Parsons, art. cit., p. 31.

comment elles pourraient n'être pas arbitraires, même si elles sont naturelles à certains égards [1].

Par contraste, une fois de plus, avec l'appréciation de la musique, l'appréciation des bruits naturels souffre, selon John Fisher, de n'être pas soumise à des règles conventionnelles déterminant et guidant l'appréciation appropriée. Font ici défaut, selon lui, non seulement les intentions d'un artiste guidant l'appréciation esthétique, mais encore l'ensemble des conventions sociales qui nous indiquent d'ordinaire comment il convient d'appréhender une œuvre musicale :

> Le seul moyen de hisser ma manière d'appréhender les bruits entendus dans la nature au niveau requis pour lui reconnaître le statut de jugement objectif est de dire qu'il existe des règles conventionnelles, et non pas seulement une typologie des réactions individuelles. (...) Mais cette dernière proposition, s'agissant de la façon dont nous écoutons les bruits de la nature dans notre société, ne semble guère crédible [2].

Il n'existe pas de critique des bruits de la nature comme il existe une critique musicale [3]. Selon John Fisher, chacun est libre de décider pour son propre compte de *ce qu'*il convient d'écouter dans la nature, de la *durée* pendant laquelle il convient de le faire, et de la *façon* dont il convient de le faire. Les exemples suivants illustrent cette subjectivité des modalités d'appréhension :

1. J. A. Fisher, « What the Hills Are Alive With », art. cit., p. 173.
2. *Ibid.*, p. 174.
3. Je ne suis pas convaincu que, par contraste avec l'appréciation des œuvres d'art, l'appréciation de la nature se caractérise par un manque de règles conventionnelles. Nombreux sont ceux qui visitent des espaces naturels sous la direction de naturalistes ou de guides de différentes formations, et la plupart d'entre eux admettraient volontiers que cette manière de procéder améliore l'appréciation esthétique.

Imaginez que vous preniez un bain chaud dans une source thermale quelque part dans le désert de l'Arizona, en tendant l'oreille aux divers bruits de la nature. N'entendrez-vous que le pépiement des pouillots de Bonelli et le friselis des feuilles des arbres fruitiers et des palmiers qu'agite le vent, ou bien entendrez-vous aussi (ou devriez-vous aussi entendre) le bruit des jets à propulsion d'air et d'eau de la piscine qui sifflent agréablement ? Tiendrez-vous compte ou ferez-vous abstraction du froufroutement du ventilateur situé sur le toit de l'institut thermal qui refoule l'air chaud, et du bruit des avions qui traversent le ciel de temps à autre ? Face aux chutes du Niagara, ferez-vous l'effort de tendre l'oreille pour entendre le chant des oiseaux de la forêt que couvre le rugissement constant de l'eau ? Dans la campagne de Toscane, vous sera-t-il possible de ne pas entendre le bruit strident des moustiques ? Au pied du lac du Minnesota, n'aurez-vous d'yeux que pour le huart à collier ou saurez-vous vous montrer aussi attentif à tous les bruits alentour qui vous parviennent en même temps que le cri des écureuils et le bourdonnement des mouches ? (…) La nature n'impose aucune modalité d'appréhension des divers bruits que l'on peut y entendre comme étant *intrinsèquement* correcte à la façon dont un compositeur de musique le fait. (…) Il existe une grande multiplicité de structures et de relations que nous pourrions entendre, qui semblent toutes également légitimes. [1]

John Fisher et Malcolm Budd ont brillamment défendu la thèse du pluralisme des modalités d'appréhension, et donc de la diversité des réactions esthétiques aux bruits de l'environnement et à la beauté naturelle en général. Le sujet de l'appréciation esthétique dispose indéniablement d'une grande liberté (et, à bien des égards, d'une liberté plus grande que lui laissent les œuvres d'art) dans l'appréhension des

---

1. J. A. Fisher, « What the Hills Are Alive With », art. cit., p. 173, p. 176. Le soulignement est dans le texte original.

bruits de la nature et des autres objets esthétiques qui peuvent s'y trouver, et cette liberté entraîne à son tour une grande multiplicité d'actes d'appréciation et de jugements. Aussi ces auteurs ont-ils raison, me semble-t-il, de souligner qu'il n'existe pas une manière correcte, et une seule, d'appréhender et d'apprécier esthétiquement la nature.

Mais la thèse de la pluralité des réactions esthétiques appropriées à l'environnement n'entre-telle pas en conflit avec l'objectif que nous nous sommes fixés de justifier le protectionnisme esthétique ? Pourquoi faudrait-il que la liberté esthétique consistant à mettre au centre de son attention tel huart à collier (ou une quarantaine d'animaux de cette espèce), ou à tendre l'oreille au bruit du vent dans les arbres (avec ou sans l'accompagnement du pépiement des pouillots de Bonelli), ait une quelconque incidence en matière de politique environnementale ? Que j'observe la montagne à travers un banc de brouillard au lever du soleil ou au milieu de l'après-midi sous un ciel dégagé ; que je concentre mon attention sur l'odeur qu'exhalent les épicéas après la pluie, ou que je goûte la saveur douce et sucrée des myrtilles qui poussent à flanc de montagne – ces divers choix ne semblent pas affecter le protectionnisme esthétique. S'il est vrai que les diverses modalités recevables selon lesquelles la nature peut être appréciée sont toutes également positives sur le plan esthétique, et s'il est vrai que les objets esthétiques de cette appréciation sont tous d'une plus grande valeur que ceux que l'on pourrait leur substituer à la suite d'une dégradation de l'environnement, alors il faut en conclure que le pluralisme ne compromet nullement le protectionnisme esthétique – d'autant plus que le fait de reconnaître l'existence d'une multiplicité de modalités recevables d'appréhension et d'appréciation de la nature n'empêche en rien de juger qu'il existe aussi une multiplicité de modalités inappropriées (ainsi que John Fisher et Malcolm Budd nous donnent des raisons de le penser).

Certaines formes de pluralisme en esthétique environnementale ne sont toutefois pas sans poser de sérieux problèmes dans la perspective d'un protectionnisme esthétique. Examinons la thèse de la relativité des modalités d'appréhension : jusqu'à quel point le choix de la modalité d'appréhension est-il censé pouvoir être effectué librement ? Par exemple, au cours du processus d'appréciation esthétique de la nature, la liberté d'appréhension peut-elle aussi concerner la prise en compte des bruits que produit l'homme (ou de tout autre effet) du seul fait d'être présent dans un environnement ? Les intrusions humaines doivent-elles être incluses dans l'appréciation de l'environnement ou faut-il faire abstraction de ces dernières ? Si aucune modalité d'appréhension n'apparaît préférable à une autre sur ce point précis, alors cela ne signifie-t-il pas que les jugements ordinaires des environnementalistes sur la beauté de la nature ne fournissent aucune indication en matière de politique environnementale ? Comment dès lors articuler l'appréciation esthétique de la nature au protectionnisme esthétique ?

Ouvrons le journal à la page « Environnement », et voyons quelles sont les questions à l'ordre du jour : « Doit-on autoriser le survol en avion du Grand Canyon ? » ; « Doit-on autoriser les hélicoptères à transporter les randonneurs vers des régions éloignées du parc national de Denali en Alaska ? » ; « Doit-on autoriser l'usage de scooter des neiges dans le parc de Yellowstone en hiver, et dans quelle mesure ce mode de déplacement est-il compatible avec le ski de fond ? » ; « Doit-on autoriser la construction d'un circuit automobile non loin d'une réserve de cyprès chauves ? » ; etc. Les environnementalistes s'empresseront de faire valoir que, dans chacun de ces cas, les bruits des machines troublent la tranquillité naturelle et amoindrissent substantiellement la valeur esthétique locale, et que, pour cette raison, ils doivent être proscrits de ces lieux. Mais, leur répondront leurs adversaires, l'appréhension des bruits de la nature étant par définition arbitraire, il suffit de ne pas prendre en compte ces bruits inopportuns dans l'expérience de la nature. Ainsi le promoteur du circuit automobile aura beau jeu de conseiller à ceux qui apprécient le hululement de la chouette dans les marais avoisinants d'ignorer le vrombissement des moteurs. De la même manière, les skieurs du parc de Yellowstone seront priés de faire abstraction de la puanteur et du ronronnement des scooters des neiges, et les randonneurs des parcs nationaux du bruit des avions qui traversent le ciel. Argument admirable puisqu'il peut permettre de « neutraliser » à peu près n'importe quel type d'intrusion humaine dans la nature. La vue des villas de luxe qui surplombent le paysage vous gêne-t-elle au cours de vos randonnées ? Le promoteur immobilier à l'origine de ces constructions vous fera remarquer qu'il ne tient qu'à vous d'en faire abstraction. Et s'il est vrai qu'aucune modalité d'appréhension n'est préférable à une autre, pourquoi ne feriez-vous pas cet effort ?

On pourrait rétorquer qu'il ne nous est tout simplement pas possible de ne tenir pour rien ces intrusions humaines, en tout cas pas sans un certain entraînement psychologique. Mais le vrai problème n'est pas que nous ne *puissions* pas le faire, le problème est que nous ne *devons* pas le faire, en tout cas pas dans l'appréciation générale que nous faisons de la valeur esthétique de ces environnements. Cette dernière doit inclure les bruits, les odeurs et les perspectives. Une réaction et une appréciation esthétiques qui supprimeraient ces propriétés sensorielles seraient appauvries sur le plan esthétique. Pour reprendre les distinctions avancées précédemment, une telle réaction serait superficielle, inattentive, biaisée et/ou altérée.

Dans tous les cas que nous avons mentionnés, il convient (et il est naturel) d'inclure – et même de mettre au centre de l'attention – les intrusions sensorielles causées par la présence humaine dans le processus d'appréciation de la valeur esthétique d'ensemble de ces environnements. Les ignorer reviendrait à se tenir dans la vallée de la rivière Snake dans le Wyoming et refuser de regarder vers l'ouest. Chacun accordera que cette manière d'apprécier le parc naturel de Grand Teton n'est pas recevable. Les jugements esthétiques sur les environnements faisant abstraction des intrusions humaines se rendent coupables de distorsions analogues. Le promoteur immobilier qui voudrait faire bâtir un gratte-ciel au beau milieu de la vallée de la rivière Snake, en assurant qu'un tel projet ne gâcherait nullement le paysage au motif qu'il suffirait de ne lui prêter aucune attention, se ferait une idée complètement erronée de la liberté dont chacun dispose pour effectuer des choix entre les diverses modalités d'appréhension de l'environnement. La conception que John Fisher et Malcolm Budd se donnent de la liberté d'appréhension et de la subjectivité de l'appréciation esthétique conforte-t-elle cette argumentation anti-environnementaliste ? J'espère que tel n'est pas le cas.

Comment justifier l'idée (qui paraît de prime abord plutôt vraisemblable) selon laquelle de tels choix dans les modalités d'appréhension ne sont pas légitimes ? On pourrait ici invoquer l'idée qu'il existe des modalités naturelles d'appréhension, des manières naturelles de mettre en saillie certains éléments de l'environnement plutôt que d'autres. C'est ce que fait Noël Carroll en vue d'expliquer de quelle façon le fait d'être « affecté par la nature » (en entendant par là une réaction esthético-émotionnelle à la nature) peut résoudre le problème de l'attention esthétique :

> Certaines étendues naturelles disposent d'un cadre naturel,
> ou de ce que je préférerais appeler une clôture naturelle :
> les grottes, les bosquets, les cavernes, les clairières, les
> tonnelles, les vallées, etc. D'autres, auxquelles manque tout
> cadre naturel, comportent des caractéristiques qui font
> naturellement saillie pour un organisme humain, c'est-à-dire
> qu'elles comportent des caractéristiques telles que de l'eau
> qui coule, un éclairage vif, etc., qui attirent instinctivement
> notre attention [1].

Le vrombissement assourdissant des moteurs ou le caractère
imposant d'un gratte-ciel planté au beau milieu d'une vallée
et encombrant la perspective attirera naturellement notre
attention esthétique, et il y aurait quelque chose d'artificiel à
soumettre ces environnements à appréciation en faisant comme
si ces intrusions humaines ne comptaient pas, ou en décidant
de les laisser en dehors de notre appréciation esthétique
d'ensemble. Celui qui nous conseillerait de ne leur prêter
aucune attention serait un peu dans la même situation que
celui qui, assistant avec nous à un concert de musique classique,
nous glisserait à l'oreille de ne pas tenir compte de l'odeur
d'œuf pourri de la salle, ou du bruit des tirs de mitraillette
que l'on entend à l'extérieur, pour n'écouter que la musique.

L'idée selon laquelle il existerait des modalités naturelles
d'appréhension, et des manières naturelles de mettre en saillie
certains éléments de l'environnement plutôt que d'autres,
permet également de répondre à Stan Godlovitch, lequel a
fait remarquer que nous n'avions aucune raison d'accorder
un quelconque privilège à l'échelle de perception humaine

---

1. N. Carroll, « Etre affecté par la nature : entre la religion et l'histoire
naturelle », dans ce volume p. 142. Selon Carroll, ce type d'appréhension ne
suppose pas de mobiliser le type de culture scientifique en l'absence duquel
l'attention esthétique ne pourrait pas pourrait pas se fixer, contrairement à ce
que prétend Carlson.

dans le processus d'appréciation de la nature[1]. Selon cet auteur, les réactions esthétiques humaines à la nature sont ordinairement marquées au coin d'une sorte d'« anthropocentrisme sensoriel » (*sensorily parochial*), en ce qu'elles dépendent de la portée spatio-temporelle contingente de nos propres capacités sensorielles. Si notre appareil sensoriel n'avait pas été ce qu'il est, nous aurions pu apprécier esthétiquement bien plus de choses dans la nature (et peut-être même la nature tout entière) qu'elles soient petites ou grandes, et nous aurions pu nous rendre sensibles à bien plus de processus naturels, qu'ils soient lents ou rapides. C'est pourquoi, poursuit-il, il n'est pas plus choquant sur le plan esthétique de briser les blocs de glace que charrie une rivière que de détruire à coup de bulldozer quelques-unes des formations géomorphologiques les plus célèbres de Monument Valley en Arizona. En effet, la glace fond au printemps et se reforme l'hiver suivant, de la même manière que ces buttes de grès s'effriteront et se reconstitueront :

> Si nous étions des géants, il ne serait pas plus choquant sur le plan esthétique d'écraser du pied une montagne de grès (…) que de piétiner un château de sable. Si nos vies se mesuraient en secondes, briser des blocs de glace nous paraîtrait constituer un gâchis aussi lamentable que de se servir du parc national de Bryce Canyon comme d'une décharge à ciel ouvert pour nos déchets[2].

Cette façon de voir pose toutes sortes de problèmes dans la perspective du protectionnisme esthétique. Si l'esthétique environnementale doit être d'un quelconque secours en matière de politique de l'environnement, ce n'est qu'à la condition

---

1. S. Godlovitch, « Les briseurs de glace : l'environnementalisme et l'esthétique naturelle », dans ce volume p. 169-192.
2. S. Godlovicth, « Les briseurs de glace : l'environnementalisme et l'esthétique naturelle », dans ce volume p. 172.

de pouvoir nous aider à identifier les environnements ou les objets naturels qui revêtent une plus ou moins grande valeur esthétique. Il n'est certainement pas satisfaisant, du point de vue d'une politique de la protection de l'environnement, de dire qu'il revient au même de détruire des blocs de glace dans une rivière et de détruire des buttes de grès de plusieurs milliers de mètres de hauteur, dans la mesure où ces choses naturelles ont une valeur esthétique égale. Il faut noter, en passant, que la thèse de la beauté égale de toute chose (selon laquelle tout dans la nature est également beau) – bien qu'elle soit défendue dans le cadre de l'esthétique objective – pose elle aussi des problèmes dans la perspective du protectionnisme esthétique. Le fait qu'une esthétique environnementale soit objective ne garantit pas son utilité en matière de politique environnementale ou de protectionnisme esthétique.

Stan Goldlovitch a certes raison de souligner que nos expériences et nos jugements esthétiques dépendent de l'échelle de perception qui est la nôtre (de la même manière que Malcolm Budd et John Fisher ont raison de dire que les propriétés esthétiques que nous expérimentons et que les jugements esthétiques que nous formons en prenant appui sur elles dépendent de la façon dont nous appréhendons la nature). Comme le note justement Hepburn, « la montagne dont nous admirons la majesté et la fermeté est, considérée selon une autre échelle de temps, tout aussi fluctuante que le sont les ondulations du lac situé en contrebas »[1]. Mais, pour pertinentes que soient ces remarques, elles ne devraient nous conduire à la conclusion que les qualités esthétiques (dépendantes de l'échelle de perception humaine) que nous apprécions dans

---

1. R. Hepburn, « Trivial and Serious in Aesthetic Appreciation of Nature », art. cit., p. 77. Par opposition à la thèse que je défends ici, Hepburn refuse de privilégier une perspective par rapport à une autre.

la montagne ne sont pas susceptibles d'être l'objet d'une appréciation appropriée. Les coupes à blanc constituent un exemple paradigmatique d'une valeur environnementale négative ; pourtant, considérées selon une échelle de temps plus longue, elles ne sont rien d'autre que des vides provisoires dans une parcelle que remplira bientôt le processus en cours, hautement stimulant sur le plan esthétique, de régénération naturelle de la forêt. Mais les coupes à blanc que pratique l'industrie forestière sont-elles moins laides au motif que nous devrions les considérer dans la perspective des deux cents prochaines années au cours desquelles elles seront appelées à disparaître ?

Pour répondre à Stan Godlovitch, je dirai que, l'échelle de perception spatio-temporelle des êtres humains étant ce qu'elle est, et compte tenu également du genre d'êtres que nous sommes, il ne nous est pas toujours loisible de décider arbitrairement de la façon dont nous appréhendons le monde, et que certaines échelles de perception sont plus ou moins naturelles et appropriées que d'autres. Le fait que certaines qualités esthétiques aient tendance à s'évanouir, et que certains jugements esthétiques puissent être fragilisés dès lors que l'on considère les choses dans une autre perspective, ne signifie pas que ces qualités n'existent pas ni que ces jugements soient inappropriés dans la perspective qui est la nôtre. Nous ne devrions pas davantage en conclure que toutes les perspectives sont également appropriées. Certaine modalités d'appréhension de l'environnement sont factices, artificielles ou aveugles. Compte tenu du genre d'êtres que nous sommes et compte tenu des buts légitimes de l'appréciation esthétique, certains choix de perspective, d'échelle et d'appréhension – en y incluant le « n'importe quelle échelle » de Stan Godlovicth, et la demande adressée par les anti-environnementalistes de ne pas tenir compte des intrusions humaines en nous efforçant d'apprécier la nature selon d'autres échelles de perception que celles qui s'imposent – ne sont pas recevables.

Une fois écartées les objections que pourrait susciter à l'encontre du protectionnisme esthétique le relativisme esthétique reposant sur la thèse de la subjectivité des modalités d'appréhension, il reste à examiner celles qui s'inspirent de la thèse de la relativité de nos appréciations ou de nos jugements de la valeur esthétique. Pour présenter cette nouvelle série d'objections, reprenons les exemples précédemment cités. Sans doute, dira-t-on, est-il inapproprié de ne tenir aucun compte, dans notre appréciation esthétique de la nature, du ronronnement du scooter de neige, du vrombissement de l'hélicoptère et de la forme imposante du gratte-ciel surgissant dans la vallée du parc de Grand Teton. Mais les amateurs de véhicules motorisés se déclareront, pour leur part, très sensibles à la musique toute particulière des moteurs, et les promoteurs immobiliers à la beauté saisissante d'un gratte-ciel se détachant sur le fond des montagnes de Grand Teton. Les uns et les autres ne manqueront pas de souligner que les sentiments des environnementalistes au sujet de la valeur esthétique négative de ces fruits du génie humain ne constituent qu'une réaction esthétique parmi d'autres possibles, et que cette réaction n'est ni plus ni moins appropriée que ne l'est celle de ceux qui prisent ce type d'effets esthétiques.

Pour démontrer que cet exemple n'a rien d'imaginaire, lisons ce que déclarait naguère un activiste, partisan du « bon usage » de la nature :

> Elever le « silence naturel » au rang de ressource naturelle est ridicule. Il est certains bruits, présents dans le domaine public, qui s'offrent à être appréciés sur le plan esthétique, et qui demandent à être reconnus comme constituant une partie positive de l'expérience. A titre personnel par exemple, j'aime entendre le bruit d'une tronçonneuse. L'entendre à

distance tandis que je chemine dans un sentier me réchauffe le cœur[1].

John Fisher reconnaît qu'il lui arrive de tenir pour légitime cette thèse relativiste concernant la valeur esthétique des bruits de la nature :

> Il se peut que je trouve extrêmement harmonieux le frou-frou d'une volée de colombes, et que j'y perçoive l'expression d'un calme apaisant. Mais il se peut qu'un ami n'entende là qu'un tintamarre particulièrement désagréable[2].

[1]. Cité par T. Wilkinson dans « Who Really Belongs to Their "Silent Majority"? », *Bozeman Daily Chronicle*, 5 octobre 2002, p. A4.

[2]. J. A. Fisher, « What the Hills Are Alive With », art. cit., p. 171. Le relativisme de Fisher s'atteste encore dans la mention favorable qu'il fait de la phrase de John Cage selon laquelle « il n'y a rien de plus rageur que le clignotement d'une lumière ou le bruit du tonnerre. Ces réactions à la nature sont les miennes et ne correspondront pas nécessairement à celles de quelqu'un d'autre » (p. 178, note 24). Notez toutefois que Fisher n'est pas un relativiste orthodoxe. Comme il a été indiqué précédemment, dans « The Value of Natural Sounds », art. cit., il accepte et tente de justifier l'idée communément reçue selon laquelle les bruits naturels revêtent généralement une plus grande valeur esthétique que les bruits (non musicaux) d'origine anthropique. Le fait qu'il tienne pour valide le critère exigeant de se laisser guider par l'objet témoigne encore des distances qu'il prend avec le relativisme. Il semble que, à ses yeux, une écoute des bruits de la nature qui ne serait pas guidée par l'objet soit inappropriée. (En revanche, on ne voit pas bien quelles sont les modalités d'écoute des bruits de la nature qui se voient par là même exclues.) Il tient encore pour valide la contrainte exigeant que la nature soit écoutée selon d'autres modalités que celles selon lesquelles la musique l'est, car une intention artistique a présidé à la composition de la musique, ce qui, selon lui, devrait modifier du tout au tout notre écoute (p. 176). Il fait également remarquer que, bien que les objets esthétiques (que ce soit les objets de la nature ou ceux de l'art) ne puissent pas déterminer, en tant que tels, les jugements que l'on forme à leur sujet, « cela ne signifie pas que tous les jugements critiques ou toutes les interprétations sont recevables » (p. 172). En conclusion, il écrit que, bien que « peu de contraintes pèsent sur l'appréciation des bruits entendus dans la nature », cet état de fait ne rend pas « impossible toute critique sérieuse et tout discours esthétique responsable » à leur sujet (p. 177). On aurait aimé

Il attire également l'attention sur le fait qu'il se pourrait qu'il y ait des différences dans la façon de réagir plus ou moins favorablement aux bruits des animaux entre ceux qui vivent dans des centres urbains et ceux qui ne le font pas [1]. John Walter fournit un bon exemple de la relativité du jugement de la valeur esthétique de la nature dans son fameux article intitulé « Vous allez adorer les Rocheuses ! », où il évoque la « déception » éprouvée par un touriste britannique au spectacle des montagnes Rocheuses du Colorado [2].

Je ne conteste pas la possibilité d'une *certaine* relativité (et j'irai même jusqu'à accorder qu'elle peut être importante) dans les jugements sur la valeur esthétique de la nature. Les différences de contextes, de circonstances et de perspectives peuvent motiver, et peut-être même justifier, des jugements conflictuels concernant les propriétés et la valeur esthétiques. Il se peut que le Grand Teton apparaisse chétif plutôt que majestueux au regard de celui qui a grandi dans l'Himalaya, ou même comique pour qui comprend la signification du mot « téton » en français. Il se peut que le bruit d'un scooter des neiges à proximité paraisse apaisant (plutôt qu'exaspérant) pour celui qui est allongé sur la neige en état d'hypothermie et qui attend les secours, ou pour celui qui est propriétaire d'un magasin de location de scooters des neiges et sur l'activité commerciale duquel plane la menace d'un projet de loi visant à interdire l'usage de ces engins dans les parcs nationaux.

---

qu'il précise comment le relativisme résiduel de la théorie qu'il défend ne compromet pas la possibilité d'une critique esthétique, et qu'il indique également dans quelle mesure sa théorie est compatible avec le protectionnisme esthétique.

1. J. A. Fisher, « What the Hills Are Alive With », art. cit., p. 178, note 24.

2. J. A. Walter, « You'll love the Rockies », *Landscape*, 1983, n°17, p. 43-47.

Les coupes à blanc ne paraissent certainement pas si laides aux yeux des chasseurs de cerfs qui attendent que ces derniers viennent s'y repaître de la nouvelle végétation, ou pour les forestiers chargés d'abattre les arbres.

Le mieux en cette affaire, me semble-t-il, est d'admettre l'existence d'une certaine pluralité dans les évaluations esthétiques environnementales, lesquelles peuvent à l'occasion entrer en conflit les unes avec les autres. Toutefois, il me semble qu'il convient de résister à la thèse typiquement relativiste selon laquelle « tout se vaut » en matière de réactions esthétiques, et chercher bien plutôt à mettre au jour des critères permettant de discriminer entre des réactions plus ou moins préférables. Par exemple, on accordera qu'entre deux types de réaction que peut susciter la visite du parc de Grand Teton – l'une consistant à considérer le spectacle qu'offrent les montagnes en souriant à la pensée qu'elles ressemblent effectivement à des seins, et l'autre consistant à admirer la hauteur à laquelle elles culminent en imaginant l'énorme force de surrection requise pour les créer –, la seconde est assurément préférable à la première, quand bien même la première ne serait pas nécessairement « incorrecte », « erronée » ou « inappropriée »[1]. Certaines réactions esthétiques à la nature sont recevables, d'autres non. Le jugement négatif sur la valeur esthétique des marais, qui ne veut y voir que terrains en friches infestés de cafards, est l'exemple caricatural d'une réaction esthétique marquée au coin par l'ignorance. Pour peu que l'on soit un tant soit peu informé de l'écologie des marais, de l'intérêt hydrologique

---

1. Il se peut qu'un tel jugement puisse être justifié si l'on songe à l'exigence que Budd fait valoir d'apprécier la nature en tant que telle, ou à celle dont se réclame Yuriko Saito, selon laquelle il convient d'apprécier pour elle-même en la laissant « parler pour elle-même ». Voir Y. Saito, « Appreciating Nature on Its Own Terms », *Environmental Ethics*, 1998, n°20, p. 135-149.

des terres humides, du rôle qu'ils assurent dans la régulation des écoulements fluviaux, et du fait que les eaux – loin d'être croupies – y sont continûment en mouvement, alors le jugement esthétique rendu sur ces lieux sera tout autre. Les promoteurs qui tirent argument de cette représentation largement défavorable des marais pour justifier l'implantation d'un circuit automobile à proximité d'une réserve de cyprès chauves ne méritent donc pas d'être écoutés, puisque leur évaluation est fondée sur une compréhension erronée.

LES MODÈLES OBJECTIVISTES
ET LE PROTECTIONNISME ESTHÉTIQUE

A présent qu'ont été examinées les objections des relativistes à l'encontre de la thèse de l'objectivité des réactions esthétiques à la nature, je me propose de me tourner dans cette section vers les arguments avancés par certains théoriciens en vue de justifier le bien fondé de l'esthétique objective, et de montrer quels types de ressources leurs arguments offrent à la cause du protectionnisme esthétique.

Parmi les divers arguments qui ont été avancés, les trois plus importants ont trait 1) à des facteurs cognitifs, 2) à l'objectivité des réactions émotionnelles à la nature, et 3) au caractère désintéressé des réponses esthétiques. De tels arguments peuvent se trouver sous la plume d'un cognitiviste comme Allen Carlson, pour lequel l'appréciation appropriée de la nature est fondée sur la compréhension de l'histoire naturelle, mais aussi sous la plume d'un théoricien comme Noël Carroll, pour lequel les réactions émotionnelles jouent un rôle primordial dans l'appréciation de la nature, ou encore sous la plume d'Emily Brady, pour laquelle l'appréciation de la nature repose essentiellement sur l'imagination, et non pas sur la connaissance.

Les facteurs cognitifs, tels que les informations pouvant être réunies sur les objets de l'attention esthétique et le savoir permettant une juste catégorisation, constituent la ressource la plus évidente pour réduire la pluralité des réactions esthétiques face à la nature, et peuvent aider à effectuer une discrimination entre celles qui sont plus ou moins préférables. L'esthétique environnementale cognitive d'Allen Carlson, laquelle puise dans la science les éléments d'information sur lesquels elle repose, fournit des ressources importantes pour fonder une esthétique objective, et les vues générales qui y sont développées s'annoncent comme étant des plus prometteuses dans la perspective du protectionnisme esthétique. L'esthétique positive d'Allen Carlson concernant la nature sauvage (*pristine nature*) – selon laquelle « chaque chose naturelle, qu'elle soit considérée au niveau d'appréciation qui lui est propre ou à d'autres niveaux et dans d'autres conditions d'observation, possède une valeur esthétique positive *substantielle* et est presque entièrement dépourvue de valeur esthétique négative » [1] – fournit de solides fondements au protectionnisme esthétique, si du moins nous repoussons la thèse analogue qui pourrait être avancée au sujet de la valeur esthétique positive des environnements anthropiques (comme sans doute nous devons le faire). L'interprétation fonctionnaliste de l'esthétique des environnements anthropiques que développe Allen Carlson suggère que les environnements anthropiques non-durables doivent pour cette raison même

---

1. A. Carlson, « Hargrove, Positive Aesthetics, and Indifferent Creativity », *Philosophy and Geography*, 2002, n°5, p. 233, note 27 (le soulignement a été ajouté).

se voir reconnaître une valeur esthétique négative [1]. Or la fonctionnalité d'un environnement anthropique pouvant dans une large mesure être appréciée objectivement, il s'ensuit que leur appréciation esthétique comporte elle aussi une dimension d'objectivité, pour la reconnaissance de laquelle toutefois la connaissance des sciences naturelles n'est d'aucune utilité [2].

Mais les facteurs cognitifs sont-ils réellement d'un quelconque secours pour fonder en objectivité les réactions esthétiques ? John Fisher, parmi d'autres, semble en douter. Ainsi, quelle contrainte significative, demande-t-il, la connaissance que nous pouvons avoir des bruits entendus dans la nature peut-elle exercer sur notre écoute ? S'il est vrai, comme le suggère Allen Carlson, que « la connaissance de la nature d'un environnement particulier emporte avec elle la détermination des limites appropriées de l'appréciation, l'indication du point focal d'importance esthétique, et la direction des actes d'observation pertinents devant être accomplis pour chaque type d'environnement » [3], alors il s'ensuit assurément que « la connaissance ne manquera pas d'affecter la façon dont nous ferons l'expérience de tel ou tel environnement, en mettant en évidence certaines caractéristiques qui, sans cela, auraient pu nous échapper », mais il est douteux qu'« elle puisse déterminer à elle toute seule la façon dont nous allons appréhender cet environnement, en distinguant

---

1. Selon Carlson, les environnements anthropiques sont par essence déterminés par ce que les êtres humains ont projeté d'y faire, raison pour laquelle la connaissance de leur fonction joue un rôle capital dans l'appréciation esthétique. Voir *Aesthetics and the Environment, op. cit.*, p. 134-135.

2. On trouvera un développement des idées contenues dans ce passage dans mon article « Allen Carlson's Environmental Aesthetics and the Protection of the Environment », *Environmental Ethics*, 2005, n°27, p. 57-76.

3. Cité par J. A. Fisher, « What the Hills Are Alive With », art. cit., p. 179, note 32.

entre ce qui est important et ce qui ne l'est pas »[1]. Dans le même sens, Malcolm Budd note pour sa part que « les catégories de la nature ne parviennent pas à déterminer les propriétés esthétiques réelles des entités naturelles comme le font les catégories de l'art pour les œuvres d'art »[2].

Il me semble que, dans bien des cas, la connaissance de l'environnement, en y incluant la connaissance du genre auquel appartiennent les entités naturelles soumises à notre appréciation et la connaissance de l'environnement de manière plus générale (jusques et y compris de la dégradation qu'il a pu subir au cours des siècles), influence réellement et ne devrait jamais manquer d'influencer l'appréhension appropriée de l'environnement, et les jugements appropriés que nous rendons à son sujet. Représentez-vous la scène suivante : imaginez que, tandis que nous nous baladons en kayak quelque part dans les marais du Sud des Etats-Unis, nous ayons le choix entre prêter attention au bruit que fait un oiseau de la famille des picidés et celui que fait un alligator. La possibilité que le premier bruit puisse provenir d'un picidé d'une espèce aujourd'hui peut-être disparue, dont l'existence n'a pu être attestée depuis quarante ans, suggérera que nous accordions toute notre attention au pépiement de cet oiseau piqueur, plutôt qu'au mugissement de l'alligator. Dans ce cas, la façon dont il convient d'appréhender l'environnement et de répartir toute chose en fonction de leur degré d'importance, à défaut d'être à proprement parler « déterminée », comme le dit John Fisher, est à tout le moins hautement suggérée par ces quelques notions d'ornithologie. Ici la connaissance de l'environnement contribue à améliorer et à approfondir les réactions esthétiques, alors que l'absence de toute information aurait conduit à appauvrir l'expérience.

1. *Ibid.*
2. M. Budd, *The Aesthetic Appreciation of Nature, op. cit.*, p. 108.

La capacité à identifier, parmi les catégories à travers lesquelles il nous est loisible d'apprécier les objets naturels, celles qui sont correctes et celles qui ne le sont pas, peut parfois aider à distinguer les réactions esthétiques appropriées de celles qui ne le sont pas. On trouve chez Allen Carlson de nombreux exemples visant à montrer que, contrairement à ce que prétend Malcolm Budd, une juste catégorisation suffit à déterminer les propriétés esthétiques appropriées d'une entité naturelle : s'agit-il là d'une ravissante marmotte ou d'un gros rat particulièrement imposant ? est-ce là un cerf particulièrement disgracieux ou bien un orignal ayant atteint la maturité ? cette baleine est-elle un poisson démesurément obèse ou un mammifère de taille impressionnante ? Le choix des adjectifs esthétiques appropriés repose sur la capacité à placer chaque entité dans la catégorie générique dont elle relève[3]. Il en va de même avec ces objets dont on peine à dire s'ils ont été fabriqués de main d'homme ou s'ils sont naturels : s'agit-il là de la lune s'élevant au-dessus de la colline, ou d'un satellite importun en orbite autour de la terre ? la couleur verte des

---

3. Il arrive d'ailleurs à Malcolm Budd de fort bien énoncer cette idée : « Votre expérience de telle ou telle entité se modifie selon que vous la voyez 'comme' ceci ou 'comme' cela (…). Par conséquent, les qualités d'une entité disponibles dans le cadre d'une description donnée peuvent ne plus l'être dans le cadre d'une autre description », *ibid.*, p. 12. Je ne vois pas comment cette proposition peut être compatible avec celle (citée précédemment) selon laquelle les catégories de la nature ne déterminent pas les propriétés esthétiques des entités naturelles, à moins de supposer qu'il n'existe aucune catégorie correcte en fonction de laquelle les objets naturels devraient être expérimentés. Bien que l'auteur semble souvent accepter cette approche qui rend l'appréciation de la nature relative à la catégorie en fonction de laquelle elle s'effectue – « la rectitude des jugements esthétiques sur la nature, à la différence de ceux qui concernent les œuvres d'art, dépend de la catégorie dont relève la perception de tel ou tel objet naturel » (p. 123) –, il reconnaît également que toute erreur d'identification des objets esthétiques naturels peut conduire à des appréciations « infondées » et engendrer une « privation esthétique » (p. 23).

eaux de cette cascade est-elle une œuvre extraordinaire de la nature ou est-elle le produit révoltant des rejets chimiques d'une usine avoisinante ? Le fait de disposer de l'information adéquate et de pouvoir effectuer la juste catégorisation des phénomènes et des entités naturels affecte réellement la façon dont nous évaluons l'environnement sur le plan esthétique, et ne devrait jamais manquer de le faire [1].

Noël Carroll et Stan Godlovitch refusent l'un et l'autre d'admettre qu'une appréciation esthétique devient inappropriée au motif qu'elle repose sur une croyance erronée ou une information scientifique inexacte. Comme le dit Stan Godlovitch :

> Imaginons que votre appréciation d'un phénomène naturel repose sur ce qui, après coup, apparaîtra comme étant une théorie scientifique erronée. Que se passera-t-il alors ? Votre appréciation en sera-t-elle affectée de manière négative ? Cesserez-vous de vous émerveiller ? J'espère bien que non [2].

On trouve chez Noël Carroll un exemple intéressant de ce que peut être une réaction esthétique appropriée à un objet naturel au sujet duquel l'on nourrit des croyances erronées :

> Il se peut que nous soyons frappés par la grandeur d'une baleine bleue. Son envergure, sa puissance, la quantité considérable d'eau qu'elle déplace, etc., peuvent m'impressionner, tout en pensant qu'il s'agit d'un poisson. Ma réaction n'en est pas pour autant inappropriée [3].

---

1. John Fisher admet que le fait de savoir si un son est naturel ou d'origine anthropique peut à juste titre affecter la façon dont nous l'apprécions. Voir J. A. Fisher, « The Value of Natural Sounds », art. cit.

2. S. Godlovitch, « Les briseurs de glace. L'environnementalisme et l'esthétique naturelle », dans ce volume p. 179.

3. N. Carroll, « Etre affecté par la nature : entre la religion et l'histoire naturelle », dans ce volume p. 155.

Noël Carroll a raison de considérer que, dans ce cas, la réaction esthétique du spectateur est appropriée, mais j'estime que sa réaction ne demeure appropriée que parce que la croyance erronée qu'il nourrit au sujet de la baleine bleue est sans incidence sur sa réaction esthétique. Si la croyance erronée affectait d'une manière ou d'une autre sa réaction, alors je crois que nous jugerions (et que nous devrions juger) qu'elle est inappropriée, dans la mesure du moins où la croyance erronée et la réaction sont corrélées. Par conséquent, bien que les croyances erronées que l'on peut avoir au sujet des objets naturels ne disqualifient pas nécessairement la réaction esthétique qu'elles suscitent, de telles réactions sont fragilisées par les croyances erronées qui entrent en corrélation avec elles. Une fois de plus, il apparaît que la connaissance et la catégorisation adéquate des objets naturels peut resserrer le spectre des réactions esthétiques appropriées.

De manière plus générale, j'estime qu'une connaissance élémentaire de la dégradation multiforme de l'environnement devrait sous-tendre l'appréciation esthétique de la nature. A la question de savoir, par exemple, si l'oléoduc trans-Alaska augmente ou diminue la beauté du paysage, il importe, me semble-t-il, de chercher une réponse en s'informant de l'impact social et environnemental de l'addiction de nos sociétés au pétrole. A une époque où la domination de l'homme sur terre n'était pas encore aussi générale qu'elle l'est devenue par la suite, il se peut que le bruit d'une tronçonneuse ou de toutes autres machines résonnant au cœur des espaces de nature sauvage n'ait pas été perçu comme étant particulièrement insupportable. Mais on voit mal comment, de nos jours – du moins pour ceux qui, parmi nous, sont dûment informés de l'impact massif de la présence des êtres humains sur terre, et qui sont à même d'en apprécier les effets –, la réaction appropriée aux intrusions humaines dans la nature pourrait n'être pas négative. Une réaction esthétique positive à la vue des déchets qui bordent les routes, à la vue des eaux usées rejetées par les canalisations d'égout dans la nature, ou encore à la vue des poissons morts flottant le ventre à l'air dans les rivières, atteste de l'ignorance non seulement des préjudices et des maux subis par l'environnement, mais encore de la dégradation d'ensemble de la nature dont les êtres humains portent la responsabilité.

De telles conclusions ne peuvent être tirées que si l'on repousse une esthétique de type formaliste ou tout autre conception de l'expérience et du jugement esthétiques pour laquelle l'appréciation esthétique est un phénomène isolé, devant être considérée séparément des autres dimensions de la vie psychique et émotionnelle. Je refuse de reprendre à mon compte un tel apartheid esthétique : l'esthétique est partie intégrante de la vie, ce qui signifie qu'il n'est pas possible de séparer rigoureusement l'esthétique, l'éthique et la cognition [1].

(…) L'insistance avec laquelle Emily Brady fait valoir que l'appréciation esthétique est par essence désintéressée est peut-être ce qu'elle apporte de plus utile pour la cause du protectionnisme esthétique, parce qu'elle fournit par là même une raison permettant de critiquer les réactions esthétiques positives face aux effets de la dégradation de la nature. Selon elle, le désintérêt exige que nous perdions de vue nos propres intérêts et que nous cessions de jeter un regard instrumentalisant sur l'objet esthétique. Si, par exemple, nous réagissons favorablement à une pièce de théâtre au motif que nous espérons en tirer de substantiels revenus, cette réaction n'est

---

1. Pour une (modeste) défense de cette interprétation de l'esthétique et de l'éthique, et du soutien qu'elles peuvent apporter à la cause de la protection de l'environnement, voir mon article « Allen Carlson's Environmental Aesthetics and the Protection of the Environment », art. cit., notamment p. 71-76.

pas une réaction esthétique parce qu'elle n'est pas désintéressée. Les réactions positives aux effets de la dégradation de la nature, me semble-t-il, sont le plus souvent motivées par des intérêts égoïstes, et pour cette raison elles ne sont pas à proprement parler des réactions esthétiques. Il se peut que les coupes à blanc présentent quelque attrait pour les forestiers ou pour les agents de l'industrie forestière. Il se peut que le bruit des scooters des neiges circulant dans la nature sauvage charme les oreilles de ceux qui les commercialisent, ou de celui qui attend l'arrivée des secours. Mais de telles réactions sont à ce point imprégnées par des considérations relatives à l'intérêt personnel qu'elles ne peuvent prétendre être des réactions esthétiques (désintéressées). Il est probable que des considérations intéressées de ce genre et un rapport instrumental à la nature soient au fondement de la plupart des réactions esthétiques positives aux effets de la dégradation de la nature. Au regard du critère du caractère essentiellement désintéressé de la réaction esthétique que défend Emily Brady, de telles réactions ne sont pas à proprement parler des réactions esthétiques. Il se pourrait après tout que l'« esthétique du promoteur » qui préfère les grandes surfaces, les galeries commerciales et les autoroutes aux forêts, aux terres humides et aux paysages ruraux, ne soit pas du tout l'expression d'une quelconque « esthétique »[1].

1. La force de cet argument repose sur la capacité à montrer non seulement que l'« esthétique » anti-environnementale est en fait liée à toutes sortes de considérations égoïstes, mais aussi que, inversement, l'esthétique environnementale n'est pas sujette à ce vice. Je crois sincèrement que, la plupart du temps, cette analyse se vérifie. Alors que les milieux naturels que les défenseurs de la nature jugent les plus attrayants sont le plus souvent ceux qui se prêtent le mieux aux usages qu'ils veulent en faire (par exemple, la randonnée ou l'observation des oiseaux, qui constituent autant d'activités permettant d'apprécier la nature sur le plan esthétique telle qu'elle est en

Je souhaiterais conclure cet article en examinant quelques-unes des propositions avancées par Marcia Eaton sur la supériorité des approches cognitives en esthétique environnementale dans la perspective du protectionnisme esthétique. Marcia Eaton semble se donner une conception instrumentale de l'appréciation esthétique de la nature aux termes de laquelle une réaction esthétique à la nature n'est légitime que si elle a des implications positives dans la perspective de la protection de l'environnement :

> Les écologistes reconnaissent unanimement qu'en l'absence de changement de préférences esthétiques, les pratiques environnementales les mieux fondées ont peu de chance d'être adoptées par le plus grand nombre [1].

Et de poursuivre avec l'exemple suivant :

> Aussi longtemps que les gens réclameront des jardins spacieux, verdoyants et bien tondus, en toutes saisons et quels que puissent être la nature du sol et l'état des ressources en eau disponible, ils continueront d'utiliser des tondeuses à gazon polluantes fonctionnant à l'essence, et à épandre sur le sol le cocktail toxique composé de fertilisants, de pesticides et d'herbicides [2].

Marcia Eaton semble croire que ces pelouses bien vertes et bien coupées ne manqueraient pas de ne plus présenter le moindre attrait esthétique si les uns et les autres avaient connaissance des conséquences écologiques de leurs actes.

---

elle-même), il est remarquable que la réciproque est infiniment plus improbable dans le cas des usages auxquels les anti-environnementalistes soumettent la nature.

1. M. Eaton, « Professional Aesthetics and Environmental Reform », *Aesthetics online* : http://www.aesthetics-online.org/articles/index.php?articles_id=14,paragraphe 2

2. *Ibid.*

A en croire Marcia Eaton, il existe encore bien d'autres comportements environnementaux préjudiciables fondés sur des réactions esthétiques aveugles aux conséquences écologiques. Par exemple, dit-elle, c'est bien parce que la plupart des gens juge fort laid le spectacle de forêts calcinées que des mesures ont été prises en matière de protection de l'environnement pour empêcher que des feux se déclarent dans les forêts, ce qui a conduit à la marginalisation de la pratique des feux de forêts préventifs visant à mieux contenir d'éventuels incendies, en transformant du même coup nos forêts nationales en véritables bombes à retardement.

Marcia Eaton estime que si le but que nous visons en travaillant à une esthétique environnementale est de produire des environnements durables (objectif qu'elle se fixe clairement pour son compte), alors la théorie d'Allen Carlson s'impose comme étant la plus appropriée :

> Le philosophe Allen Carlson a proposé un modèle d'appréciation de la nature qui, de mon point de vue, est le meilleur présenté à ce jour en vue de produire, de protéger et de préserver des environnements qui soient à la fois beaux et en bonne santé [1].

Les réactions esthétiques positives à l'environnement conduisent à se soucier de ce dernier, mais si ces réactions ne sont pas guidées par une connaissance de l'environnement, alors, prévient Marcia Eaton, il se peut que le soin dont on l'entoure ne soit pas approprié. Le recours à l'imagination comme pierre angulaire d'une esthétique environnementale, conformément au modèle que propose Emily Brady, lui paraît critiquable dans la mesure où les effets sur la nature d'une telle esthétique environnementale pourraient bien se révéler

---

1. M. Eaton, « The Beauty That Requires Health », art. cit., p. 88.

désastreux, à moins que l'imagination et les représentations de la nature en imagination qui en résultent soient informées et guidées par la connaissance de l'environnement. Songez par exemple, dit-elle, au mal qu'a pu faire le dessin animé de Walt Disney *Bambi* en représentant les cerfs sous les traits de doux animaux innocents. En passant sous silence les dégâts écologiques que les cerfs peuvent occasionner, cette représentation imaginaire a considérablement compliqué la tâche des conservateurs de forêt qui ont dû redoubler d'efforts pour convaincre le grand public de la nécessité de réduire leur population. Les histoires que l'on raconte concernant les monstres des marais ne sont pas étrangères aux réactions esthétiques négatives que les marécages continuent d'inspirer, et portent par conséquent une part de la responsabilité de la politique d'assèchement des marais qui a longtemps sévi aux Etats-Unis.

> Les histoires et autres fictions peuvent ainsi peindre les choses en couleurs sentimentales, ou, inversement, elles peuvent les faire apparaître comme diaboliques – avec en prime à la fin de l'opération de sérieuses conséquences écologiques. Si notre objectif est de produire des environnements durables, alors il importe que la fiction soit au service des faits [1].

Comme elle le dit encore avec concision : « Les pratiques durables ne se développeront qu'en prenant appui sur la connaissance » [2]. C'est pourquoi, aux yeux de Marica Eaton, le modèle d'esthétique de l'environnement proposé par Allen Carlson – solidement fondé sur la connaissance scientifique – est exactement ce dont nous avons besoin, si tant est que

---

1. M. Eaton, « Fact and Fiction in the Aesthetics Appreciation of Nature », art. cit., p. 154.
    2. *Ibid.*

l'esthétique environnementale puisse être d'un quelconque secours dans la lutte pour la protection de l'environnement.

Sans nier le moins du monde les mérites du modèle d'Allen Carlson dans la perspective du protectionnisme esthétique, j'estime néanmoins que Marcia Eaton va trop vite en besogne en déclarant que nous devrions reprendre à notre compte sans réserves ce type d'esthétique. La proposition qu'elle avance selon laquelle la connaissance écologique sert toujours les objectifs environnementaux me paraît de ce point de vue très discutable. Nous avons montré précédemment qu'il était possible de défendre la thèse d'une appréciation objective de la nature justifiant la cause du protectionnisme esthétique non seulement en recourant au modèle d'Allen Carlson fondé sur la connaissance, mais aussi en recourant à celui élaboré par Noël Carroll, fondé sur les émotions, ou bien celui avancé par Emily Brady, fondé sur l'imagination. Marcia Eaton, dans son plaidoyer unilatéral en faveur du modèle cognitif fondé sur la connaissance de l'environnement, qu'elle considère être le seul à pouvoir déterminer une protection appropriée de la nature, ne prend pas assez en compte l'existence des modèles alternatifs d'esthétique environnementale et du soutien qu'ils apportent au protectionnisme esthétique.

Marcia Eaton ne semble pas non plus réaliser que l'approche cognitive en esthétique environnementale est une arme à double tranchant : les réactions esthétiques à la nature fondées sur une connaissance correcte de l'environnement peuvent aussi conduire à l'adoption de comportements préjudiciables à l'environnement. Il existe des croyances écologiques largement répandues qui, bien qu'erronées, se révèlent profitables à l'environnement. Nombreux sont ceux qui croient en l'existence d'un équilibre délicat de la nature et en une étroite intégration des systèmes naturels, et beaucoup pensent que la stabilité des écosystèmes repose sur la biodiversité.

Mais toutes ces idées ont été sérieusement remises en question par les avancées récentes de l'écologie, et leur pertinence a été, si ce n'est réfutée, du moins considérablement réduite [1]. Néanmoins, ces croyances scientifiques erronées semblent profiter à la protection de l'environnement et aux mesures prises en matière de politique environnementale. Si l'on croit que l'extinction d'une espèce conduira à une sorte d'effondrement écologique, alors il est probable que l'on mettra tout en œuvre pour s'efforcer de la préserver. Si l'on considère que la nature est un système dont le subtil équilibre peut aisément être perturbé du fait de l'intrusion des êtres humains, alors on peut s'attendre à ce que chacun veille, dans toute la mesure du possible, à ne pas interrompre des cycles naturels. Il se peut que les réactions esthétiques fondées sur une ignorance de l'écologie et sur des croyances erronées livrent des armes efficaces dans la lutte pour la protection de la nature ; inversement, il se peut que les réactions esthétiques fondées sur une connaissance de l'environnement soient d'un maigre secours dans la perspective du protectionnisme esthétique.

CONCLUSIONS

L'esthétique environnementale joue un rôle important dans la protection de l'environnement. Même si les objections soulevées par l'esthétique relativiste et l'esthétique subjectiviste parviennent à créer un réel embarras, elles n'invalident pas pour autant la légitimité de tout recours à l'esthétique environnementale pour justifier la protection de l'environnement.

1. Voir D. Worster, « The Ecology of Order and Chaos », *Environmental History Review*, 1990, n°18, p. 1-18. Voir aussi N. Hettinger, W. Throop, « Refocusing Ecocentrism : De-emphasizing Stability and Defending Wildness », *Environmental Ethics*, 1999, n°21, p. 3-21.

Dans ce qui précède, je me suis efforcé de défendre une thèse pluraliste reconnaissant l'existence d'une multiplicité de réactions esthétiques à l'environnement, parmi lesquelles certaines apparaissent comme étant préférables à d'autres. Ma position pluraliste cherche à naviguer entre le Charybde de la position relativiste pour laquelle tout se vaut, et le Scylla de la position moniste pour laquelle il n'existe qu'un seul type recevable de réaction esthétique à l'environnement. Le pluralisme esthétique touchant la beauté naturelle n'empêche donc nullement de distinguer entre des réactions esthétiques plus ou moins bonnes et de considérer que certaines sont préférables à d'autres.

L'esthétique environnementale a développé de nombreux modèles permettant de justifier l'existence d'une forme d'objectivité, conférant en retour un rôle significatif aux jugements portés sur la beauté naturelle dans la lutte pour la protection de la nature. Le modèle environnemental naturel fondé sur la connaissance peut être utile dans la perspective du protectionnisme esthétique, mais il n'est pas le seul à pouvoir y prétendre, et il n'est pas sûr que cette conception de l'esthétique soit toujours profitable à la cause de la nature.

INDEX DES NOMS

TABLE DES MATIÈRES

ÉTHIQUE ET ESTHÉTIQUE ENVIRONNEMENTALES

**DERNIERS TITRES PARUS
DANS LA MÊME COLLECTION**

Esthétique. Connaissance, art, expérience
Textes réunis par D. COHN et G. DI LIBERTI 384 pages, 2012

Éthique des affaires. Marché, règle et responsablilité
Textes réunis par A. ANQUETIL, 384 pages, 2011

Le nominalisme. Ontologie, langage et connaissance
Textes réunis par Cl. PANACCIO, 360 pages, 2012

Métaéthique. Connaissance morale, scepticismes et réalismes
Textes réunis par A. C. ZIELINSKA, 336 pages, 2013

Philosophie animale. Différence, responsabilité et communauté
Textes réunis par H.-S. AFEISSA et J.-B. JEANGÈNE-VILMER,
384 pages, 2010

Philosophie de famille. Communauté, normes et pouvoirs
Textes réunis par G. RADICA, 360 pages, 2013

Philosophie de la médecine
Textes réunis par M. GAILLE
– vol. I : *Frontière, savoir, clinique*, 480 pages, 2011
Textes réunis par É. GIROUX et M. LEMOINE
– vol. II : *Santé, maladie, pathologie*, 420 pages, 2012

Philosophie de la musique. Imitation, sens, forme
Textes réunis par R. MULLER et F. FABRE, 316 pages, 2012

Philosophie de la religion. Approches contemporaines
Textes réunis par C. MICHON et R. POUIVET, 384 pages, 2010

Imprimé en France par CPI
en novembre 2015

Dépôt légal : novembre 2015
N° d'impression : 131802